中国农村改革四十年研究丛书

湖北省学术著作出版专项资金资助项目

中国农村改革四十年研究丛书

全国高校出版社主题出版

中国农村教育科学文化发展研究

Research on the Development of Education, Science and Culture in Rural China

黄艳红◎著

華中科技大學出版社
http://www.hustp.com
中国·武汉

作者简介 About the Author

黄艳红

1975年生，湖南永州人。北京大学科技哲学专业博士毕业后，曾在中国科学院自然科学史研究所从事博士后研究工作，现为中国社会科学院马克思主义研究院副研究员、马克思主义无神论研究室主任，中国社会科学院大学硕士生导师，兼任中国无神论学会副秘书长。2004年曾赴台湾佛光人文社会学院研习。主要研究领域为科学与宗教、马克思主义无神论。在《马克思主义研究》《世界宗教研究》《香港社会科学学报》等有重要影响的中文刊物上发表论文近20篇，AHCI收录期刊英文论文1篇。出版编著2部：《中国科学院人物传（第一卷）》（合编）、《马克思主义中国化研究报告（No.4）》（合编）；译著1部：《膜拜团体就在我们当中——与其隐性威胁作持续斗争》。参与马克思主义理论研究和建设工程重大项目–国家社科基金重大项目“马克思主义无神论基础理论和教育问题研究”、国家社会科学基金重大委托项目“中华思想通史”等多个项目研究。

内容提要

农村的教育科学文化建设，既是我国教育科学文化事业的一部分，也是农村总体工作的一部分。将农村教育科学文化建设置于国家发展战略尤其是农村发展战略下来看待，可以看出其历史阶段性。第一个阶段(1978—1990年)，“两个文明”建设提出后，农村的教育科学文化事业迅速得到恢复重建，自上而下由政府推动，基层组织和农民发挥主体性作用。第二阶段(1991—2004年)，在科教兴国和科教兴农的思想指导下，开展了“三下乡”活动，实施了一大批文化工程，农村教育改革大刀阔斧。第三阶段(2005—2011年)，在建设社会主义新农村的战略目标下，实施了更多的文化建设和一系列改善农村教育条件的工程，努力实现义务教育的均衡发展，科普活动蓬勃开展。第四阶段(2012—2018年)，为确保全面建成小康社会的目标实现，优先发展农村教育事业，有针对性地在农村教育薄弱的地区、经济文化落后的贫困地区，实施教育薄改和文化扶贫工程。同时，开展教育均衡化和城乡文化一体化建设。总的来说，教育科学文化的各项事业基本上都是从城市开始再慢慢向农村延伸和覆盖，部分存在“重城市、轻农村”的现象。乡村振兴战略的实施，以农村为基地，以农民为主体，最终逐步实现乡风文明。

改革是农村发展的根本动力

农业强不强、农村美不美、农民富不富，决定着亿万中国农民的获得感和幸福感，决定着我国全面小康社会的成色和社会主义现代化的质量。

1978年十一届三中全会以来，农村率先开始了一系列旨在解放和发展生产力、实现共同富裕的重大改革。农村改革拉开了中国改革开放的序幕，被称为“启动历史的变革”。

中国农村改革自1978年安徽小岗村实行家庭联产承包责任制开始，历经40年，敢闯敢试，波澜壮阔，影响深远，大致经历了以下五个阶段。

1978年至1984年是中国农村改革的启动阶段。农村改革从改变基本经营制度开始，推行“包产到户”和“包干到户”等责任制，逐步形成了家庭联产承包责任制，农民成为自主经营的生产者，农户成为相对独立的市场经营主体，极大地调动了农民的积极性。

1985年至1991年是农村以市场化为导向的改革探索阶段。随着农村基本经营制度的逐步确立，农村改革进入探索市场化改革阶段，改革重点主要在改革农产品流通体制、培育农产品市场、调整农村产业结构和促进非农产业发展等方面。

1992年至2001年是农村改革全面向社会主义市场经济体制过渡阶段。1992年初邓小平发表的南方谈话和10月十四大的召开，确立了社会主义市场经济体制的改革目标，农村改革由此进入了全面向社会主义市场经济体制过渡的时期，初步建立了农产品市场体系，市场机制在调节农产品供求和资源配置等方面逐步发挥着基础性作用。

2002年至2011年是中国农村全面综合改革阶段。这一阶段农村改革的突出特征在于把农业、农村、农民问题放在国民经济整体格局下，聚焦农业、农村、农民发展的深层次矛盾和问题，以农村综合改革和社会主义新农村建设为主要抓手，实行“以工促农、以城带乡”，加强城乡统筹，促进农村全面发展。

2012年十八大以来，中国农村改革进入全面深化阶段。2015年11月，中共中央、国务院发布《深化农村改革综合性实施方案》，明确了深化农村改革的指导思想、目标任务、基本原则、关键领域、重大举措和实现路径，是十八大以来农村改革重要的指导性、纲领性文件，对深化农村改革发挥了重大的推动作用。2017年十九大以后，启动乡村振兴战略，中国农村改革进入向纵深推进阶段。全面深化农村改革的关键性领域是农村集体产权制度、农业经营制度、农业支持保护制度、城乡发展一体化体制机制和农村社会治理体系。这五大领域的改革，对健全符合社会主义市场经济要求的农村制度体系，具有“四梁八柱”的作用。

改革开放40年来，中国农村发生了翻天覆地的变化。习近平总书记指出：“改革开放以来农村改革的伟大实践，推动我国农业生产、农民生活、农村面貌发生了巨大变化，为我国改革开放和社会主义现代化建设作出了重大贡献。这些巨大变化，使广大农民看到了走向富裕的光明前景，坚定了跟着我们党走中国特色社会主义道路的信心。对农村改革的成功实践和经验，要长期坚持、不断完善。”农业农村发展取得的成就主要体现在以下两个方面。

农民的物质生活水平有了显著提高，向全面小康社会迈进。农村改革在促进增产增收、解决吃饭问题和贫困问题等方面的效果极为明显。1978年至2017年，农村居民人均纯收入由134元增加到13400多元。1978年，我国农村贫困人口（当时的贫困线标准为100元/（人·年））为2.5亿人，贫困发生率为30.7%；到2020年，要实现农村贫困人口全部脱贫。

农民的精神面貌发生了显著变化。农民成为相对独立的经营主体，农民的公民权利得到实现，农民的主动性、积极性、创造性得到极大调动，农民的精神生活日益丰富。

农村改革发展40年，经验很多，主要有下面五条：一是坚持马克思主义的一切从实际出发、解放思想、实事求是、与时俱进的思想路线；二是正确处理国家与农民的关系，保障农民经济利益，尊重农民民主权利，满足农民的精神需要；三是尊重客观规律，尊重自然规律、农业规律、经济规律；四是始终坚持农村土地集体所有制这个社会主义农村基本经济制度；五是始终把解决好“三农”问题这个关系国计民生的根本性问题作为全党工作的重中之重。

中国特色社会主义进入新时代，习近平总书记多次强调：“小康不小康，关键看老乡。一定要看到，农业还是‘四化同步’的短腿，农村还是全面建成小康社会的短板。”“我国农业农村发展面临的难题和挑战还很多，任何时候都不能忽视和放松‘三农’工作。”2018年3月8日，习近平总书记在参加十三届全国人大一次会议山东代表团审议时明确指出：“实施乡村振兴战略，是党的十九大作出的重大决策部署，是决胜全面建成小康社会、全面建设社会主义现代化国家的重大历史任务，是新时代做好‘三农’工作的总抓手。”

我国改革是有方向、有立场、有原则的。2013年12月23日，习近平总书记在中央农村工作会议上的讲话中指出：不管怎么改，都不能把农村土地集体所有制改垮了，不能把耕地改少了，不能把粮食生产能力改弱了，不能把农民利益损害了。实现乡村振兴，需要高度重视下面几个问题。

巩固和完善农村基本经营制度。习近平总书记指出，农村基本经营制度是党的农村政策的基石。坚持党的农村政策，首要的就是坚持农村基本经营制度。

第一，坚持农村土地农民集体所有。这是坚持农村基本经营制度的“魂”。农村土地属于农民集体所有，这是农村最大的制度。农村基本经营制度是农村土地集体所有制的实现形式，农村土地集体所有权是土地承包经营权的基础和本位。坚持农村基本经营制度，就要坚持土地集体所有。

第二，坚持家庭承包经营的基础性地位，在动态中稳定农民的家庭承包经营权益。

第三，坚持稳定土地承包关系。党的十九大报告明确了农村第二轮土地承包到期后再延长30年。

深化农村集体产权制度改革。发展壮大村级集体经济是强农业、美农村、富农民的重要举措，是实现乡村振兴的必由之路。习近平总书记指出："集体经济是农村社会主义经济的重要支柱，只能加强，不能削弱。"农村集体产权制度改革是巩固社会主义公有制、完善农村基本经营制度的必然要求，不断深化农村集体产权制度改革，探索农村集体所有制的有效实现形式，盘活农村集体资产，构建集体经济治理体系，形成既体现集体优越性又调动个人积极性的农村集体经济运行新机制，对于坚持中国特色社会主义道路、完善农村基本经营制度、增强集体经济发展活力、引领农民逐步实现共同富裕具有深远的历史意义。要按照分类有序的原则推进改革，逐步构建归属清晰、权能完整、流转顺畅、保护严格的中国特色社会主义农村集体产权制度，保护和发展农民作为农村集体经济组织成员的合法权益，以推进集体经营性资产改革为重点任务，以发展股份合作等多种形式的合作与联合为导向，坚持农村土地集体所有，探索集体经济新的实现形式和运行机制，不断解放和发展农村社会生产力，促进农业发展、农民富裕、农村繁荣，为推进城乡协调发展、巩固党在农村的执政基础提供重要支撑和保障。

实现小农户和现代农业发展有机衔接。我国的农业经营目前主要以小农形式存在，这是由我国国情决定的。习近平总书记2016年4月25日在安徽省小岗村关于深化农村改革的讲话中明确指出：一方面，我们要看到，规模经营是现代农业发展的重要基础，分散的、粗放的农业经营方式难以建成现代农业；另一方面，我们也要看到，改变分散的、粗放的农业经营方式是一个较长的历史过程，需要时间和条件，不可操之过急，很多问题要放在历史大进程中审视，一时看不清的不要急着去动。他多次强调，农村土地承包关系要保持稳定，农民的土地不要随便动。农民失去土地，如果在城镇待不住，就容易引发大问题。这在历史上是有过深刻教训的。这是大历史，不是一时一刻可以看明白的。在这个问题上，我们要有足够的历史耐心。习近平总书记还强调:创新农业经营体系,不能忽视了普通农户。经营家庭承包耕地的普通农户仍占大多数,这个情况在长时期内无法根本改变。由于小农户将长期存在,在新时代农村改革发展实践中需要探索如何实现小农户与现代农业发展有机衔接的问题,准确把握土地经营权流转、集中、规模经营的度,与城镇化进程和农村劳动力转移规模相适应,与农业科技进步和生产手段改进程度相适应,与农业社会化服务水平相适应。

中国农村改革经过40年发展,站在新的历史起点上。新时代的农村改革仍将是全面深化改革的重要领域,农村发展水平决定着全面建成小康社会和社会主义现代化强国的整体水平。我们任何时候都不要忘了农村改革的初心,巩固和完善社会主义制度,最终实现全体农民共同富裕!

中国社会科学院习近平新时代中国特色社会主义思想研究中心执行副主任

中国社会科学院中国特色社会主义理论体系研究中心副主任

中国社会科学院世界社会主义研究中心副主任

2018年9月

目　　录

第一章

农村教育科学文化建设的内容、意义和任务

文化是一个国家、一个民族的灵魂。文化兴则国运兴，文化强则民族强。一个民族的文明进步发展，一个国家的强盛不衰，需要铸造民族之魂，需要一代又一代的文化积淀、薪火相传与发展创新。

农村的文化建设和发展是我国尤其重视的领域。党的十九大报告里，在实施乡村振兴战略的总要求中提出了乡风文明的要求。2018 年中央一号文件中更是明确提出，乡村振兴，乡风文明是保障。必须坚持物质文明和精神文明一起抓，提升农民精神风貌，培育文明乡风、良好家风、淳朴民风，不断提高乡村社会文明程度。文件要求从四个方面开展乡风文明建设，即加强农村思想道德建设、传承发展提升农村优秀传统文化、加强农村公共文化建设、开展移风易俗行动。关于移风易俗行动，明确提出要“加强无神论宣传教育，丰富农民群众精神文化生活，抵制封建迷信活动”，“加强农村科普工作，提高农民科学文化素养”。这是对农村教育科学文化建设的最新认识和要求。我们对农村教育科学文化建设的认识和实践经历了一个不断深入和变化的过程。

第一节　社会主义精神文明建设的主要内容

改革开放以来，我们党认识到教育科学文化建设的重要性，提出了要建设社会主义精神文明。

一、社会主义精神文明建设思想的提出和认识过程

马克思主义的经典作家马克思、恩格斯等人没有明确使用过“物质文

明”和“精神文明”的概念，他们经常使用的是“物质生产”和“精神生产”的概念。他们认为，人类的物质生产和精神生产是在同一过程中进行的。物质生产是精神生产的基础，它的性质决定精神生产的性质。同时，他们还深刻地认识到物质力量和精神力量的阶级性：“统治阶级的思想在每一时代都是占统治地位的思想。这就是说，一个阶级是社会上占统治地位的物质力量，同时也是社会上占统治地位的精神力量。”①

列宁阐述了无产阶级文化的重要意义和特点。他指出，“不是臆造新的无产阶级文化，而是根据马克思主义世界观和无产阶级在其专政时代的生活与斗争的条件的观点，发扬现有文化的优秀的典范、传统和成果”②。还提出，“并不是把‘民族文化’（不论是哪一个民族集体的）全盘接受下来，而是只吸取每个民族文化中彻底民主主义的和社会主义的因素”③。这表明，建设社会主义精神文明要批判地继承人类历史遗产的积极因素和合理成分。

毛泽东在1957年谈到处理人民内部矛盾时指出，处理人民内部矛盾的目的，就是要“发展我们的经济，发展我们的文化”。早在1940年，他就将新民主主义的文化纲领概括为“民族的科学的大众的文化”。

经典作家的这些论述表明，社会主义社会必须重视思想文化建设，思想文化的进步对于建设社会主义具有重大作用。

明确提出要建设社会主义精神文明，并把社会主义精神文明作为社会主义社会的重要特征，是中国共产党的理论创新。这进一步突出了文化或精神文明建设自身的主动性及其在整个社会主义事业总体布局中的战略地位和作用。

党的十一届三中全会开启了改革开放的伟大历程。在实现全党工作重心转移到社会主义现代化建设上来之后，在集中精力发展经济的同时，中共中央及时提出了建设社会主义精神文明的任务和战略目标。

---

① 《马克思恩格斯选集》（第1卷），人民出版社2012年版，第178页。

② 《列宁全集》（第39卷），人民出版社2017年版，第376页。

③ 《列宁全集》（第23卷），人民出版社2017年版，第332页。

十一届三中全会召开后，在一系列拨乱反正的工作中，社会主义精神文明的概念开始在邓小平的思想中酝酿形成。在1977年8月召开的科学和教育工作座谈会上，邓小平提醒人们“要树立好的风气”。在1978年3月召开的全国科学大会上，邓小平重申了马克思主义关于科学技术是生产力的基本观点，强调要在建设一支宏大的又红又专的科技队伍的同时，抵制和消除资产阶级世界观的影响。同年4月，他在全国教育工作会议上进一步指出，“四人帮”对教育事业的破坏不仅表现在科学文化的教育上，而且还表现在思想政治教育上。

1979年，叶剑英在庆祝中华人民共和国成立三十周年大会上的讲话中首次提出要在建设高度物质文明的同时，提高全民族的教育科学文化水平和健康水平，树立崇高的革命理想和革命道德风尚，发展高尚的丰富多彩的文化生活，建设高度的社会主义精神文明。他认为，这些都是社会主义现代化的重要目标，也是实现四个现代化的必要条件。同年10月30日，邓小平在中国文学艺术工作者第四次代表大会上的祝词中重申了这一任务，此后，又多次谈到精神文明建设问题。1980年12月，邓小平在中共中央工作会议上指出：“所谓精神文明，不但是指教育、科学、文化(这是完全必要的)，而且是指共产主义的思想、理想、信念、道德、纪律，革命的立场和原则，人与人的同志式关系，等等。”[①]这就是说，精神文明是人们在改造世界的过程中形成或创造出来的精神成果的总和。它既是有形的，包括不同时期教育、科学、文化、体育等各项事业的形成和发展状况，又是无形的，包括不同时期人的思想道德、理想信念、社会风尚、组织纪律性等的形成和发展状况。

此后的几年中，在中央主要领导的讲话和中央的各项决议中，“社会主义精神文明”这一概念频频出现，成为概括与社会主义经济建设相对应的社会主义思想建设的最好词语，“建设社会主义的物质文明”与“建设社会主义的精神文明”从这个时候起也成为一对相互关联的政治用语。

---

① 《邓小平文选》(第2卷)，人民出版社1994年版，第367页。

1981 年 6 月,十一届六中全会通过的《关于建国以来党的若干历史问题的决议》确认“社会主义必须有高度的精神文明”,并把它概括为十一届三中全会以来确立的适合中国国情的社会主义现代化建设正确道路的十条基本结论之一。1982 年 4 月,邓小平在中共中央政治局讨论《中共中央、国务院关于打击经济领域中严重犯罪活动的决定》的会议上,做了题为“坚决打击经济犯罪活动”的讲话,第一次提出建设社会主义精神文明是坚持社会主义道路、集中力量进行现代化建设的四项保证之一。这样,“社会主义精神文明”作为马克思主义的一个新概念,在中国广为流传并家喻户晓。

1986 年十二届六中全会通过了《中共中央关于社会主义精神文明建设指导方针的决议》,系统阐述了社会主义精神文明建设的战略地位、指导思想、主要内容和任务,成为精神文明建设的指导性纲领。决议指出,在社会主义时期,物质文明为精神文明的发展提供物质条件和实践经验,精神文明又为物质文明的发展提供精神动力和智力支持,为它的正确发展方向提供有力的思想保证。该决议还明确指出,精神文明建设的内容,包括思想道德建设和教育科学文化建设两个方面,渗透在整个物质文明建设之中,体现在经济、政治、文化、社会生活的各个方面。因此,加强精神文明建设,就不仅仅是思想文教部门的任务,而是各条战线和一切部门的任务,是全党全军和全国各族工人、农民、知识分子和其他劳动者、爱国者的共同的长期的任务。可见,精神文明重在建设,目的是满足人民的文化和精神需要。加强思想道德建设和教育科学文化建设,归根到底,是为了促进社会生产力的发展。

物质文明和精神文明都搞好,才是有中国特色的社会主义。但是,在实践过程中,物质文明一手硬、精神文明一手软的情况始终存在。1996 年,党的十四届六中全会审议通过了《中共中央关于加强社会主义精神文明建设若干重要问题的决议》,在总结改革开放以来精神文明建设经验教训的基础上,对精神文明建设在整个中国特色社会主义建设中的战略地位,以及精神文明建设的指导方针和主要原则、任务及着重点等做出了系统阐述。决议指出，在一些地方和部门的领导工作中，忽视思想教育，忽视精神文明，“一手比较硬、一手比较软”的问题还没有解决。在社会精神生活方面存在不少问题，有的还相当严重。决议提出了社会主义精神文明建设的指导思想和奋斗目标。根据党在社会主义初级阶段的历史任务，根据建国以来特别是改革开放以来的历史经验，我国社会主义精神文明建设，必须以马克思列宁主义、毛泽东思想和邓小平建设有中国特色社会主义理论为指导，坚持党的基本路线和基本方针，加强思想道德建设，发展教育科学文化，以科学的理论武装人，以正确的舆论引导人，以高尚的精神塑造人，以优秀的作品鼓舞人，培育有理想、有道德、有文化、有纪律的社会主义公民，提高全民族的思想道德素质和科学文化素质，团结和动员各族人民把我国建设成为富强、民主、文明的社会主义现代化国家。这是精神文明建设总的指导思想，也是精神文明建设的总要求。

十四届六中全会上，江泽民对于精神文明建设不力的情况进行了分析，并对物质文明与精神文明的关系进行了深刻阐述。他认为很重要的一条是对两个文明的关系缺乏全面理解，对精神文明建设的重要性认识不足。物质文明与精神文明，是人类社会实践的两种相互联系的伟大成果，是社会生产和社会生活的两个密切相关的组成部分。一方面，精神文明的发展，要有一定的物质条件，经济建设搞好了，生产力发达了，就会给精神文明建设提供更充实的物质基础；另一方面，又不能简单地把精神文明看作是物质文明的派生物和附属品，精神文明有它的相对独立性。那种只要物质条件好了，精神文明自然而然地就会好起来，而物质条件差，精神文明就不可能搞好的观点，是不正确的，也不符合历史发展的事实。实践证明，两个文明紧密联系而又有各自的发展规律，它们互为条件、互为目的。物质文明为精神文明的发展提供物质条件和实践经验，精神文明又为物质文明的发展提供精神动力和智力支持。

十五大报告中提出，要建设有中国特色社会主义的文化，就是以马克思主义为指导，以培育有理想、有道德、有文化、有纪律的公民为目标，发展面向现代化、面向世界、面向未来的，民族的科学的大众的社会主义文化。要努力提高全民族的思想道德素质和教育科学文化水平;坚持为人民服务、为社会主义服务的方向和百花齐放、百家争鸣的方针,重在建设,繁荣学术和文艺。建设立足中国现实、继承历史文化优秀传统、吸取外国文化有益成果的社会主义精神文明。

十六大报告在总结十三年的社会建设经验时提出,其中一条就是坚持物质文明和精神文明两手抓,实行依法治国和以德治国相结合。报告重申,社会主义精神文明是中国特色社会主义的重要特征。必须立足中国现实,继承民族文化优秀传统,吸取外国文化有益成果,建设社会主义精神文明,不断提高全民族的思想道德素质和科学文化素质,为现代化建设提供强大的精神动力和智力支持。报告提出,全面建设小康社会的目标之一是"全民族的思想道德素质、科学文化素质和健康素质明显提高,形成比较完善的现代国民教育体系、科技和文化创新体系、全民健身和医疗卫生体系。人民享有接受良好教育的机会,基本普及高中阶段教育,消除文盲。形成全民学习、终身学习的学习型社会,促进人的全面发展"。报告在提出发展社会主义文化、建设社会主义精神文明时,不仅提出要牢牢把握先进文化的前进方向、坚持弘扬和培育民族精神、切实加强思想道德建设,还明确提出要大力发展教育和科学事业、积极发展文化事业和文化产业,并继续深化文化体制改革。

十七大报告中提出,推动社会主义文化大发展大繁荣。指出文化越来越成为民族凝聚力和创造力的重要源泉,越来越成为综合国力竞争的重要因素,丰富精神文化生活越来越成为我国人民的热切愿望。同时提出要"兴起社会主义文化建设新高潮","提高国家文化软实力"。

十八大报告中提出,要扎实推进社会主义文化强国建设。包括加强社会主义核心价值体系建设,全面提高公民道德素质,丰富人民精神文化生活,增强文化整体实力和竞争力。

十九大报告中提出,坚定文化自信,推动社会主义文化繁荣兴盛。指出发展中国特色社会主义文化,就是以马克思主义为指导,坚守中华文化立场,立足当代中国现实,结合当今时代条件,发展面向现代化、面向世界、面向未来的,民族的科学的大众的社会主义文化,推动社会主义精神文明和物质文明的协调发展。

从提出社会主义精神文明建设,到发展中国特色社会主义文化,既是我们党的文化建设战略思想合乎历史与逻辑的发展,又是依据时代和实践发展趋势的新要求做出的战略部署。党中央在实践中不断深化对文化发展规律的认识,包括意识形态对文化前进方向和发展道路的决定作用、文化建设的地位和作用、文化建设的内容和发展思路等,从而形成了新的文化发展理念和发展战略,例如提出牢牢掌握意识形态工作的领导权、繁荣发展社会主义文艺等。

习近平总书记很早就重视精神文明建设。他指出,物质文明建设和精神文明建设是贫困地区脱贫致富过程的两个方面,要把思想道德教育和科学文化建设贯穿于脱贫致富的整个过程。[①] 2012 年在河北省阜平县考察扶贫开发工作时,他强调治贫先治愚。

习近平还多次论述了社会主义精神文明建设的意义。2013 年在同各界优秀青年代表座谈时的讲话中,他提出,中国特色社会主义是物质文明和精神文明全面发展的社会主义。一个没有精神力量的民族难以自立自强,一项没有文化支撑的事业难以持续长久。2014 年,习近平在巴黎联合国教科文组织总部发表演讲时说,实现中国梦,是物质文明和精神文明均衡发展、相互促进的结果。中华民族的先人们早就向往人们的物质生活充实无忧、道德境界充分升华的大同世界。中华文明历来把人的精神生活纳入人生和社会理想之中。所以,实现中国梦,是物质文明和精神文明比翼双飞的发展过程。随着中国经济社会不断发展,中华文明也必将顺应时代发展,焕发出更加蓬勃的生命力。习总书记对人民的精神文化生活需求也有着深刻的理解。2014 年文艺工作座谈会上,他指出人民的需求是多方面的。满足人民日益增长的物质需求,必须抓好经济社会建设,增加社会的物质财富。满足人民日益增长的精神文化需求,必须抓好

① 习近平:《摆脱贫困》,福建人民出版社 1992 年版,第 153 页。

文化建设,增加社会的精神文化财富。物质需求是第一位的,吃上饭是最主要的,所以说“民以食为天”。但是,这并不是说人民对精神文化生活的需求就是可有可无的,人类社会与动物界的最大区别就是人是有精神需求的,人民对精神文化生活的需求时时刻刻都存在。

二、精神文明建设的定位和作用

(一)精神文明是社会主义的重要特征

1982 年,全国开展“五讲四美”活动,1982 年 3 月成为第一个“全民文明礼貌月”。5 月 28 日,《中共中央关于转发〈深入持久地开展“五讲四美”活动争取社会主义精神文明建设的新胜利〉的通知》中提出,“建设高度的社会主义精神文明,是社会主义制度的一个必不可少的、极其重要的特征”。1982 年十二大报告首次对社会主义精神文明的定位和性质进行了系统的说明。报告阐明,社会主义精神文明是社会主义的重要特征,是社会主义制度优越性的重要表现。报告指出,除了高度发达的生产力和比资本主义更高的劳动生产率外,社会主义还必须有一个特征,就是以共产主义思想为核心的社会主义精神文明。报告强调,“没有这种精神文明,就不可能建设社会主义”。把社会主义精神文明作为社会主义的重要特征之一,这是科学社会主义史上的新论断,它使我们对社会主义的认识更为全面和深刻。

首先,将社会主义精神文明作为社会主义的重要特征,是马克思主义理论的内在要求。马克思主义认为,任何一种社会形态都是由一定发展水平的生产力以及与之相适应的经济制度、政治制度和一定的文化或精神文明构成的完整的统一体。文化和精神文明作为上层建筑,虽然由经济基础决定,但又对特定社会形态的稳定和发展起巨大的反作用。这种反作用最显著的表现就是与特定的经济基础和政治制度相适应的特定的文化体系一旦形成和确立，就会以强大的凝聚力维持特定社会形态的稳定。从人类社会发展的历史看，每一种社会制度里都有自己特有的文化体系。社会主义社会也不例外，应该具有特定的用以促进社会主义经济、政治发展，维护社会主义社会稳定的文化和精神文明。所以，列宁认为，没有一场文化革命，要完全合作化是不可能的；只要实现了这个文化革命，我们的国家就能成为完全社会主义的国家了。[①] 邓小平指出，贫穷不是社会主义。[②] 这说明真正的社会主义不仅物质上不能贫穷，而且精神上也不能贫穷。因此，只有物质文明和精神文明都建设好了，才是完整的富强的社会主义国家。

其次，社会主义精神文明作为社会主义的重要特征，是社会主义优越性的一个重要表现，是社会主义区别于资本主义的一个重要标志。我们常说，社会主义比资本主义优越，因为社会主义是比资本主义更高级的一种形态。按照马克思、恩格斯的设想，社会主义建立在发达资本主义国家的基础上，社会主义应比资本主义优越。但是，中国的社会主义是建立在半殖民地半封建的社会基础之上的，社会主义在短时间内不论物质上还是精神上都与资本主义存在差距。因此，邓小平认为，社会主义只有重视发展社会生产力，加强物质文明建设，才能赶上甚至超过资本主义，才能理直气壮地说社会主义比资本主义优越。从社会主义发展的历史眼光看，社会主义有科学的思想理论，有共同的理想信念、共同的政治目标，有强大的凝聚力，社会主义精神文明必将得到迅速发展，社会主义优越性也必将充分发挥出来。所以，邓小平满怀信心地说，“我们为社会主义奋斗，不但是因为社会主义有条件比资本主义更快地发展生产力，而且因为只有社会主义才能消除资本主义和其他剥削制度所必然产生的种种贪婪、腐败和不公正现象”[③]。

---

① 《列宁专题文集：论社会主义》，人民出版社 2009 年版，第 355 页。

② 《邓小平文选》（第 3 卷），人民出版社 1993 年版，第 225 页。

③ 《邓小平文选》（第 3 卷），人民出版社 1993 年版，第 143 页。

最后,社会主义精神文明是社会主义的重要特征,这是从当今世界各国发展经验教训中得出的必然结论。工业革命以来,世界上几乎所有国家的经济政策和大多数经济理论的真正指向,归结起来主要是追求经济增长,以高速增长为目标的工业化政策在极短的时间内把人类带进了工业文明。然而,正当人们欢天喜地享受自己创造的巨大物质财富的时候,却突然发现被危及人类生存的全球问题所困扰,这些问题既包括人与自然的矛盾,也包括社会内部的矛盾。人类反思过去的单一经济增长的发展模式,开始确立新的发展观。因此,我们决不能只重视物质文明建设,不重视精神文明建设,而应当强调社会各方面的协调发展,尤其应该加强文化建设和精神文明建设,将文化建设和精神文明建设作为社会主义现代化建设必不可少的组成部分。

(二)精神文明是社会主义现代化建设的重要目标

现代化就是社会全面发展前提下的整个社会全方位的现代化,现代化的目标也是与社会全面现代化相适应的一个目标体系。因此,社会现代化是一个总体概念。在这个总体中,精神文明是一个不可缺少的重要组成部分。没有精神文明,就会严重影响社会主义现代化建设的进程;没有精神文明,社会主义现代化建设是残缺不全的,不是全面的现代化。在全面现代化中应有精神文明的重要地位。

我国进入社会主义现代化建设的新时期以后,邓小平正是从现代化角度给我国社会主义建设提出总体目标。1978 年以后,在他的力主下,经济现代化被确立为全党和全社会的中心工作。他提出,“必须把我们整个工作的重点转到建设四个现代化上来,把建设四个现代化作为几十年的奋斗目标”[①]。但他同时也认识到,社会主义现代化不只是物质经济的现代化,而是一个包括经济、政治、文化和思想道德在内的整体性社会变革。因此,他又指出,“我们要在大幅度提高社会生产力的同时,改革和完善社会

① 《邓小平文选》(第 3 卷),人民出版社 1993 年版,第 224 页。

主义的经济制度和政治制度，发展高度的社会主义民主和完备的社会主义法制。我们要在建设高度物质文明的同时，提高全民族的科学文化水平，发展高尚的丰富多彩的文化生活，建设高度的社会主义精神文明”①。

1987 年 10 月，党的十三大报告把建设社会主义精神文明作为社会主义初级阶段具有长远意义的六条指导方针之一，把建设富强、民主、文明的社会主义现代化国家写进党的基本路线，作为我们党在这一阶段的奋斗目标。其中，“富强、民主、文明”中的“文明”就是指社会主义的精神文明。1992 年初，邓小平在南方谈话中把精神文明建设提到一个新的战略高度，明确提出了物质文明和精神文明都搞好才是有中国特色社会主义的著名论断。

（三）精神文明是社会主义现代化建设的重要保证

社会主义精神文明为社会主义现代化建设提供重要的思想保证，保证现代化建设的社会主义方向。邓小平指出，“不加强精神文明的建设，物质文明的建设也要受破坏，走弯路”②。没有社会主义精神文明，没有共产主义理想，没有共产主义道德，如何建设社会主义？只有靠马克思主义理论，靠共同的理想和坚定的信念，靠革命精神和铁的纪律，才能有强大的战斗力，才能建设社会主义，才能使我国社会主义现代化建设沿着正确的道路前进。

社会主义精神文明为社会主义现代化建设提供强大的精神动力。文化作为一种精神力量，可以起到使一个民族凝聚和团结起来、努力奋斗、建设强大国家的巨大作用。我国几千年传统文化和近代革命文化所培育出的刻苦耐劳、刚健有为、自强不息、不屈不挠、忧国忧民的民族精神，在历史上对于中华民族的发展进步、稳定和统一起到了重要作用。我们的民族在漫长的岁月中，屡经曲折磨难，甚至几临倾覆，却一次又一次地衰

① 《邓小平文选》(第 2 卷)，人民出版社 1994 年版，第 208 页。

② 《邓小平文选》(第 3 卷)，人民出版社 1993 年版，第 144 页。

而复兴、蹶而复振、转危为安，都与这种民族精神的巨大作用密不可分。中国特色社会主义文化以马克思主义为指导，继承和发展了中华民族的传统文化和近代革命文化，吸收了人类社会的文明成果，是凝聚和激励我国人民奋发进行社会主义现代化建设的巨大精神力量。正如邓小平所指出的，“我们党无论怎样弱小，无论遇到什么困难，一直有强大的战斗力，因为我们有马克思主义和共产主义的信念。有了共同的理想，也就有了铁的纪律。无论过去、现在和将来，这都是我们的真正优势”[①]。

社会主义精神文明为社会主义现代化建设提供强大的智力支持。当今世界，综合国力竞争日趋激烈。一个国家在综合国力竞争中的兴衰成败，越来越明显取决于国民素质的提高和人才资源的开发。我国现代化建设的进程，同样在很大程度上取决于国民素质的提高和人才资源的开发。邓小平指出，“我们国家，国力的强弱，经济发展后劲的大小，越来越取决于劳动者的素质，取决于知识分子的数量和质量”[②]。我国是世界上最大的发展中国家，科学文化教育水平比较落后，人口众多，人的素质特别是科学文化素质整体不高，这是制约我国现代化建设的根本因素，是我国现代化建设面临的巨大压力。因此，提高人的素质、充分开发和利用人才资源，是我国现代化建设中的一个战略性任务。而加强精神文明建设，加强科学文化建设，是提高人的素质、充分开发和利用人才资源的根本途径。

三、社会主义精神文明建设的目标和主要内容

（一）社会主义精神文明建设的目标和根本任务

对于精神文明建设的目标和任务，我们党也有一个认识过程。同时，

---

① 《邓小平文选》（第3卷），人民出版社1993年版，第144页。

② 《邓小平文选》（第3卷），人民出版社1993年版，第120页。

随着社会的不断发展,我国社会主义建设的总目标也在不断调整,因此对精神文明建设的目标和任务的认识和表述,有一个不断深入和发展的过程。

1982年《中共中央关于转发〈深入持久地开展“五讲四美”活动争取社会主义精神文明建设的新胜利〉的通知》中明确提出,“使我们的人民成为有理想、有道德、有文化、守纪律的人民。这是社会主义精神文明建设的目标”。

1986年召开的十二届六中全会,回顾和讨论了1982年以来精神文明建设的成就和面临的问题,做出《中共中央关于社会主义精神文明建设指导方针的决议》。决议系统阐述了社会主义精神文明建设的战略地位、指导思想、主要内容和任务,成为精神文明建设的指导性纲领。决议提出,社会主义精神文明建设的根本任务,是适应社会主义现代化建设的需要,培育有理想、有道德、有文化、有纪律的社会主义公民,提高整个中华民族的思想道德素质和科学文化素质。

“四有”是对社会主义公民标准做出的一个既完备又有特色的科学表述。革命理想是精神支柱,社会主义道德是行为规范,纪律是事业胜利的保证,文化则是重要基础和条件。这几个方面相互补充,紧密地联系在一起,共同体现了社会主义的基本经济制度、政治制度对社会成员的政治觉悟、精神状态、道德风貌和文化修养的要求。提高全民族的思想道德素质和科学文化素质,体现了精神文明建设对人的素质的根本要求。培育“四有”公民和提高整个中华民族的“两个素质”,是一个统一的整体。

(二)社会主义精神文明建设的基本内容

一般认为,社会主义精神文明建设由两个方面的内容构成,一是思想道德建设,二是教育科学文化建设。党的十二大报告将社会主义精神文明建设明确区分为“文化建设和思想建设两个方面”。其中,文化建设指的是教育、科学、文学艺术、新闻出版、广播电视、卫生体育、图书馆、博物馆等各项文化事业的发展和人民群众知识水平的提高。它既是建设物质文明的重要条件,也是提高人民群众思想觉悟和道德水平的重要条件。文化建设还包括健康、愉快、生动活泼、丰富多彩的群众性娱乐活动,使人民在紧张劳动后的休息中,得到高尚趣味的精神上的享受。党的十二届六中全会决议,进一步将文化建设改称为教育科学文化建设,将思想建设改称为思想道德建设。至此,我们对于社会主义精神文明的基本内容及体系结构的认识趋于成熟。

1. 思想道德建设

思想道德建设是社会主义精神文明建设的基本内容之一,它直接决定了我国精神文明建设的社会主义方向。党的十四届六中全会决议确定的精神文明中思想道德建设的基本任务是:坚持爱国主义、集体主义、社会主义教育,加强社会公德、职业道德、家庭美德建设,引导人们树立建设有中国特色社会主义的共同理想和正确的世界观、人生观、价值观。总的来说,社会主义思想道德集中体现着精神文明建设的性质和方向,对社会政治经济的发展具有巨大的能动作用。

不可否认,我国思想道德建设领域出现了一些不如人意和令人忧虑的问题。这些问题如不能得到及时有效的遏制,将危及整个改革开放和建设中国特色社会主义的伟大事业。因此,中国特色社会主义建设的过程中,加强思想道德建设是一项至关重要并十分紧迫的任务。

2. 教育科学文化建设

教育科学文化建设是社会主义精神文明建设的另一个重要方面,它要解决的是整个民族科学文化素质的提高和现代化建设的智力支持问题。教育科学文化建设的内容包括教育、科学、文学艺术、新闻出版、广播电视、卫生体育、图书馆、博物馆等各项文化事业的发展和人民群众知识水平的提高,也包括健康、愉快、生动活泼、丰富多彩的群众性娱乐活动的开展等。

教育科学文化建设的发展同提高人们的精神生活水平直接相连。人们的精神生活内容丰富与否,人们的精神生活水平的高低,直接反映了一个社会的文明程度。社会主义是一个高度文明的社会,不仅要使人们的物质生活水平有一个大的提高,而且人们的精神生活水平也要相应提高。我国是一个社会经济文化相对落后的国家,做到这一点,发展教育科学文化事业显得尤为重要。当然,精神文明建设的这两个方面应该协调发展。

把发展教育科学文化作为精神文明建设指导思想的一项重要内容,充分肯定教育科学文化在两个文明尤其是精神文明建设中的地位、作用,有利于保证教育科学文化的大力发展。

第二节 教育科学文化建设是社会主义精神文明建设的重要组成部分

社会主义精神文明一经提出,就明确包含了两个方面的内容,即思想道德建设和教育科学文化建设。这两方面对于实现社会主义精神文明建设的根本任务和目标都不可或缺,两者密不可分,互相依存,互相配合,互相促进。但是这两者在提高人的素质的过程中具有不同的作用。

一、教育科学文化建设的定位和作用

1986年《中共中央关于社会主义精神文明建设指导方针的决议》中明确提出,教育科学文化既是物质文明建设的重要条件,也是提高人民群众思想道德觉悟水平的重要条件。这是关于教育科学文化建设的地位和作用的明确表述。教育和科学是社会主义现代化建设的战略重点,如果得

不到应有的发展，不但精神文明建设上不去，经济建设也将失去后劲。

首先，教育科学文化是物质文明建设的重要条件。它的发展同社会生产力的发展直接相连，受生产力发展水平的制约，又反过来推动生产力的发展。没有教育科学文化事业的全面发展，就不可能有生产力的高度发展。人类社会发展到今天，知识和科学文化在社会生活中具有越来越重要的作用，成为生产发展的决定性因素。在当代，技术进步的贡献明显超过资本和劳动力的贡献。科技进步的基础是教育，发展科学技术的人才要靠教育来培养。也就是说，要发展社会主义的经济就必须大力发展教育科学文化事业。教育是提高整个中华民族的思想道德素质和科学文化素质的重要途径。

教育发达、科学昌明、文化繁荣既是物质文明建设的重要条件，也是提高人民群众思想道德水平的重要条件。教育科学文化建设和思想道德建设的关系可以从两个方面来看。

一方面，教育科学文化建设受到思想道德建设的制约。思想道德建设的首要任务是引导人们树立建设中国特色社会主义的共同理想和正确的世界观、人生观、价值观，解决整个民族的精神支柱和精神动力问题，它指导着一个人对知识技能的获取和使用。教育、文化事业作为上层建筑的组成部分，总是受一定的社会理想和价值观支配并传播这种理想和价值观的。科学本身是无阶级性的，但从事科学研究和科学传播的人则总是要受一定社会理想和价值观支配。从这个意义上讲，思想道德建设决定着教育科学文化建设的性质和发展方向。

另一方面，教育科学文化建设是思想道德建设的重要条件。教育科学文化建设与提高人民群众的思想觉悟和道德水平密切相关。教育、科学、文化事业的发展为先进思想的传播、开拓人们的视野、提高人们的思想觉悟和树立正确的理想信念奠定科学文化知识基础；为思想道德建设培养各方面的专业人才，提供各种设施和传播工具；还能改变人们的思想方法和生活方式，冲破旧的思想观念的束缚，树立新的道德风尚。当今世界，科学越来越成为推动历史进步的革命力量，成为代表一个民族文明水平的重要标志。我们进行现代化建设,应当更加自觉地依靠科学,发扬尊重科学、追求知识的精神,努力在全民族范围扎扎实实地组织和实施教育科学文化的普及和提高。科学文化知识是精神文明的重要内容,是科学的理想信念、崇高的道德情操和自觉的纪律观念形成的重要条件,也是进行社会主义现代化建设的重要条件。教育科学文化建设,主要解决知识和能力的问题,它直接决定着一个人进行服务和谋取利益的数量和质量。同时,教育科学文化建设对于形成正确的人生观、价值观和理想信念又起着基础性作用。因为,只有以教育为基础,掌握科学方法和具备科学精神从而形成科学技术能力,再加上文化的涵养,才能形成正确的人生观、价值观和顺应历史发展的理想信念。所以说教育科学文化既是物质文明建设的重要条件,也是提高人民群众思想道德觉悟水平的重要条件。

其次,人民要实现当家作主的愿望,就必须掌握一定的科学文化知识。历史唯物主义认为,思想道德作为社会意识形态,是在一定的经济基础之上产生的,并且随着经济基础的发展而不断发展。在社会主义社会,随着公有制的建立,无产阶级在政治、经济上取得统治地位的同时,也必须在教育科学文化领域内取得统治地位,只有这样才能真正成为国家的主人。以工人阶级为首的广大劳动人民,只有掌握了科学文化知识,才能对自然界和社会的本质、规律有深刻的理解,从而把思想认识建立在科学的基础上,自觉地掌握科学的世界观和方法论,真正主宰自己的命运。我们的远大理想是实现共产主义,而作为共产主义思想体系核心的马克思主义理论本身就是人类社会科学文化发展到一定历史条件下的产物。正如列宁所指出的:马克思主义这一革命无产阶级的意识形态赢得了世界历史性的意义,是因为它并没有抛弃资产阶级时代最宝贵的成就,相反却吸收和改造了两千多年来人类思想和文化发展中一切有价值的东西。中国和世界已经和正在发生的巨大变化,一方面证明马克思主义有强大的生命力,另一方面要求我们运用马克思主义的基本原则和基本方法,创造性地解决新问题。我们必须研究社会主义现代化建设和全面改革的新情况、新经验、新问题,探索建设具有中国特色的社会主义的规律。同时要研究当代世界的新变化,研究当代各种思潮,批判地吸取和概括各门学科发展的最新成果。而要进行这些工作,我们就必须不断地提高教育科学文化水平。

最后,从社会主义建设的历史经验看,轻视教育科学文化建设,必然会给思想道德建设乃至党的整个事业带来极大损失。我们党过去长时期的重大失误,就是没有及时把工作重点转移到经济和文化建设上来。“文化大革命”期间,轻视教育科学文化的错误观念极盛。历史经验告诉我们,提高社会主义新一代的文化知识水平,是提高全民素质的重要基础。列宁有两句名言,一句是“文盲是处在政治之外的”[①],另一句是“只有了解人类创造的一切财富以丰富自己的头脑,才能成为共产主义者”[②]。列宁这两句话从正反两个方面阐述了文化和知识在人类文明发展中的重要作用。我国社会主义民主政治建设以及共产主义理想、信念、道德风尚树立中遇到了一些困难,其中一个重要原因就是全民族的科学文化素质不高。尤其是在当今这个被称之为“知识爆炸”的时代,科学确如恩格斯曾经预言的那样“按几何级数发展的”。在这种形势下,我们必须极大地振奋全民族学文化、“追”科学、求新知的热情。只有拥有高文化、强智力的一代,在科学上英才辈出、群星灿烂,我们中华民族才可能真正自立于世界民族之林。

从实践来看,思想道德的丧失常常伴随着教育科学文化方面的无知。新中国成立以来,我们在教育科学文化建设方面做了大量的工作,也取得了很大的成绩,但也必须清醒地看到,教育科学文化总体落后的面貌还没有彻底改变。我国的平均教育水平不高,具备较高科学素质的公民比例还较低,文化发展还很不充分。尤其是在我国一些贫穷落后的农村以及偏远山区,还存在很多愚昧无知的现象和各种迷信活动,这在很大程度上也是由于缺乏教育科学文化知识所致。总之,对于人的发展来说,思想道

① 《列宁专题文集》,人民出版社2009年版,第268页。

② 《列宁专题文集》,人民出版社2009年版,第281—282页。

德建设好比制造和使用方向盘，教育科学文化建设好比制造和使用发动机，两者同样重要，在实际发展中不可偏废。

与精神文明建设和物质文明建设的情况相类似，思想、文化建设也存在着被割裂的状况，也有“一手硬、一手软”的问题。具体表现之一就是文化建设缺乏思想性，思想建设缺乏文化性。现在社会上许多文化设施都属于有设施无文化之列，如大兴土木、处处雷同的旅游景点，一些产品的设计、包装、宣传缺乏新意。另一方面，思想建设过程中寻求深层次文化依托方面还存在不足。因此，我们有必要去寻求两者之间相结合的内在机理，使得它们能够较好地融合在一起，这样它们及其与之相关的建设都会更持久、更具生命力、更有效果。

二、教育科学文化建设的内容和特征

（一）教育科学文化建设的主要内容

作为我国社会主义精神文明建设内容之一的教育科学文化建设，内容十分广泛，包括教育、科学、文学艺术、新闻出版、广播电视、卫生体育、图书馆、博物馆等各项文化事业，它们都有各自的重要作用。其中，教育和科学是整个社会主义现代化建设的战略重点。如果这两个方面得不到应有的发展，不但精神文明建设上不去，经济建设也将没有后劲。历史和实践证明，劳动者的科学技术和文化知识水平越高、生产技能和管理水平越高，劳动生产率也就越高。同时，科学技术越发展、劳动生产率越高，对劳动者的教育科学文化素质的要求也就越高。

党中央最初提出社会主义精神文明时，将教育科学文化建设等内容统称为文化建设，后改称为教育科学文化建设。1996 年十四届六中全会通过的《中共中央关于加强社会主义精神文明建设若干重要问题的决议》(也就是第二个精神文明建设决议),进一步明确了不包括教育科学的文化建设(即狭义的文化建设)的内容。教育和科学属于大文化概念中的一部分,但同时它们又是相对独立的领域。随着时代的发展,随着教育、科技体制改革的深入,随着"科教兴国"战略的确立,党中央越来越将教育和科学作为专门的问题来对待。因此,这一决议更加明确了文化建设的内容,即主要包括哲学社会科学、文学艺术、新闻出版等。这个界定在日后得到延续,随着时代的变化又增加了一些方面的内容,如网络文化建设等。

决议提出,要积极发展社会主义文化事业,包括发展文学艺术、新闻出版、哲学社会科学等文化事业。其中,繁荣文学艺术,首要任务是多出优秀作品;新闻宣传必须坚持党性原则,坚持实事求是,坚持团结稳定鼓劲、正面宣传为主,牢牢把握正确的舆论导向;哲学社会科学必须坚持理论联系实际,为党和政府决策服务,为两个文明建设服务。决议指出,要促进文化市场健康发展和改革文化体制等。决议要求在政策、资金、组织领导等具体规划上保证教育科学文化事业的发展,并且鼓励社会各方面力量支持这些事业的发展。这样,就能确保文化建设和经济建设同步进行。

(二)教育科学文化建设的基本特征

我国教育科学文化建设必须具有社会主义性质。十四届六中全会决议特别强调我国文化事业的社会主义性质。这就决定了我们要把精神产品的社会效益作为最高标准,决不能追求经济效益而背离社会主义精神文明建设的根本方向。精神产品的生产和传播是影响社会、影响人民社会主义思想道德素质和科学文化素质提高的大问题。不文明、不健康、不科学的精神产品可能会祸国殃民。所以,决议强调要努力提高精神产品的质量,用健康有益的内容和群众喜闻乐见的艺术形象来满足人们的广泛需要。同时,要搞好文化管理体制的改革,不断促进文化事业向前发展。教育科学文化建设以提高教育科学文化素质为目的。普及提高教育科学文化素质,加强精神文明建设,这是把我国建设成为高度文明、高度民主的社会主义现代化国家的必由之路。

教育科学文化建设具有公共性。教育科学文化建设中提供的产品基本上都是公共产品,即具有消费或使用上的非竞争性和受益上的非排他性的产品,即能为绝大多数人共同消费或享用的产品。从非竞争性来看,教育科学文化建设(包括教育、科学、文学艺术、新闻出版、广播电视、卫生体育、图书馆、博物馆等)内容的消费不会影响其他消费者的消费,政府提供的消费机会通常是均等的、公平的。从非排他性来看,教育科学文化产品一旦被提供,所有的消费者都可以从中获益,无论消费者是否为教育科学文化建设付出成本或劳动,都可享有其建设成果。因此,教育科学文化建设提供的公共产品,以满足社会公共需要为目的,往往由政府部门或社会团体为整个社会提供。例如,基层政府部门为农村提供公共文化服务,包括公共文化服务设施、资源和服务内容,以及人才、资金、技术和政策保障机制等方面的内容。

教育科学文化建设比较实。《义务教育法》的颁布和适龄儿童入学率、巩固率、升学率等指标的考核,使得教育的发展基本具有可操作性;“科学技术是第一生产力”观点的提出推动了科学的发展,且又有科技兴业、兴市的典型,因此无论是干部还是群众大都已对科学技术有一定的重视;文化的发展虽因客观条件的限制而在一些地方不如人意,但总的来说大体与经济发展的水平相适应。因此,就一般情形而言,教育科学文化建设表现得比较实,也相对比较容易开展。

第三节　农村教育科学文化建设的目标和任务

“农村”在我国是一个地理意义的概念，表达的是一种区域范围的划分属性，主要是指以从事农业为主的居民所聚居的集散地；从行政区划意义来说，县一直担负着农村基层政权的职能，因而县、乡和村都属于农村的范围。农村教育科学文化建设主要是指在我国县（含县级市）及其所辖乡（镇）、村范围内进行的，主要面向农村人口开展的，以提高农民教育科学文化素质为目的的各项教育科学文化建设活动，包括各级各类教育、科普、文化、体育、卫生等事业和活动。

一、农村教育科学文化建设的意义

农村精神文明建设是思想道德和教育科学文化建设这两个方面在农村的实践和展开。农村的教育科学文化建设，既是全国精神文明建设中教育科学文化建设的组成部分，又是农村精神文明建设的重要内容，也和农村物质文明建设息息相关。因此，农村教育科学文化建设的意义表现在以下几个方面。

首先，农村教育科学文化建设能够促进农村经济的可持续发展。

农民的科学文化素质相对较低，这不仅是影响农村精神文明建设的一个重要因素，也制约着农业现代化的进程。农村科学文化的落后主要表现在科学文化观念落后，这给农业生产效率的提高和农民就业造成严重的影响。很多农民不懂科学，更不知道如何运用科学技术来提高生产效率,甚至排斥科学和文化,对于新技术的推广要么不相信,要么不愿意学,只愿依靠祖祖辈辈积累下来的生产经验,很多情况下还存在着看天吃饭的现象,没办法走上科技致富的道路。这严重阻碍了农业科学技术的推广与更新,也妨碍了农业生产效率的提高。

1996年《中共中央国务院关于尽快解决农村贫困人口温饱问题的决定》中就认识到,要认真抓好科教扶贫工作。决定指出,贫困地区落后的一个重要原因,就是科技教育滞后,劳动者素质低。要把扶贫开发转移到依靠科技进步、提高农民素质的轨道上来。要加大科技扶贫力度,选择一些成熟可靠、容易掌握、增产增收效果显著的实用技术,认真加以推广。积极推进贫困地区教育改革,把重点放到普及初等教育、扫除文盲和对农民进行实用技术培训上来,为当地农民解决温饱、脱贫致富服务。

其次,农村教育科学文化建设能够满足农民对精神生活的需要。

农村教育科学文化建设,是农村精神文明建设中有形的方面。它包含着农村文化"硬件"建设和文化"软件"建设两个方面。文化"硬件"建设主要包括农村文化基础设施的建设与完善、农村文化人才的挖掘与培养、民间文化资源的开发与保护等;文化的"软件"建设主要包括提高农民的科学文化水平、增强农民参与文化活动及创造的自觉性、培育农民的文化意识和文化观念、完善建立农村文化发展机制等。

再次,农村教育科学文化建设有利于美丽农村社会的建设和发展。

农村社会的环境建设还存在着诸多问题,这些多与教育科学文化建设紧密相关。比如,农村人居环境堪忧。其主要有三大问题:农业农药化肥污染问题、农民生活卫生问题、农村建筑规划问题。农业农药化肥污染问题主要是农业上使用的农药和化肥中所含的有害物质会污染水源、植物等,同时也会给土地、饮用水、空气等造成不良影响,甚至会危害到人的身体健康。农民生活卫生问题主要表现为:在有些农村的街道,经常会看到各式垃圾(有人们扔掉的破旧家具、各种无用的包装袋、牲畜的粪便等);污水乱流,这是农村生活废水乱倒又不及时处理而造成的;杂草乱堆、厕所无人打扫而散发恶臭、苍蝇乱飞;有的地段一到下雨天路面就泥泞不堪等。如此种种脏、乱、差的问题，严重影响了农村人居环境的舒适性，给人的视觉嗅觉带来严重的冲击。此外，农村建筑基本无规划可言，例如：有的农户将自己的住房建到乡村公用场所或者在此修建牲畜棚圈；有的农户占用街道建屋或为了争地方将房子建在邻家院落外的空渠里，造成邻里之间的矛盾；有的农户不按照统一的规划在地坪中修建而是东一块、西一块；有的农户不拆旧房或反复拆建房，这一现象在面临拆迁的乡村中尤为明显。

党的十八大报告将“生态文明”建设纳入了中国特色社会主义事业的总体格局中，致力于建设一个美丽中国，农村的脏、乱、差与这一主题明显不符。所以我们需要加大对农村人居环境的整顿力度，加快美丽乡村的建设步伐。这不仅有利于农村生活方式的改变，营造一个干净整洁的生活环境，而且有利于提高农民的舒适度，增强幸福指数，给人以昂扬向上、和谐美好的精神状态。

最后，农村教育科学文化建设是乡风文明建设的重要内容。

党的十九大报告提出的乡村振兴战略“产业兴旺、生态宜居、乡风文明、治理有效、生活富裕”20 字总要求，为农业农村改革发展指明了方向，也为农村精神文明建设工作提供了根本遵循。

乡风文明本质上是社会主义精神文明，是新时代的精神文明要求和集中体现。从内容和要求上来说，乡风文明就是指农民群众的思想、文化、道德水平不断提高，在农村形成崇尚文明、崇尚科学的社会风气，农村的教育、文化、卫生、体育等事业发展逐步适应农民生活水平不断提高的需求。2018 年中央一号文件中提出的乡风文明建设包含四项内容，其中三项都属于教育科学文化建设，包括“传承发展提升农村优秀传统文化”“加强农村公共文化建设”“开展移风易俗行动”。

作为一项动态的系统的工程，农村教育科学文化建设也在实践中不断变化发展。当前，我们要在乡村振兴这一战略背景下，紧紧抓住现代化建设的契机，不断为农村精神文明注入新的内涵。

二、农村教育科学文化建设的基本目标

精神文明建设的整体目标是培养有理想、有道德、有文化、有纪律的社会主义公民,提高整个中华民族的思想道德素质和科学文化素质。在精神文明建设过程中要始终围绕这一整体目标来开展各项具体工作,思想道德建设、科学文化建设这些子系统、部分、要素的具体目标都不能与这一整体目标相悖,而必须一致。因此,农村教育科学文化建设的目标主要包括两个方面。

首先,培育具有良好科学文化素质的新农民。

这是最基本也是最直接的目标。早在 1982 年,党中央就明确提出,社会主义精神文明建设的目标就是“使我们的人民成为有理想、有道德、有文化、守纪律的人民”。《关于 1997 年农业和农村工作的意见》指出,农村精神文明建设总的要求是,坚持以马克思列宁主义、毛泽东思想和邓小平建设有中国特色社会主义理论为指导,坚持党的基本路线和基本方针,培育有理想、有道德、有文化、有纪律的社会主义新型农民,团结和动员广大农民建设社会主义现代化的新农村。这表明,我们进行农村精神文明建设的落脚点始终是人,故而将培育新型农民确定为其目标之一。

意见还强调,要搞好党的政策、社会主义市场经济知识和科学文化知识的宣传教育。积极开展移风易俗活动,提倡科学,破除封建迷信;提倡文明,克服愚昧落后;提倡节俭,反对铺张浪费。广泛动员群众参加创建“文明户”“文明村镇”的活动。要根据“量力而行”的原则,加强农村文化建设和各项社会事业,搞好有线广播、电视接收转播站、乡镇文化中心站等基础设施建设,组织科技、文化、卫生下乡,丰富农民的文化生活,用健康向上的思想文化占领农村阵地。这些具体措施最后都要落实到人即农民这一群体上,目的就是多方面、多途径地提高他们的科学文化素质。

提高全民族的思想道德素质和科学文化素质,努力实现人的全面发

展，这是全面建设小康社会的重要要求。2003 年，胡锦涛在中央农村工作会议上的讲话中指出，农村精神文明建设，要特别注重传播先进思想、先进文化和先进适用技术。农村全面建设小康社会，不仅要着力改善农民群众的物质生活，而且要着力改善他们的精神文化生活。他强调，要注重解决农村教育、科技和文化发展水平明显低于城市，农村社会事业建设明显滞后的问题。如果这个问题长期得不到解决，将会影响全面建设小康社会的进程，影响全民族素质的提高。开展群众性精神文明创建活动和农民教育培训等，要求灵活多样、注重实效，着眼于丰富农民的精神文化生活，充实农民的精神世界，不断提高农村社会的文明程度。

2003 年《中共中央、国务院关于做好农业和农村工作的意见》指出，要把农村社会事业建设纳入财政支持范围，逐步提高投入比重。针对当时农村社会事业建设明显滞后的情况，有关部门要把加强农村教育、卫生、文化等社会事业作为工作重点，国家今后每年新增教育、卫生、文化等事业经费，主要用于农村，逐步缩小城乡社会事业发展的差距。

其次，改变农村的面貌。

农村精神文明建设的作用主要是为农村经济社会发展提供强大的思想保证、精神动力和智力支持。一是落实国务院领导下由地方政府负责、分级管理、以县为主的农村义务教育管理体制，实施一系列农村教育工程，改善农村义务教育办学条件；二是开展乡村文化基础建设工程（如乡镇综合文化站的建设和农村广播电视“村村通”工程），开展各种文化活动，加强农村文化市场管理，加强乡村环境整治，倡导文明、卫生的生活方式；三是推进农村卫生服务体系建设，抓好农村计划生育工作，推进人口与计划生育综合改革，更好地控制人口数量，提高人口素质；四是鼓励社会各方面力量参与农村教育科学文化事业建设，大力提倡通过东西互助、城乡互助、对口支援、军民共建等方式，帮助农村贫困地区发展教育科学文化事业，开展文化、科技、卫生“三下乡”活动，倡导文明健康的生活方式，加强农村环境治理。这些都是为了推动农村面貌的改变。

从科教兴农，建设社会主义新农村再到乡村振兴战略，党和国家对农村的发展不断提出新的要求和举措,对农村的总体面貌有新的期待。乡村振兴战略强调,不仅要使农村的自然和人文环境焕然一新,而且还要提升农民的精神风貌。包括:保护传承好乡村物质文化和非物质文化遗产,保护乡村文明的原生态,充分发挥其在凝聚人心、教化群众、淳化民风中的重要作用;完善农村公共文化服务体系,保障农民群众基本文化权益,提供更多更好的农村公共文化产品和服务;加强农村移风易俗工作,旗帜鲜明地引导群众抵制封建迷信、摒弃陈规陋习,形成文明健康的生活方式,培育文明乡风、良好家风、淳朴民风。这些都是新时代教育科学文化建设的内容和任务,也是改变农村整体面貌的必要条件。

三、农村教育科学文化建设的主要任务

农村精神文明建设的根本任务,是全面提高农民的思想道德素质和科学文化素质,为农村经济社会发展提供强大的思想保证、精神动力和智力支持。农村精神文明建设要坚持以马克思主义理论为指导,紧紧围绕发展农村经济、建设小康社会的目标,同农村经济工作、基层民主政治建设和社会治安综合治理相结合。对农民进行的思想道德教育要融入教育科学文化建设中。如加强爱国主义、集体主义和社会主义教育,进行党的基本路线和方针政策教育,进行社会公德、职业道德、家庭美德教育;引导农民移风易俗,革除陋习;反对封建迷信活动,禁止“黄、赌、毒”;全面贯彻党的宗教政策,依法打击邪教和利用宗教进行的非法活动等等。这些都需要抓手,需要融入农村的教育科学文化事业当中。

农村的教育科学文化事业的内容是十分广泛的:不仅包括农村教育改革,也包括农村文化基础设施建设;不仅实施各项文化工程,还要开展各项文化活动和科普工作,鼓励和支持农民业余文化体育活动,以及完善农村医疗卫生设施,稳步发展合作医疗,提高农民健康水平等。开展这些活动的主要任务包括以下三个方面。

（一）提高农民科学文化素质

农民科学文化素质是指农民在处理人与自然和社会的关系过程中所具有的内在的、较为稳定的科学文化知识和人文素养，是农民学习、运用及创造科学知识的能力及从事社会生产的技术能力和内在的精神构成，是农民劳动能力、科学技术水平及文化知识的总称。它既是一个整体，也可以分为两个方面，即文化素质和科学素质。

农民的文化素质，指的是农民在经济社会生活中所具有的，在文化方面能够表现出来的较为稳定的、内在的基本品质。农民的文化素质可从农村文盲率、净入学率，农民的平均受教育年限、新增劳动力受教育年限、人均文教娱乐用品配额，农业服务支出、专项资金额等指标进行考察。

农民的科学素质，指的是农民在从事农业生产实践时应该具备的基本技能，以及运用科学技术解决生产实践问题的能力。反映农民科学素质的指标有很多，如农业劳动产出率、农业生产科技贡献、农民平均受教育年限、非农业从业人员比重等，这些指标能够反映出农业生产中农民科学文化素质的基本情况。

要提高农民的科学文化素质，具体来说，需要从以下几个方面入手。

一是提高农民的科学技术能力。农民需要具有懂得和运用新技术的能力。科学技术能力是农民脱贫致富的关键。一方面，通过提升农民的科学技术水平，能够提高劳动者的生产效率，节约生产劳动时间，使他们能够有更多的时间用于精神文化生活。所以，要教给农民一些农业生产、加工技能技巧，要培养他们具有一定的养殖、种植、机械加工、纺织、制造或食品生产加工等现代化发展所需要的技术和能力，技术型的农民往往是现代新型农民的领军人。另一方面，让农民掌握一定的科学方法，理解科学技术产生的过程，了解科学与社会的关系，从而能够运用这些科学方法解决自己生活和工作中的各种问题，包括减少迷信和盲从的现象、辨别谣言等等。

二是使农民具备一定的文化素质。这里的文化素质是指能说会写，具有一定的知识，能辨别是非。按照《义务教育法》的规定，国家实行九年义务教育制度，那么，农民至少应该具有初中文化水平。目前来说，我国农民的文化素质普遍较低。因此，我们不仅要通过落实九年义务教育，使农村青少年能够掌握基本文化，同时还要加快对农村职业学校和培训机构的建设，使农民能够不断提升自身的文化水平。农业现代化对农民的文化素质提出新的更高的要求，需要努力提高农民的文化素质。

三是让农民学会经营策略和方法。这就要求农民具有一定的市场参与和竞争意识，能够将市场信息反馈到农产品的生产、加工和经营中。2005 年，农业部提出了"职业农民"的概念，使农民成为一种职业。2014 年，中共中央办公厅、国务院办公厅印发《关于引导农村土地经营权有序流转发展农业适度规模经营的意见》，提出开展新型职业农民教育培训。在农村精神文明建设中注重培育农民的经营素质，有利于提高农民的经营和管理能力，使农民具有现代化的生产理念和技能，也有利于培育农民具有一定的观察能力和应变能力，能正确处理市场活动中的竞争和合作。

四是帮助农民具备一定的法律知识和能力。依法治国是国家长治久安的重要保障，也是建设社会主义精神文明的重要条件。农民要知法、懂法、守法、护法，并能用法律知识维护自身的合法权益。要在农村精神文明建设中提高农民的法律素质，使农民学会利用法律维护自身的文化等方面的权益；要使农民树立主人翁意识，在享受精神文明成果的同时，履行自己应尽的义务。

要使农民具备后两种方法和能力，必须以一定的科学技术能力和文化素质为基础。或者说，前两种能力和素质是最基本的，而经营和法律方面的知识和能力，是科学文化素质在新的时代要求下不断发展出来的新内容。

2013 年中央农村工作会议上指出，提高农民，就是要提高农民素质，培养造就新型农民队伍。2015 年，《中共中央国务院关于落实发展新理念加快农业现代化 实现全面小康目标的若干意见》中提出，要深化农村精神文明建设,包括倡导契约精神、科学精神,提高农民文明素质和农村社会文明程度。党的十九大报告提出的乡村振兴战略中更是提出了乡风文明的要求。因而,在农村精神文明建设过程中,要致力于提高农民素质,通过精神文化的逐步熏陶与正确新颖的思想观念的教育,潜移默化地改变农民传统的生产生活方式、价值观念及交往方式,引导农民自我教育、自我创新,从而转变观念、提升自我,走出贫穷、迈向富裕,追求文明、实现自我。

(二)促进农村发展

培育高素质的农民是推动农村发展的需要。教育科学文化事业能够提高他们的科学知识水平以及应对各种挑战的能力;能为农村营造共同的思想基础,增强他们对建设社会主义新农村、实现中国梦的信心;能使农民储备足够的知识和技能,为农村培养新型农民,最终建成和谐的社会主义新农村。在农村教育科学文化建设中,需要加快农村科技和制度创新,走内涵式的发展道路,缩小城乡差距;要加大对农村公共基础设施建设的倾斜力度,推进城乡基本公共服务的均等化、一体化。

农村教育科学文化建设通过打造美丽乡村、美丽中国,为农村经济的可持续发展提供强有力的精神动力和智力支持。其中,教育科学文化建设的有些内容与经济相融合,自身也成为发展经济的一种有效方式。例如电影院之类的文化经营场所,在传播文化、丰富人们精神生活的同时,也能给经营者带来一定的经济效益。

(三)满足农民对美好生活的需要

改革开放以来,农业朝着现代化的方向迈进,农村经济迅猛发展,农民的生活水平也取得了显著的提高,农村面貌、农民思想发生了翻天覆地的变化。“仓廪实而知礼节,衣食足而知荣辱”,农民的物质生活得到一定满足后对精神文化生活的追求提出了新的更高的要求。当前我国大部分农村地区教育科学文化建设的发展还不能满足农民日益增长的精神生活需要。部分农村地区文化设施简陋，文化活动少，看电视、打牌成为农民仅有的休闲方式，这使得农民的精神状态相对空虚，易受到封建迷信思想的诱惑或者被邪教组织所利用。只有加强教育科学文化建设，才能不断为农村注入新鲜的、有益的信息和文化，保持农民群众与外界的联系，保证农村与时俱进；有利于农民用喜闻乐见的文化形式传播和发扬优秀的文化，不断丰富农民的精神文化生活，使先进的优秀的文化思想成为农村文化的主阵地。

第二章

“两个文明”建设中的农村教育科学文化建设(1978—1990年)

社会主义物质文明建设与社会主义精神文明建设这两个文明建设提出之后，农村教育科学文化建设结合当时农村和农业发展的状况和要求蓬勃开展起来。

第一节 农村教育事业的恢复和发展

教育是民族振兴、社会进步的基石，是提高国民素质、促进人的全面发展的根本途径，因此教育是文化建设最基础的部分。知识改变命运的命题在一定程度上可以替换为教育改变命运。教育对整个农村和个人的影响都是十分深刻的。这一时期，国家出台了一系列政策恢复农村的教育制度，重新调整农村的教育格局和发展方向，其中既有重新发布的有关基础教育的政策，也有专门针对农村教育事业发展的教育政策。

一、普及小学教育

1978 年以后，农村中小学正常教学秩序逐渐恢复。农村基础教育学校的布局网点进行了适当调整，基本取消了“戴帽初中”，农村高中也进行了适度集中，并恢复了初中和高中的“三三”学制。[①]

普及小学教育是这一时期国家农村教育政策关注的重点。1979 年 1

① “戴帽初中”指的是原本是小学，因初中学校不够等原因办起了初中班，这种学校被称为“戴帽初中”。“戴帽初中”是当时因经济条件等不足，为了满足教育需求而采取的一种权宜之计。“三三”学制，即初中三年、高中三年的学制。“文化大革命”时期，农村还曾实行过“二二”学制，即初中两年、高中两年。

月,教育部就陕西省上报的《我省小学入学率下降》一文,下发了《关于继续切实抓紧普及农村小学五年教育的通知》。通知指出,普及率是适龄儿童学完小学五年达到小学毕业程度的人数比例,不能以入学率来代替。并提出,当前农村教育工作的重点是普及小学五年教育。1980年12月中共中央、国务院发布的《关于普及小学教育若干问题的决定》(以下简称1980年《决定》)中指出,我国目前五年制小学教育尚未普及,新文盲继续大量产生。从当时的国情来说,普及小学教育的重点无疑是在农村。该决定提出,在80年代,全国应基本实现普及小学教育的历史任务。但同时提出,普及小学教育要根据各地区经济、文化基础和其他条件的不同,分期分批予以实现,要求:经济比较发达、教育基础较好的地区,应在1985年前普及小学教育;其他地区一般应在1990年前基本普及小学教育;极少数经济特别困难、山高林深、人口稀少的地区,还可以延长普及小学教育的年限。对文化教育十分落后的一些少数民族,采取一些特殊措施;最贫困的地区,由国家包下来实行免费教育。总的来说,农村普及小学教育不搞“一刀切”,不搞形式主义,注重普及质量。并且规定,城市小学试行六年制,农村小学学制暂时保留五年制。

小学教育是整个教育的基础,要提高教育质量,提高全民族的科学文化水平,必须从小学抓起。1983年《关于加强和改革农村学校教育若干问题的通知》提出力争1990年前基本普及初等教育的基本目标,要求普及初等教育的规划和措施要落实到县、区乡和社队,并制定普及小学教育的基本标准。于是,普及农村小学教育成为20世纪80年代农村教育发展的首要目标。

当时普及农村小学教育面临的一个重要困难就是教师队伍严重不足。1973年,小学教师中中师毕业的只有28%,有不少教师是中学程度教中学,小学程度教小学。[①]“文化大革命”期间,由于高师、中师的毕业生不足,又从小学、初中抽调教师到初中、高中任教。同时为了进一步解决中

① 何东昌主编:《中华人民共和国重要教育文献(1976—1990)》,海南出版社1998年版,第1649页。

小学师资问题，吸纳大量民办教师来从事农村的中小学教育工作。到1981年，全国民办教师占教师总数的60%，农村则高达72%。[①] 这些民办教师一方面基本上不具备合格的学历，另一方面由于没有国家编制，不享有财政补贴，只有一些生活补助，他们的待遇要比公办教师低得多。为了满足农村中小学教育的需要，达到农村小学教育的目标，从1978年到1984年，国家出台了一些农村教师队伍建设的政策。主要内容包括：加强包括农村中小学在职教师在内的教师培训工作；大力发展师范教育，为中小学尤其是农村中小学培养合格的师资；通过改善民办教师的工作和生活待遇、增加国家补助、考核合格后实现民办转为公办、中等师范学校招收一定比例的民办教师等一系列举措，来解决民办教师问题。1981年9月，教育部发布《关于增加中、小学民办教师补助费的办法》，以全国统一的方式提高民办教师的补助费。据统计，到1980年全国已有地市级教育学院、教师进修学院和县级教师进修学校2000多所，小学教师参加进修的达130多万人，约占应进修教师总数的47%。[②] 80年代初期，农村大量的民办教师通过多种形式转为公办教师，是农村教育发展史上的一个重要事件，也体现出国家对农村教育发展的特有关注。

此外，集体和国家共同努力，切实改善农村办学条件。在这样一个人口众多、经济不发达的条件下普及小学教育，不可能完全由国家包下来。所以，国家提出坚持"两条腿走路"的方针，以国家办学为主体，充分调动社队集体、厂矿企业等各方面办学的积极性，还鼓励群众自筹经费办学。总的来说，就是办学经费由国家和集体共同承担。1980年《决定》提出，农村小学的校舍修建和课桌凳的购置，一般由社队主要负责，国家酌情给予补助。用两三年或稍长一点的时间，做到"校校无危房，班班有教室，学生人人有课桌凳"。

---

① 何东昌主编：《中华人民共和国重要教育文献（1976—1990）》，海南出版社1998年版，第1910页。

② 何东昌主编：《中华人民共和国重要教育文献（1976—1990）》，海南出版社1998年版，第1854页。

二、扫除青壮年文盲

中华人民共和国成立时,文盲率达80%。发展教育事业、扫除文盲,提高全民族的教育科学文化素质,是新中国成立以来中国共产党几代领导集体一直关注并集中精力解决的重大问题。

建国初期的扫盲教育以识字教育为主,文盲是指不识字或识字很少,不能运用文字交流思想、进行必要活动的人。1953年规定的文盲标准和脱盲标准均以读写能力为依据,识字量成为衡量是否为文盲或者是否脱盲的指标。1978年以后,我国的扫盲教育,主要是农村的扫盲教育,主要内容依然是识字教育。具体的衡量标准是能否识字、记简单的账、写简单的应用文或者是否读完小学三年级(五年制小学)或者小学四年级(六年制小学)。扫盲就是使不具备这些能力的人获得这些能力。

新中国成立后的前十七年,我国扫盲工作曾取得了重要成就,不少生产队、公社和工厂基本扫除了少年青年壮年文盲。但是,到70年代末,我国农村的文盲现象依然十分严重。据一些地区调查显示,少年青年壮年中,文盲、半文盲仍占30%~40%,边远地区和少数民族地区达50%以上。[①] 改革开放以后,要实现农业现代化,迫切需要推广农业科学技术,可是农民的文化素质如此之低,显然无法满足需要。于是,1978年11月6日,国务院发布《关于扫除文盲的指示》,要求恢复开展扫盲教育。这一时期扫盲教育的目标是,根据具体情况,分别于1980年、1982年或者稍长一点时间内,基本扫除少年青年壮年文盲,即要求少年青年壮年中的非文盲人数达到85%以上。脱盲的标准为:能识1500个字,能够看懂浅近通俗的报刊,能够记简单的账、写简单的便条。扫盲的主要对象为12—45岁的少年青年壮年,重点是少年、青年、党员、团员、社队干部、农业技术人员。

---

① 何东昌主编:《中华人民共和国重要教育文献(1976—1990)》,海南出版社1998年版,第1651页。

《关于扫除文盲的指示》提出扫盲教育的方针是“一堵、二扫、三提高”。“一堵”指抓好普及小学五年教育;“二扫”指基本扫除少年青年壮年文盲;“三提高”就是组织脱盲人员继续学习,巩固提高。这就将普通教育、扫盲、扫盲后继续教育三者结合起来。该指示还提出农村扫盲工作实行自愿原则,因人、因时、因地制宜,采取多种形式扫除文盲,切实安排好学习时间。同时又要求“把扫盲工作搞得扎扎实实,防止走过场、赶任务,要坚持经常性学习,不断总结和推广办学经验,提高扫盲工作水平”。总的来说,这些都是原则性要求,没有硬性规定。所以,虽然中共中央和国务院有政策规定、积极号召,但是教育部不进行统一检查、验收,基层单位依据省(自治区、直辖市)或者行署制定的标准进行检查、验收。

按照这一指示的要求,农村广大知识青年、中小学师生组成一支群众性的扫盲教师队伍,帮助广大文盲群众脱盲。扫盲和扫盲后继续教育的组织形式有扫盲班、业余小学、业余初中。业余小学,一般设语文、算术两科。根据需要,也可适当安排农业常识课。业余初中,根据师资条件来安排课程,能开什么课,就先开什么课。既要学文化课,也要学农业技术知识课。办业余小学和业余初中,一般利用农村中小学的师资和校舍,或者直接由全日制中小学办夜校。

然而,在农村广泛实行生产责任制后,扫盲工作陷入低谷。在家庭联产承包责任制下,农民获得了生产自主权,生产积极性高涨,客观上产生了学文化、学技术的需要,扫盲教育原本应该获得推动力。而且这时,“教育优先发展”的战略思想为人们所接受,教育事业在社会发展中的重要作用重新为人们所认识,教师再也不是“臭老九”,教育秩序得到重建,为扫盲教育的恢复和发展创造了必要的前提条件。可是,随着人民公社解体、集体经济体制转为家庭联产承包责任制,农村的社会结构、行政与生产组织形式以及农民的活动方式等发生了根本变化,集体经济的减弱直接影响扫盲经费的筹措,公共设施的分包也使得扫盲教学场所成了问题。乡村基层组织失去了原有的组织和动员能力,以往的集体行为转变为文盲的个体教育行为,参加学习的随意性增大。[①] 具体来说,主要原因在于:一是干部没心思管,教员待遇没着落。因为以前是记工分,实行责任制后,没有工分了。二是农民没心思学。大家都在自己的责任田里忙活,顾不上学文化。也就是说,农民拼命地发展生产,结果是教育离他们的生活越来越远。

从 1980 年 12 月教育部印发的《全国农民教育座谈会纪要》可以看出,继续加强对农民的扫盲教育仍然是工作的重点。会议也着重分析了农村实行家庭联产承包责任制后出现的新情况,强调了扫盲工作要因地制宜、区别对待,搞多样化,不搞一刀切。会议同时还提出,要在农民中广泛开展农业技术教育,办好县农民技术学校。

开展扫盲工作,首先要建设工作机构。国务院发出开展扫盲工作的指示后,扫盲工作机构很快就建立起来。按照国家政策安排,各级党委对扫盲教育负领导责任,各级教育行政部门设置专门的工农教育机构(1982 年起改称成人教育机构),负责扫盲教育的具体管理工作。按照《关于扫除文盲的指示》的要求,党委、政府分管教育的同志挂帅,共青团、妇联、工会、文办、农林、工办、教育、人武部、知青办等有关部门负责人参加,共同组成工农教育委员会。分管教育的公社党委书记直接挂帅,工作人员直接到村,协同村党支部书记开展工作。70 年代末到 80 年代初期,农村改革尚处在起步阶段,人民公社高度集中的动员机制依然在发挥着强劲的作用。在这种动员机制下,很多地方出现了各级书记抓夜校、全县干部抓扫盲的工作局面,扫盲教育很快进入高潮。1979—1980 年,全国脱盲人数每年均在 500 万以上。

地方政府采取了多种形式开展农民扫盲工作。山东省莘县为了在实行责任制的情况下继续开展扫盲教育,并结合技术教育开展扫盲工作,请来精通棉花种植技术的技术员,编写棉花技术识字教材,该教材内容,经县工农教育委员会加工整理成为好读好记的农村谚语,形成《棉花技术识字课本》,发到全县农村,调动了文盲学员的学习兴趣。后来该县又组织编写了以裁缝技术为内容的扫盲教材。江苏省邳县则采取扫盲责任制的形式,通过签

① 余博、谢国东:《中国扫盲教育》,东北林业大学出版社 1998 年版,第 29 页。

订扫盲合同来抓扫盲工作。县与乡、乡与村、村与队民办教师、村与学员、中心小学与各施教区结成队子，充分利用冬春农闲，采取全日或半日上课形式，集中教学，大班上课，限期脱盲。

总的来说，从中央到地方为开展农村扫盲教育做了一番努力，取得了一定成效。《全国农民教育座谈会纪要》显示，1979 年冬至 1980 年春，参加学习的青壮年农民共 1978 万余人。其中有扫盲班学员 1236 万余人，业余小学班学员 426 万余人，业余初中班学员 92 万余人，业余高中班学员 9 万余人，各种技术班学员 212 万余人。达到扫除文盲标准的学员 598 万人。[①] 但是到 1981 年，全国脱盲人数开始下降，1982 年跌至低谷，1983 年脱盲人数有所回升，后来每年脱盲人数 300 万左右。1986 年再度下降，一直降到 1988 年的 144.2 万人，创下建国以来历史最低水平。1982 年人口普查资料显示，当年全国人口 10.08 亿，文盲人口 2.3 亿，1982 年至 1988 年扫除文盲人数不到 1700 万。[②]

经过多年努力，农村扫盲工作取得了不小的成效，文盲人数下降不少。但是直到 80 年代后期，农村的文盲与半文盲现象依然存在，一些贫困地区的扫盲任务还十分繁重。这与农村经济社会发展的新要求和国家现代化发展的要求不相适应。这表明，加强农村的扫盲工作仍然具有十分紧迫和重要的现实意义。1988 年 2 月，国务院颁布《扫除文盲工作条例》，号召在全国范围内开展扫盲教育，对扫盲工作提出了新的目标和要求。条例规定，个人脱盲标准是：农民识 1500 个汉字，企业和事业单位职工、城镇居民识 2000 个汉字；能够看懂浅显通俗的报刊、文章，能够记简单的账目，能够书写简单的应用文。基本扫除文盲单位的标准是：下属单位的人口中，1949 年 10 月 1 日以后出生的年满 15 周岁以上的非文盲人数，除丧失学习能力的以外，在农村达到 95%以上，在城镇达到 98%以上；复盲率低于 5%。条例对于农村如何完成这项工作，提出了很多要求和措施来进行保障，包括：积极办好

---

① 何东昌主编：《中华人民共和国重要教育文献（1976—1990）》，海南出版社 1998 年版，第 1879 页。

② 《中国教育统计年鉴 1988》，北京工业大学出版社 1989 年版，第 9 页。

乡(镇)、村文化技术学校,采取农科教相结合等多种形式巩固扫盲成果;充实县、乡(镇)成人教育专职工作人员,加强对农村扫除文盲工作的管理;从农村征收的教育事业附加费中安排一部分用于农村扫除文盲教育,等等。条例还表明,这一次是政府强制推行,而不再是坚持自愿原则。明确规定扫盲工作实行行政领导责任制,并由此确立了一系列考核、验收制度,地方政府被推到了扫盲教育的核心地位。

1988年起,在国家政策指导下,中国扫盲教育在组织管理、教学科研、考核验收等方面都得到了充分发展。这时,扫盲教育由各级政府负责,各级政府行政负责人是完成扫盲任务的第一责任人,各级教育行政部门代表政府对扫盲教育进行直接管理。

1990年,全国扫盲教育协调机构重建,组成单位有国家教育委员会、中央宣传部、文化部、广播电影电视部、农业部、林业部、中国人民解放军总政治部、共青团中央、全国妇女联合会、中国科学技术协会等。协调小组由国家教育委员会牵头,具体工作由国家教委成人教育司负责。小组的任务是加强对扫盲工作的宏观指导,动员社会各界关心、支持扫盲,协调统筹安排各有关部门、团体共同参与扫盲工作,定期检查了解扫盲进展情况,指导、督促、推动扫盲工作,表彰扫盲先进单位和个人。全国扫盲工作协调小组成立后,各省(自治区、直辖市)和地区、县、乡相继设立了扫盲工作协调小组,形成了在政府统一领导下,有关部门、团体分工负责、齐抓共管的扫盲教育管理体制。1990年11月21日,国家统计局《关于一九九〇年人口普查主要数据的公报(第一号)》公布的数据显示,全国文盲半文盲总数为1.8亿,占全国总人口比重的15.88%,比1982年第三次人口普查的22.81%,下降6.93个百分点。

三、九年制义务教育的提出和实施

1985年5月,《中共中央关于教育体制改革的决定》颁布,这是我国教育改革发展史上的一个重要事件,具有重大深远的政策影响和意义。可以说,这一决定是改革开放以后引领我国教育改革发展的总政策或基本政策。在这一政策的引领下,中国农村教育改革被赋予新的任务和内容,有了新的要求和举措。

《中共中央关于教育体制改革的决定》确定的教育体制改革的重大任务之一是"把发展基础教育的责任交给地方,有步骤地实行九年制义务教育"。我国基础教育的重点在农村。据 1985 年统计,县以下(含县)农村小学在校学生约占全国小学生总数的 92%,中学在校学生约占全国中学生总数的 82%。[①] 义务教育的实施,既是实行普及小学教育政策的延续和拓展,又是提高全民科学文化素质的基本途径。

为了更好地推进和保障九年制义务教育的实施,1986 年出台了新中国成立后的第一部专项教育法,即《义务教育法》。这为农村有步骤地实行九年制义务教育提供了法律支持与保障。为了推进农村基础教育管理体制的改革,1987 年 6 月,国家教委、财政部发布《关于农村基础教育管理体制改革若干问题的意见》,提出对县、乡两级的职责权限进行划分,扩大乡一级管理农村学校的职责权限,还要求注意发挥村组织在解决学校危房、改善办学条件等方面的作用。这样,从 20 世纪 80 年代起,我国确立了基础教育由地方负责、分级管理的原则。但这种"分级管理"的结果是把农村基础教育的重任基本上下放到了乡、村。而乡、村财政十分薄弱,所以教育投入非常艰难。

办学经费问题是农村基础教育的难点。1984 年 12 月,国务院曾发出《关于筹措农村学校办学经费的通知》,要求开辟多种渠道筹措农村学校办学经费。除国家拨给的教育事业费外,乡人民政府可以征收教育事业费附加,并鼓励社会各方面和个人自愿投资在农村办学。《义务教育法》确认了这一精神。从此,农村义务教育的财政预算内拨款,主要由市县级

① 何东昌主编:《中华人民共和国重要教育文献(1976—1990)》,海南出版社 1998 年版,第 2623 页。

地方财政负担,很大程度上来源于征收农业教育费附加。此外,农民集资办学也成为农村义务教育经费的重要来源。还有,对义务阶段学生收取少量杂费的方式,也成为补充农村学校办学经费的一个手段。

农村教师队伍建设是农村义务教育实施的重要条件。加强农村教师队伍建设,首先要培养合格的师资。1987 年 7 月,国家教委办公厅印发了《中等师范院校面向农村培养合格的小学师资座谈会纪要》,强调中等师范学校主要为农村培养合格的小学教师服务。同时国家也十分重视发展高等师范专科教育,面向九年制义务教育发展为培养农村初中教师服务。1990 年 3 月,国家教委印发《关于当前师范专科学校工作的几点意见》,要求师范专科学校主动适应农村教育改革的需要,努力培养合格的初中教师。在加强为农村义务教育培养合格师资的同时,还出台了一系列政策进一步改善民办教师的工作和生活待遇。

这一时期,农村九年制义务教育在政策的引领下,不断向前推进,取得了明显的进展和成效。突出表现为:学龄儿童入学率不断提高,性别差异大大缩小;初中辍学率得到有效控制,义务教育阶段学生的巩固率不断提高;义务教育阶段的教育投入不断增加,中小学办学条件得到明显改善,中小学教师的学历合格率也不断提高。据统计,1978 年,我国小学专任教师学历合格率仅为 47.1%,初中教师学历合格率仅为 9.8%;到 1985 年,小学教师学历合格率上升到 60.6%,初中教师学历合格率上升到 25.1%;到 1990 年,两个指标分别上升到 74.0%和 45.5%。

四、农村教育结构改革初步展开

这一时期,在努力推进九年制义务教育的同时,农村教育结构的改革也逐步开展起来。改革开放以后,国家重心转移到经济建设上。随着经济政治结构由计划经济体制向市场经济体制的变迁,农村教育政策发生了变化,通过教育结构的改革来振兴农村经济的发展。

1980年10月,国务院批转教育部和国家劳动总局《关于中等教育结构改革的报告》,提出要改变中等教育结构单一化的状况,重点是改革高中阶段的教育。主要内容和途径包括改革普通高中的课程,逐步增设职业(技术)教育课,将部分普通高中改办为职业(技术)学校、职业中学、农业中学,等等。要求县以下的教育事业主要面向农村,为农村和各项建设事业服务,同时在城乡提倡各行各业广泛办职业(技术)学校。1983年,《中共中央国务院关于加强和改革农村学校教育若干问题的通知》指出,坚持农村教育从实际出发,在普通高中开设职业技术课,开办职业技术班,试办农村初级职业中学,对农民进行短期培训,增设农村教育所急需的专业,培养农村生产和经济发展所需要的技术人才。1985年《中共中央关于教育体制改革的决定》提出了"调整中等教育结构,大力发展职业技术教育"的重大任务,强调在农村抓普通教育的同时,开展职业技术教育要适应调整产业结构和农民劳动致富的需要,着重职业技能的训练,拓宽训练的范围。也就是说,农村教育的改革成为其中一项重要内容。而农村教育改革的一个重要任务就是教育结构的改革。此时农村教育结构的改革主要是强调适应农村产业结构调整和农村经济全面发展的需要。为此,农村教育改革进行了一些尝试。

首先,建立农村教育综合改革实验区。1987年2月,国家教委与河北省政府决定,在阳原、完县和青龙三县建立农村教育综合改革实验区,旨在探索贫困农村教育和经济协调发展、经济开发和智力开发密切结合的途径。同时使农村教育形成普通教育、职业技术教育和成人教育统筹发展的趋势(以下简称三教统筹)。1989年5月,国家教委发布了《关于在全国建立"百县农村教育综合改革实验区"的通知》,实验区得到进一步扩展。1990年7月,国家教委印发了《全国农村教育综合改革实验区工作指导纲要(试行)(1990—2000年)》,确立了综合改革实验的指导思想与原则、目标与任务、措施与条件等,对推进综合改革实验有了更现实的指导意义。

其次,初步形成中国特色的农村教育体系。1983年中央一号文件《当前农村经济政策的若干问题》中指出,必须抓紧改革农村教育,增加农业中学和其他职业中学的比重。面向农村的高等院校和中等专业学校,要有一套新的招生和毕业生分配办法,打开人才通向农村的路子。要对农民进行各种形式的职业技术教育和培训。农村教育必须适应而不可脱离广大农民发展生产、劳动致富、渴望人才的要求,必须考虑而不可忽视乡村居民劳动、生活的特点。1983 年《中共中央关于加强农村思想政治工作的通知》中指出,农村教育制度要改革,要采取几条腿走路的方针,实行多种办学形式,逐步形成具有中国特色的农村教育体系。80 年代中期后,由农村义务教育、职业教育、成人教育和幼儿教育构成的整个农村教育体系初步形成。

最后,实施“燎原计划”。“燎原计划”是农村教育综合改革的重要行动计划。1988 年 5 月,国家教委提出《关于组织实施“燎原计划”的请示》,经国务院批准实施。该计划的主要任务是:在做好普及义务教育工作的基础上,充分发挥农村各级各类学校智力、技术的相对优势,积极开展与当地建设密切结合的实用技术和管理知识的教育,培养大批新型的农村建设者;积极配合农业和科技等部门,开展以推广当地实用技术为主的实验示范、技术培训、信息服务等多种形式的活动,促进农业的发展。“燎原计划”从建立示范乡开始,不断扩展至更大范围的县、乡。1995 年 12 月,国家教委决定组织实施“燎原计划百、千、万”工程,即在全国上千个乡、上万个村推广上百项农村实用技术。至此,“燎原计划”逐步形成燎原之势。“燎原计划”与“星火计划”“丰收计划”等一起,为这一时期提高农民科学技术能力和素质、促进农村经济发展做出了重要贡献。截至 2016 年,全面实施“燎原计划”的乡镇就有 7056 个,分布在 1553 个县,进行短期实用技术培训的人次超过 1200 万,发放“燎原计划”贷款 2.18 亿元,培训回乡初、高中毕业生超 5000 万人次,支持项目 1790 个,创造产值 44.5 亿元,推广各种实用技术 11000 多项,新增总产值 13.78 亿元,新创利税1.95亿元，涌现了一大批依靠教育、科技促进农村发展的典型。[①] 这一政策至今还在延续。

从改革开放初期恢复和普及小学教育到20世纪80年代中后期有步骤地普及九年制义务教育，可以看出，农村教育政策的变革为农村教育实践的变革和发展提供了基础。无论是学校教育、扫盲工作还是教育结构的变革，目的都是着眼于提高农村人口的科学文化素质。

第二节　农村科普工作蓬勃发展

长期以来，我国农村贫困落后，农村人口科学文化水平较低，深受疫病、愚昧、迷信等的危害。除了发展经济使农村尽快脱贫外，在广大农村开展科学技术普及工作，使农村人口学习和掌握科学技术文化知识，驱除愚昧落后，提高农民的科学文化素质，成为我国精神文明建设的一项重要任务。同时，要发展农村经济，实现科技兴农，就必须依靠农业技术的推广和使用。因此，把农村教育与普及科学知识和推广农业先进技术结合起来，对促进农村经济的发展具有重要意义。

科学普及，从字面上来说，就是面向大众普及科学。农村科普的作用是促使农民改变生产与生活方式，提升农民在生产、生活中应用科学的能力和理性思考的能力，使他们在精神层面上相信科学对于人类社会发展的基础作用，在实践层面上能提高农业生产率。农村科普是联系科学与农民的纽带，是实现科学与农民、科学与农业、科学与农村对接的重要渠道之一。同时，农村科普的难度非常大。一方面，从知识体系来说，农村

① 谢重：《中国农村教育改革发展的政策创新和未来走向》，《中国农村教育》2017年第10期。

有着显著的地方性文化体系,有着比较浓厚的地方习俗,有着不同于科学的丰富的常识体系;另一方面,从地理分布来说,农村比较分散,且数量庞大,这也加大了农村科普工作的难度。从实践来看,这一时期的农村科普工作主要从三个方面来开展。

一、农业技术推广和服务

十一届三中全会后,农村经济政策进行了一系列的调整,以家庭联产承包为主要形式的生产责任制实行后,农村接受科学技术普及推广工作的对象,从过去的社、队变成了千家万户和亿万农民个人。这一形势带来了对科学技术空前广泛、巨大而急切的需求,也推动农村科普工作发生了相应的转变。

国家对这一时期的农业技术推广工作十分重视。1982 年,中共中央批转《全国农村工作会议纪要》,提出要恢复和健全各级农业技术推广机构,充实加强技术力量。发展农业教育,要求县级以及县以下农村的中学要设置农业课程,有的可以改为农业专科学校。高等农业院校和中等农业学校要拿出必要的力量承担培训任务。逐年分配大中专毕业生到公社一级去担任技术工作,按国家干部待遇。对自学成才的农民技术员,各地可采取定期考试、考核的办法,发给证书,给予技术补贴或择优录用。

农业的发展,一靠政策,二靠科技,三靠投入,但最终还是要靠科学解决问题。1989 年,国务院在《关于依靠科技进步振兴农业加强农业科技成果推广工作的决定》中指出,要提高农民科学文化水平,切实加强农村扫盲、文化教育和农业科技工作,把对农村劳动者的文化教育和技术培训作为一项重要任务,努力抓出实效。要求加快农村教育结构的调整,增加职业中学的比重和农用技术的教学内容。大力发展农村成人技术教育,办好农业广播(电视)、函(刊)授学校、农民夜校和各种培训基地,结合“星火”“燎原”“丰收”等计划的实施,开展实用技术培训。各地创办的面向农村的科技报是传播推广农业科技成果的重要宣传工具。1990年,宋平在农村工作座谈会上的讲话中指出,要认真实施科技兴农战略。各地要组织农业行政部门的科技人员到农业生产第一线去开展科技服务。可采取科技承包的形式,把服务效益和报酬挂起钩来,调动他们的积极性。在技术承包中,有条件的可以搞集团承包,要抓好乡镇科技服务组织的建设。这些单位的技术人员,长期工作在农业生产第一线,直接为农民服务,在整个科技服务体系中起着承上启下的重要作用。在科技兴农中,科技示范户和农民技术员起着重要的作用。在国家政策的引导下,这一时期的农业技术推广工作开展得红红火火。

1. "技术承包"蓬勃兴起

1978年秋,四川省新津县农业技术员邱维华到花桥公社十八大队第一生产队蹲点,对小麦生产提出了三条技术改进意见,并和当地群众口头约定如果按照这三条意见办,造成损失他负责赔偿。当年秋天小麦实现了增产,当地群众执意要付给报酬,并给做辅助工作的农民技术员奖励了100个工分。于是,"技术承包"这一新生事物自发地在全国各地出现。

1981年春,中国科协党组副书记刘述周到广东、广西农村调查发现,有些县科协和公社科普协会组织农业技术成员与农民签订包教包会、包增产、有奖有赔的"科学种田合同"。在刘述周的建议下,中国科协随即于1981年4月在武昌召开了科学种田合同制座谈会,广东、广西、浙江、湖北等16个省、地、县科协30多位代表参加。会后,中国科协以党组的名义向中共中央书记处写了报告,并得到批复。于是,技术承包在科协系统生机勃勃地发展起来。全国各地很快创造出了多种多样的承包形式。除了承包合同外,还有技术咨询服务,组织科学专家下乡指导、培训等方式解决技术难题。

1981年12月,中国科协在北京召开了农业(包括多种经营)技术承包经验交流会。中共中央政治局委员、国务院副总理万里,在中南海接见了全体代表并发表重要讲话。讲话赞成和支持总结农业技术承包的经验,希望不断完善和推广,强调科学家要和农民相结合,把传统技术经验和现代科学技术结合起来。这次会后,技术承包的规模、范围和形式都有了新的发展。

1983年后,随着农村商品生产的发展,各地的技术承包活动越来越多地从联产计酬为主发展为不联产的技术服务为主,各地县、乡(社)科协越来越普遍地建立起各种技术服务部、站、队并向农民提供系统的技术服务。再后来,技术培训和技术服务活动兴起,之前的技术承包形式逐渐消失。

2. 技术培训和科技扶贫

组织培训一直都是农村普及科学、推广技术的主要方式之一。随着农村科协组织的恢复与发展,特别是技术承包在科协系统的兴起,各种技术培训活动发展迅猛,到1982年,一个公社科普协会全年培训人数就能达到千人以上,而一个省的培训人数能达到几十万的规模。

各地方科协也积极开展培训活动。如安徽,1984年各级科协共举办了3万余期技术培训班,培训农民和农村干部280万人;创办一年制以上的科技学校600多所,学员达7万多人,1983—1984年系统培训初级农民技术人员13万多人。而河北省科协于1984年冬天,开始联合共青团河北省委、省妇联,对全省600万在乡中学生进行了一次多层次、多门类的技术培训。同时,河北省各级科协动员3万～4万名科技人员下乡讲课、开展技术服务,组织5万多名“土专家”、能工巧匠登台传艺,举办8.3万多个培训班,使510多万在乡知识青年每人初步学到了一两项实用的农业或多种经营新技术。这次培训不仅提高了广大在乡知识青年的科学文化素质,扩大了他们的就业门路,还促进了一些地方的农村产业结构调整。

1986年5月,中国科协和共青团中央、全国妇联在河北保定联合召开全国农村青年实用技术培训工作经验交流会。会议制定了《“七五”期间农村青年实用技术培训规划要点》,拟定的培训工作总任务是:通过短期培训，使1亿在乡知识青年掌握一两项致富的实用技术；通过比较系统的专业技术教育和技术培训，使其中50%的人达到相当于农民技术员的水平。这一规划的制定和实施，将农村技术培训工作推向了一个新的阶段。仅1986年，各级科协发动了数十万名科技工作者和上百万名农村技术能手投入这项工作。据统计，“七五”期间，各级科协会同有关方面在农村开展的各种技术培训活动，共培训了1.5亿人次。这对提高广大农民技术骨干的科学文化素质、促进农村产业结构调整、培养造就一代新型农民、加快农村社会主义精神文明建设，都做出了重要贡献。

“科技扶贫”的提出起源于1982年。江苏省江都县科协副主席王介眉为帮助本县宗村乡的贫困农民解决温饱问题，与乡科协共同组织了100多名会员和农业技术能人，对贫困户开展技术服务和培训，从而使68户困难户一年就全部摆脱了贫困。在总结这一经验时称之为“科技扶贫”。中国科协向全国各地科协推广了这一经验。这一经验的意义在于，它改变了过去扶贫单纯靠“输血”的做法，明确提出“扶贫要扶本，扶本靠科技”。1985年8月，民政部和中国科协联合向全国各省(自治区、直辖市)民政厅(局)和科协发出《关于开展科技扶贫工作的通知》，进一步将农村科普工作与民政工作有机结合起来，从而大大加快了科技扶贫的步伐。

1986年，中国科协进一步和民政部、国家民委联合在全国选定北京密云、河北丰宁等15个贫困县，开展扶贫试点工作。后又以点带面，这一年，在全国共扶持了200万户贫困户，使91万户基本脱贫。在15个扶贫试点县，共扶持了10万户，其中4万户摆脱了贫困。黑龙江省科协和民政部门合作，在全省开展科技致富能手的竞赛活动，全年扶持9万户，有7万多户当年就实现了脱贫。贵州省成立了“贵州省科技扶贫团”，组织7000多名科技人员上山下乡，为贫困地区和贫困户“指门路、传信息、教技术、送服务”。1989年，民政部、中国科协和国家民委在总结科技扶贫试点工作的基础上，发出《关于进一步开展科技扶贫工作的意见》，确定在全国建立105个科技扶贫重点县。据统计，5年的时间内，共对1015户困难户开展了科技扶贫工作,其中 531 万户成功脱贫。

后来受到党中央和国务院表彰的河北农业大学李保国教授,是同时从事科研和技术推广、实现农村“科技扶贫”的又一种典型人物。李保国教授正是在 80 年代开始到太行山从事技术研究,到后来手把手地教农民种植苹果技术。在他的带领下,太行山 10 万群众脱贫奔小康。

3. 农村专业技术研究会兴起

20 世纪 80 年代初期,各地农民先后出现了一种新型科技群众组织即专业技术研究会(有的称“协会”)。它们是在科技人员的指导下,由专业户、能工巧匠、知识青年自愿结合起来开展科技活动的组织,目的是解决生产经营中的技术问题。如四川省垫江县永安乡的植保技术协会、温江县的养蜂协会,吉林省集安县的人参技术研究会,河南省巩县米河乡的大白菜研究会,还有南方省市的一些养兔技术研究会,等等。到 1983 年底,全国已发展起 1.3 万个农村专业技术研究会。这些研究会的建立,有力地促进了农业专业化的生产。

农村专业技术研究会的出现,引起了中国科协的关注。1984 年 3 月,中国科协召开农村科普协会(科协)工作经验交流会时,对这些专业技术研究会的经验进行了充分的肯定。会后,农村各种专业科技群众组织发展更加迅猛。随着农村经济结构和产业结构的变革,专业技术研究会还扩展到了副业和加工业。不仅内容上实现了扩展,在组织形式和结构上也逐步走向专业化和社会化,专业技术研究会发展成为一种新型合作经济组织。到 1986 年,全国农村专业技术研究会发展到了 7 万多个,已有相当一部分向技术经济实体发展。如山西省太谷县的瓜类研究会,成立于 1982 年,到 1986 年已发展会员 152 人,分布在 7 乡 16 村,联系了 1 万多户种瓜户,成为一个技术经济联合体,先后推广了 10 多项新技术。

农村专业技术研究会逐渐受到国家的重视和肯定。1986 年 10 月,中国科协党组向中共中央书记处提交了《一种具有中国特色的技术经济合作组织正在农村兴起》的专题报告,国务院办公厅以参阅文件加按语后发到全国。按语中提出,“农村专业技术研究会的出现,成为一种新型的、具有中国特色的、专业化的技术服务组织。它在推动农村商品生产、传播、推广技术,开展科普工作等方面发挥了重要作用”。1989 年 11 月,国务院在《关于依靠科技进步振兴农业,加强农业科技成果推广工作的决定》中明确要求,各地在巩固和发展县(含县)以下农业技术推广机构的同时,积极支持各种专业技术协会和技术研究会,逐步形成国家农业技术推广机构与群众性的农村科普组织及农民专业技术服务组织相结合的农业技术推广网络。这就将农村专业技术研究会明确纳入了全国农业技术推广的社会化服务体系。到 1990 年,全国农村专业技术研究会发展到 10 万个,涉及 140 多个专业和门类,会员 300 万人。

到 80 年代后期,农村专业技术研究会的活动内容、范围、技术水平、组织规模、经济实力和影响等都得到了发展。为了适应发展的需要,1989 年后,各省(自治区、直辖市)及部分地、县相继成立了按专业范围组织的全国专业联合会 1700 多个、跨地区的专业联合会 800 多个、全省性的专业联合会 5 个。1989 年 4 月,为了对全国农村专业技术研究会(协会)的健康发展进行指导,中国科协会同农业部等部门和团体,联合组建了全国农村专业技术研究会(协会)联合会筹委会。

4. 农民技术职称评定

1981 年 10 月,四川省各级科协开展了农村乡土人才的普查工作。据 136 个县(市、区)的统计,共有农村乡土人才 195 万人,约占当地农业人口的 2%。为了调动这些农民技术人才的积极性,发挥他们在农村传播科学知识和传统技艺、推广先进技术、带领农民科技致富的作用,先后有成都、大邑等 15 个市县制定了农民技术人员技术职称试行条例,开展了农民技术人员的技术职称评定工作,对 5000 多名经考核评定的农民技术人员授予了技术职称。这一工作大大激发了农民技术人才建设新农村的干劲。1983 年 5 月,四川省科协在总结经验的基础上,制定了《四川省农村技术人员技术职称暂行规定》,由四川省委审定后批转全省试行。这为后来在全国开展农民技术人员职称的评定和晋升工作提供了宝贵的经验。

1987年,中国科协、农牧渔业部、水利电力部和林业部共同制定颁发了《农民技术人员职称评定和晋升试行通则》,要求全国各地在当地政府的领导下,根据本地区的实际情况制定实施细则。该试行通则规定,凡在农村从事农林牧副渔、乡镇企业、机械、水利等方面的农民技术人员和职业中学毕业生以及各种能工巧匠,均可报名参加考核;农民技术人员的职称定为农民助理技术员、农民技术员、农民助理技师、农民技师。这样,农民技术人员职称评定和晋升工作在全国范围内逐渐走上规范化的轨道。1987—1990年,全国29个省(自治区、直辖市)共评定出农民技术人员128.4万人(其中,农民助理技术员37万多人,农民技术员66万多人,农民助理技师20.2万人,农民技师5.2万人,农民高级技师400人),为农村初步建立了一支养得起、留得住的农民技术队伍。

二、开展科普活动

1981年,中共中央、国务院转发了国家科委《关于我国科学技术发展方针的汇报提纲》。该提纲中提出,科普出版部门要针对不同年龄、不同情况的需要,出版更多、更好的科普读物。要利用电视、广播、讲座等形式,组织丰富多彩的科普节目。还提出要特别加强青少年的科普活动,如举办科学讲演、科学竞赛,成立课外科学研究小组等。普及科学要从幼儿教育开始,使我国新的一代从小养成爱科学、学科学、用科学的良好风气。实践中,农村科普工作结合农村实际,开展了形式多样的科普活动。

1. 形式多样的科普活动

1983年初,中国科协召开农村科普工作座谈会,万里副总理接见与会代表,提出要进一步发展“三结合”的农村群众科普队伍,特别强调科协要充分发挥群众组织的灵活性,发动会员大胆开创动员科技人员为发展农村经济做贡献的新路子。这次会议推动了农村科普工作群众化和社会化的新局面。

全国各地科协因地制宜开展了形式多样的科普活动。有的省科协结合农村生产生活实际,采用科普报刊、资料和广播、电影、录像等手段,大规模地开展了科普讲座、科普展览、科普集市以及科普咨询服务等活动。如1983年,河北省科协联合省妇联、共青团省委等12个有关部门,举办了全省范围的农村科普活动月。有的省科协改变过去"单点式""单项式"的传统科普活动方式,代之以综合的、系列化的模式,推动农村科普工作的大规模开展。如湖北省科协在全省开展了以创建100个科普文明村、1000个公社科普协会、培训1万个科技致富能手为主要内容的"百、千、万活动"。也有的省科协发动各级科协,组织会员和农民技术骨干竞赛,推动农村科普工作向社会化方向发展。如安徽省科协开展科普工作红旗竞赛。该省广德县科协在竞赛中采取"抓百户、联千户、促万户"的办法,开展"比技术、赛商品、讲效益"竞赛,有效地传播了科学技术,取得了显著的经济效益。甘肃省科协于1986年开展了科技脱贫致富的"四一燎原活动"。要求每个乡镇至少发现(培养)一个人才,用其掌握(学到)的技术办起一个适合当地的经济项目,带领一部分群众或一个村、乡脱贫致富。吉林省科协开展了农村百业科技致富竞赛活动,1981年全省参赛的有2.1万户、50个项目,到1987年通过竞赛活动,推动了5000户达标,并评选出1028个"大王"。黑龙江也开展了致富能手的竞赛活动,1986年共扶持9万户贫困户,当年脱贫的有7万户,其中省、县两级570多名"高产大王"带动帮助了7000多户脱贫。

还有一些非常具有地方特色的活动。如在东北地区,黑龙江省科协首先与省军区、省民政厅联手,在全省农村民兵、预备役人员和退伍军人中开展"科普之冬"的活动。在此基础上,辽宁、吉林、黑龙江三省科协从1987年起共同开展"科普之冬"活动。随后这一活动很快扩展到新疆、内蒙古等地。这些地区北方冬季时间长、气候寒冷,群众有"猫冬"的习惯,科协和有关部门、群体开展的"科普之冬"活动主要是以技术培训为中心,以提高人民群众的科学文化素质、夺取农牧业生产丰收为目标。

针对少数民族地区经济文化不发达、交通不便的特点,中国科协在争取到财政部的支持后,采取为西北、西南等少数民族地区科协陆续配备科普车、编发科普展览资料等措施,帮助他们开展科普宣传活动。从1983年开始,中国科协拨出专款,分批支持宁夏、云南等8个省、自治区先后建立起常设的科普工作队。这些工作队不定期地聘请科技人员,带着科普图书、资料、电影及录像等深入山区、牧场,利用民族节日和民族地区的集市,就地进行指导和服务,结合放映电影、录像和举办广播讲座、小型展览等各种生动的科普宣传活动,把科学技术送到少数民族群众手中。如云南省科普工作队趁傣族“赶摆”和景颇族“目瑙纵歌”节等机会,开展科普宣传,科普车开到哪里,各族群众就载歌载舞涌到哪里,受到热烈的欢迎。据不完全统计,8个少数民族地区科普工作队几年里共印发科普图书资料1000多万册,放映科技电影、录像2万多场,举办科普展览数千个,培训技术骨干2万多人。

2. 科普文明村(乡)的建设

1987—1988年,全国各地先后开展的农村大型科普活动中,出现了有阶段性意义的重要发展。先是个别村镇开展创建科普文明村的活动。1987年,这一活动逐渐在黑龙江、山东等地扩展为省一级的活动,并取得了显著效果。如河南省滑县枣村乡冯庄村开展“科普文明村”活动后,1988年全村实现了“六增”“两降”。“六增”,即粮食总产量、全村总收入、人均收入、向国家交售商品粮、商品生产项目以及从事商品生产的农户数量获得提高或增加。“两降”是指全村扫除了文盲,90%的中青年扫除了科盲,法盲率也大大降低;人口自然增长率下降,被评为计划生育先进单位。黑龙江省巴彦县科协于1984年在万发镇兴化村开展创建科普村的试点后,带动了全镇的20个村竞相争建科普镇。到1987年,全县发展了152个科普村、3个科普镇。他们对科普村的要求,不仅要建好科普活动室、专业技术研究会,办好农民业余科技学校,还要全村农民普遍掌握生产新技术,人均年收入稳定在500元以上,等等。

在这些科普镇、科普村,由于科普活动深入人心,学科学、信科学的人多了,迷信的人少了;靠技术勤劳致富的人多了,游手好闲、搞歪门邪道的人少了；遵纪守法、新事新办的人多了，斗殴偷摸犯罪、婚丧大办的人少了；赌博现象也大大减少。也就是说，不仅实用技术得到了推广应用，科学技术知识和思想也得到了全方位的普及。因此，许多科普村镇、科普乡村实现了科技培训全员化、科普项目系列化，造就了一代懂科学、会管理的新型农民，在青壮年农民中基本扫除了文盲。1989 年 5 月，天津市北郊区双口乡科协等 20 个科协组织，发出了开展“讲精神文明、比科技致富”竞赛活动(以下简称“讲比”活动)的倡议。“讲比”活动以农村专业技术研究会为基础网络，开展实用技术培训、科普宣传、科技服务和科技扶贫活动，治贫治愚相结合，两个文明一起抓。一些乡镇还举办了破除迷信的展览，引导群众相信科学、反对迷信。此后，越来越多的省份以及许多地市县都开展起这两项活动。

为了推动农村科普事业进一步发展，1990 年 2 月，中国科协通过了《关于进一步发挥科协组织在科技兴农中的作用的决定》，其中专门提到要积极开展建设科普文明村、乡(镇)和“讲精神文明、比科技致富”竞赛活动。决定还提出，对在这两项活动中做出贡献的先进集体和先进个人，要给予表彰奖励。

3. 先进集体和个人表彰活动

随着科普工作在农村的蓬勃开展，各地不断涌现出许多活动各具特色、工作效果显著的先进单位和个人。1985 年 1 月，中国科协在各地开展评选表彰的基础上，在北京召开了全国农村科普工作先进集体和先进个人表彰会，对全国评选出来的 404 个先进集体和 1005 个先进个人进行了表彰。这次会议是新中国成立以来首次举行的农村科普工作战线“双先会”。这些先进中，有的积极传播先进技术，如山东省嘉祥县科协，连年开展棉花新品种、棉麦两熟等新技术的普及活动；有的坚持不断深入农村，把科学技术送到农民手中，如湖北柑橘专家章文才和北京畜牧兽医专家王树信等老教授；还有在各地带领群众科技致富的各种生产“大王”、致富“能手”的先进代表，如被称为“作物大王”的山东省枣庄市台儿庄区大北洛村科协主席李祥岭、养鸡大户黑龙江省佳木斯市畜牧学会会员梁凤颖等。

1987 年 3 月,中国科协又在北京召开全国农村科普工作会议和农村科技致富能手经验交流会,对全国 100 名科技致富能手和 108 个农村科普先进集体(60 个专业技术研究会、40 个乡镇科普协会或科协、4 个科技报社、2 个科普工作队、1 个电影队、1 个县科技馆)进行了表彰。

1989 年召开的第八次全国农村科普工作会议表彰了 200 个全国农村科普工作先进集体和 500 名科技致富能手。1990 年第九次全国农村科普工作(电话)会议表彰了 200 个先进集体和 1000 名先进工作者。20 世纪 80 年代中期后开展的这四次全国性的大规模表彰活动,有力地推动了全国农村科普工作的发展。

三、科普网络和阵地建设

从 1977 年开始,一些原有工作基础好的地方科协迅速恢复活动。如 1977 年 11 月初,四川省平昌县就恢复了县科协和各学会的活动。1978 年,吉林省吉林地区各县科协全部恢复,不仅普遍建立了学会,还建立了科技馆、科技交流队和电影队,办起了科普报、科技展览和各种技术培训。1977 年河北省科协恢复后,两年中 82%的县科协都得以恢复。

1979 年 7 月,中国科协召开全国科协工作会议。会议讨论了如何使科普工作继续深入农村的问题,明确了“县以下必须建立科普组织”。同时明确了农村基层科普组织的形式和名称暂不求一致,但其任务就是搞科普,主要工作一是积极协助有关部门开展农村群众科学实验活动,二是大力开展农业基础知识的宣传、教育和培训工作。要求各地都要开展建立农村基层科普组织的试点活动。到 1980 年底,全国 2757 个县级单位中,有 1785 个县已恢复和建立了科协。

1980 年,中国科协在北京召开县科协工作会议。这是中国科协恢复活动以来首次召开的专门研究县科协和农村科普工作的会议。山西平遥、上海崇明、浙江兰溪等18个县科协在会上分别介绍了工作经验。会议突出强调了县科协工作要进入经济领域，为发展地方农林牧副渔和地方工业、社队企业等发挥作用，要围绕当地工农业生产中的实际问题开展活动，并提高人民的科学文化水平。

到1983年，70%以上的全国县级单位都恢复了科协工作，半数以上的乡镇建立了科普协会。同时，还创建了1万多个专业技术研究会，把科技人员和群众中涌现出来的能工巧匠、致富能手等组成一支200多万人的"三结合"农村科普队伍，紧密结合农民的经济活动，广泛开展科普宣传、技术承包和咨询服务等科普活动，形成了农村科普网络的雏形。在少数民族地区，也逐步建立起一个以科技工作者为骨干、农牧民技术能手为主体的农村(牧区)科普网络。如在青海，民和县川口镇1981年成立科普协会后，又逐步建立了奶牛、苹果、西瓜和蔬菜等专业技术研究会。

1985年1月，就在中国科协召开全国农村科普工作先进集体和先进个人表彰会的同时，《人民日报》发表了题为"农村科普工作的新课题"的评论员文章。文中指出：现在，一个遍布全国农村、上下相连、左右相通的科普网络已初步形成。它把科学技术的研究试验同推广普及结合起来，把专业技术活动和生产经营结合起来，闯出了一条具有中国特色的社会主义农村科普工作的新路子，对发展农村经济、开发农村智力发挥了有效的作用。

1986年后，这一遍及农村的科普网络逐年稳步增长。1990年中国科协召开第九次全国农村科普工作(电话)会议时，全国已有97%的县、87%的乡镇建立了科协组织，农村中的专业技术研究会发展到10万多个，各级科协兴办的科普服务实体也进一步发展到1.4万多个。以县科协为枢纽，以乡镇科协(科普协会)和农村专业技术研究会(协会)为基础，上通省级科协、学会、大专院校、科研部门和国家技术推广单位，下联中国的科技户、示范户和千家万户的农村科普网络基本形成。

第三节 文化、卫生和体育事业的发展

这一时期,中央也十分重视农村文化、卫生和体育事业的建设和发展。《1979年国民经济计划草案的报告》中关于国民经济计划的安排,就有一项是积极发展科学事业和文教卫生事业。报告提出,要多拍故事影片,扩大文艺演出,增加影剧院、放映队,解决群众看戏看电影的问题。加强医院和基层卫生组织的整顿和建设,大力开展爱国卫生运动,改善体育设施,办好广播电视事业,等等。

1983年,中共中央印发《当前农村经济政策的若干问题》,指出要加强农村各种文化、卫生设施的建设。这些文化、卫生设施,国家办、集体办,更要鼓励和扶持农民自己办。1983年《中共中央关于加强农村思想政治工作的通知》要求,必须把提高农村的文化水平当作一个重要任务,系统地抓下去。通知指出,有的地方出现了学生停课、退学现象,有的地方出现了文盲增多现象,这种状况和现代化农业建设的要求不相适应。同时对有些实践中形成新的方法(如建设文化中心,开展科技、文化活动)提出表扬。通知要求农村集、镇不但是经济中心,也应当成为政治文化中心和科技推广中心。通知要求恢复50年代行之有效的报告员、宣传员以及广播站、文化站、电影放映队、俱乐部、展览室、夜校、科技站等形式,并加以发展。还要求各级新闻、出版、广播、电视、文化部门,都要面向农村,重视对农村的宣传教育,满足8亿农民健康的和具有高尚情趣的文化生活和农村精神文明建设的需要。鼓励作家到农村去体验生活,多创作表现农村题材的作品,编写农村读物。《中共中央关于一九八四年农村工作的通知》中指出,近些年来,农村中封建迷信、偷盗赌博、摧残妇女、传播淫秽书

刊和极不健康的文艺活动等情况也是严重存在的,必须采取有效措施加以解决。为了保证改革的顺利进行,教育农民同愚昧、迷信做斗争,1986年,中共中央、国务院再次要求各类学校和各级科协应积极利用现代化的声像手段和卫星广播为广大农村普及科学知识。

一、文化事业的发展

改革开放之初,中宣部等多部委《关于活跃农村文化生活的几点意见》中对农村文化形势做出了一个基本判断,那就是,“文革”时期农村文化的极度贫乏,为赌博、迷信、低俗文化提供了空间,而这些已经开始影响农业生产和农村社会秩序,因此要把发展农村文化、活跃农村文化生活看成是农村全面建设的重要内容。基于这样的判断,中宣部和文化部连续发出关于农村文化工作的意见和指示,要求地方政府采取各种办法开展农村文化建设。1982年制定的第六个五年计划提出了一个十分具体又困难的目标,即要基本上做到市市有博物馆,县县有图书馆和文化馆,乡乡有文化站。

1. 文化设施建设

农民开展文化活动、政府对农民进行文化宣传和教育的主要场所是农村公共文化服务场地。改革开放以后,随着“三农”问题日益受到关注,在关注农村经济的同时,农村文化建设也越来越受到人们的重视。农村公共文化服务场地主要是图书馆、文化中心、文化室、电视台、博物馆等文化机构或活动场所。

1949年以来,我国农村图书馆通常按照层级分为县级图书馆、乡镇图书馆(室)和村图书馆(室)。1956年,文化部和中国新民主主义青年团中央委员会(简称“青年团中央”)联合发布《关于配合农村合作化运动高潮开展农村文化工作的指示》,要求各省、自治区应该着手以现有的县文化馆图书室为基础,筹建县图书馆。这种县图书馆应该同区、乡图书室和农村俱乐部图书室密切联系,对它们进行辅导,并且通过它们使图书在农村中有计划地巡回流通。从此,县级图书馆设施包括独立建制的图书馆和文化馆图书室两大部分。70年代初期,因“文革”停办的图书馆陆续重新开放。80年代是县级图书馆发展历程中十分重要的十年。80年代初期,我国共有地市县图书馆1620个,还有近半数的县没有图书馆。1980年,中共中央书记处下发《图书馆工作汇报提纲》,对改革开放后的图书馆事业进行了部署,要求1985年前将全国的省、市、县(区)图书馆基本建齐。随后第六个五年计划明确提出县县有图书馆的目标。但是,由于经费等各种原因,直到2005年底,我国有县级图书馆2385个,设置率仅达83%。而且县级图书馆对其目标人群的覆盖率和实际服务能力一直很低,基本上没有覆盖到农村人口。

乡镇图书馆(室)的发展主要依靠农民自主兴办,一直发展缓慢。到80年代,中央和地方政府开始将乡镇图书馆的建设提到重要的议事日程。如,1980年中宣部《关于加强当前农村宣传工作的几点意见》中指出,可在县、社文化馆站的组织和指导下,大力开展文艺表演、图书馆阅览、小型展览等群众性的业余文化生活。1980年中宣部发布的《关于活跃农村文化生活的几点意见》指出,全国约有三分之一的公社,大都采取社办公助的形式建立了文化站,要求没有文化站的公社积极创造条件,争取在几年内普遍建立文化站。1980年文化部《关于加强群众文化工作的几点意见》要求把小城镇建设成为农村的文化中心,有步骤地、因陋就简地建设一些影剧场、图书室、展览室、文娱活动室、体育场等。还要求三分之二没有建立文化站的公社,争取1985年以前分期分批建立起来。随后,国民经济和社会发展“六五”计划提出乡乡有文化站的目标。

于是,含有图书室的综合性乡镇文化站在各地迅速建立起来。据1984年国务院办公厅转发的《文化部关于当前农村文化站问题的请示》的数据显示,1978年全国农村有文化站3264个,到1982年底已增至32780个。在长三角一带,相对独立的乡镇图书馆也陆续建立起来。到1988年底,上海已建设乡镇图书馆(室)220个,藏书150余万册,全年共接待读者 340 余万人次，流通书刊近 500 万册次。[①] 80 年代后期，上海、江苏等地召开了多次乡镇图书馆建设会议。如 1989 年 5 月，张家港市文教局在杨舍镇召开了全市乡镇创万册图书馆座谈会。同时江苏还出台了《江苏省乡镇图书馆(室)管理办法》。但也有证据显示，虽然乡镇图书馆迅速建立起来，有些图书馆维持的时间并不长，有不少最后都消失了。

从 50 年代开始，通过政府主导或出版发行部门支持，农民自主建设起了一些村级图书馆或俱乐部。据统计，当时全国农村已建有村文化俱乐部 32 万个，还有大量图书室、业余剧团及其他单项文化活动组织。此外，还有一些县文化馆或图书馆设置了村级图书流通站，以及一些个人或其他社会力量捐建的图书室。但经过"文革"，村级图书馆事业基本陷入停滞。1975 年以后，逐步恢复和建立起一批乡村图书室。如 1975 年，北京市郊区 80%以上的大队办起了图书室；1981 年，天津市宁河县图书馆帮助恢复和建立农村大队图书室 49 个；1983 年，吉林省延吉市 20 个公社 230 个大队共建图书室 50 个。[②]

农村集镇文化中心的建立是我国农村文化建设的一个新发展。1984 年中宣部《关于进一步巩固和发展农村集镇文化中心的报告》指出，集镇文化中心是在乡镇(公社)党委和政府直接领导下的、对文化事业或设施实行统一管理的综合性基层文化组织，是农村建设社会主义精神文明的重要阵地和前进基地。北京市丰台区卢沟桥中罗友好人民公社，经济条件较好，将原公社文化站扩大为文化中心，并拨出专款进行文化中心的建设。该文化中心于 1981 年破土动工，1982 年 5 月建成，占地 5000 平方米，不仅有可容纳 880 名观众的影剧院，还有拥有 1 万多册藏书的图书馆，以及阅览室、展览室、文化教室、乒乓球室和棋类等活动室。该文化中心开展了丰富多彩的文艺活动，不仅有各类演出，放映电影，还开办业余

---

① 杨振龙：《在上海市乡镇图书馆工作经验交流现场会上的讲话》，《图书馆杂志》1990 年第 2 期。

② 韩永进主编：《中国图书馆事业发展报告：农村图书馆卷》，国家图书馆出版社 2016 年版，第 39 页。

音乐美术类学习班,举办巡回展览和体育类比赛等。各种形式的文化、艺术和体育活动,大大丰富了农民群众的精神生活,也使青少年儿童在良好的文化氛围中获得成长,农村的精神风貌大为好转。此外,北京市房山县周口店乡大韩继村也建立了农民俱乐部,不仅提高了农民的科学文化水平,也使该村的精神面貌为之一新。北京市顺义县李桥公社树行大队在党支部和团组织的努力下,也通过建立俱乐部,开展各种文化体育活动,摘掉了“赌博村”的帽子。到1985年,甘肃省平凉地区132个乡镇全部建设了文化中心站,在1698个行政村中,建起村文化室1108个,建成农村影剧院6座、露天舞台848座,还涌现出农民业余剧团46个,皮影木偶队41个,个体剧团、电影组、家庭文化室、戏校等文化专业户196个。[①]

广播电视作为重要的文化传播平台,获得了迅速发展。1980年,我国广播电台只有106座,到1985年,数量增长了一倍,达213座。同时,节目播出时间也大大增加。1958年,中国建立起第一座电视台,到1984年底,全国已建立起各级电视台93座,遍及全国各地。微波线路已开通除新疆、西藏和台湾以外的27个省、自治区首府和直辖市,加上省、自治区以下投资建设的万余公里的广播电视专用微波线路,电视信号能传送到中国的大部分地区。同时各地还兴建了一批小功率的电视转播台。如浙江省临安县建立起52座小型转播台,全县人民都能收看到电视节目。北京郊区原来有170多万农民看不好电视,30多万农民看不到电视,到1984年北京市动员各方面的力量,很快筹集资金,建立了一批小功率电视转播台,从而使全市的电视人口覆盖率达到98%。1984年4月,中国成功发射了试验通信卫星,大城市的观众都能当天收看节目,而收不到电视信号的地区,采取设立录像转播的方式,也能使当地群众收看到节目,就连新疆阿勒泰地区和内蒙古草原等边远地区的各族群众也能收看到。到1984年,全国电视人口总覆盖率达64.7%。全国电视机的拥有量也达

① 中共平凉地委宣传部:《建设文化长廊促进农村文明村镇建设的发展》,《社会科学》1987年第1期。

到4000多万台，并迅速向农村伸展，电视机已经在一些富裕的乡村普及。到1985年，全国电视台增加至202座，电视发射台、转播台增加至1.2万多座。电视进入农村，大大丰富了农民的文化精神生活。电视上不仅有新闻类的节目、电视剧、文艺节目，还有科普节目等，这些对农民来说都是十分重要的提高科学文化素质的渠道。随着时间的推移，电视在农民生活中的作用越来越大。

博物馆作为保存、展览具有文化价值物品的一种永久性机构，也是文化建设的一项重要内容。除了县级博物馆外，农村的博物馆一般规模比较小，且都是专门性的博物馆，其中有很多是基于革命旧址建立起来的博物馆。80年代，随着农村经济的发展，城镇化趋势加快，农村人口增长，许多地处小城镇或村庄的革命旧址保护出现了困难。1986年，文化部文物局在湖北省洪湖县和监利县召开革命旧址保护工作座谈会。会上讨论总结了一些经验：一是旧址群的保护和开辟新区结合，将居住在旧址群内的居民迁入新区；二是将旧址群内的单个革命遗址及纪念建筑物的保护和群体建筑及环境风貌的保护结合，将一些重点建筑物的产权移至国家手中，进行维修、保护和使用。

2. 文化活动的开展

中国共产党一直十分重视农村的文化生活，注重开展多种形式的文化活动来促进农村文化建设。苏区时期，我党在瑞金创办了高尔基戏剧学校，先后培养了1000多名学员，编成60个戏剧演出队，成为活跃在苏区前线和乡村的文艺运动骨干。他们的演出，不仅宣传了党的方针政策，而且极大地活跃了乡村的文化生活。连美国记者埃德加·斯诺都说："在共产主义运动中，没有比红军剧社更有力的宣传武器了，也没有更巧妙的武器了。"①

新中国成立后，全国各地充分运用文化媒介、开展文化活动。据《人民日报》报道，早在1954年，各地文化主管部门建设和成立了几千个文化

① 《中国人民解放军文艺史料选编：红军时期》（上册），解放军出版社1986年版，第535页。

馆、文化站、电影放映队,几百个剧团和电影院,无数的俱乐部和工厂、农村业余剧团,以及许多图书馆和博物馆。江苏、浙江、安徽、河北、山西、湖北、云南、四川、西康、黑龙江等省的许多县市的文化馆都举办图片和实物展览。四川省各文化馆、站的工作人员携带 1000 多部幻灯机,分头深入农村进行宣传。吉林省组织近 1000 个文艺队伍参加宣传,演出 2300 多场。同时,党还号召大量的文艺工作者不断深入农村,一方面挖掘农村的文化资源,另一方面开展面向农村人口的文化活动。另外,城市知识青年上山下乡运动中,受过一定文化教育的知识青年(有的后来长期扎根在农村),在一定程度上改善了农村人口的文化知识结构,给农村的文化生活带来新的色彩,促进了农村文化建设的发展。

改革开放以后,随着农村文化基础设施建设的不断发展,全国各地农村文化活动的内容、数量和质量都得到很大提升。例如,1985 年,甘肃省平凉地区 6 个乡,看电视的观众达 900 万人次;借阅图书 3 万多人次;放电影 1000 多场,观众达 16 万多人次;先后请本县及外地剧团 32 个,演出各种剧目 700 多场,观众 20 多万人次。和 1982 年相比,这 6 个乡的农民参加各种文娱活动的次数增加了七倍多。除了电影、电视、图书阅览、游艺、体育活动外,该地区的四十里铺镇还举办了农民书画展览、农民运动会、农民社火调演、农民灯展、业余剧团折子戏调演等活动,仅春节期间的社火调演就达 23 台。镇文化中心还组织 48 名有志于文学创作的青年,共同创办了《田野》油印刊物,成为其文化建设长廊中的一朵文艺小花。①

还有的乡镇通过集镇文化建设开展各种文化活动。如浙江省玉环县坎门镇和楚门镇,这里的农村相对比较富裕,文化阵地建设较好。坎门镇在 1990 年就建设了影、剧院各 1 所,电视差转台 2 个,篮球场 6 个(其中 1 个灯光球场),溜冰场 4 个,简易的电影放映场 2 个、剧场 3 个,俱乐部 20 多个,老年之家 7 个,录像队 5 个,摄影服务部 6 个,摄像服务部 1 个,图

① 中共平凉地委宣传部:《建设文化长廊促进农村文明村镇建设的发展》,《社会科学》1987 年第 1 期。

书馆2座，书摊10多个，台球桌43张，乒乓球桌25张。另外，还有新建的大鹿岛旅游点，以及筹建的海滨浴场等。全镇90%的家庭有电视机，收音机、录音机也很普遍。部分家庭还有照相机和录像放映机。这些设施为群众开展文化娱乐活动提供了条件。他们不仅举办渔民文化活动周，举办歌唱、征文、法律知识竞赛，还举行书画展和五四晚会等。①

贵州经济不发达，主要是通过其民族文化优势来开展农村文化活动。据统计，全省农村有不同名称的民族民间节日217个，仅苗族聚居农村就有101个，其节日集会点多达1000多个。但凡这些节日都有浩大的群众集会，多者达三四万人，少者也有上千人。每次集会都会开展丰富多彩的文体活动。这些活动多在村口、山头、田间或庙宇等天然大舞台举行，有的还在城镇的闹市区举行。自正月到腊月，月月均有。内容上，有歌、舞、摔跤、赛马、耍龙、斗牛、划船、爬山、戏剧、游戏等数十种。除了这些群众自发、自费、自娱的文化活动外，每逢赶场的日子，当地或外地的剧团、戏班、杂耍班、书摊、影像放映场、球场都开展经营性的群众文化活动。分布在集镇的上千个文化站，也组织群众开展文、体、科、卫等活动。还有风格各异的业余文艺团队。据统计，1986年，贵州全省有花灯剧团(队)3000多个、芦笙队200多个、各类戏队1000多个、侗歌队700多个、八音队26个，还有临时性组织起来的赛马队、斗牛队、篮球队、武术队、杂技队等。此外，县级的文工队常年走村串寨为农民演出。②

在党和国家文化政策的引导下，在各地方政府部门和团体的组织下，这些结合当地农民生产生活实际而开展的形式多样、内容丰富的文化活动，极大地丰富了当地农民的精神文化生活，对提高他们的文化素质起到潜移默化的作用。

---

① 叶程鹏：《加强集镇文化建设　推进农村文化事业发展——玉环县坎门、楚门两集镇文化的调查》，《浙江社会科学》1990年第1期。

② 傅汝吉：《试论贵州农村群众文化建设》，《贵州民族研究》1988年第1期。

二、卫生事业的发展

中国共产党自创立起就关心劳动人民的健康,对人民卫生事业的发展十分重视。1922年7月中共第二次全国代表大会的纲领中就明确规定,保护劳动者的健康和福利,设立工人医院,保护童工和女工。1931年,在苏维埃人民政府内务部下成立卫生管理局,下设医务和保健两个科。省、县、市、区苏维埃政府设有卫生科或股,在居民中成立卫生委员会和卫生小组等基层卫生组织。1933年3月,中华苏维埃共和国临时中央政府颁布《卫生运动纲要》,其中规定了群众性卫生运动的方法和要求。在延安时期,为了解决边区和延安缺医少药的情况,除设有边区医院外,还成立了保健社、卫生合作社等,自上而下形成一套完整的医药卫生工作网络,使卫生工作深入农村。

新中国成立后,中国的卫生事业进入一个新的阶段。在国民经济恢复时期,成立了中央人民政府卫生部。这一时期的主要任务是恢复改组和健全发展各级地方卫生机构与基层卫生组织。1950年8月在北京召开了第一届全国卫生会议。会议确定了卫生工作的三大原则,即“面向工农兵、预防为主、团结中西医”。1952年第二届全国卫生会议将“卫生工作与群众运动相结合”作为第四大原则。此后,中国卫生事业在四大原则的指引下,获得了迅速的发展。

改革开放以后,农村卫生事业很快得到恢复和发展。1979年,全国卫生局长会议制定了五条卫生工作方针。其中,第三条是医疗卫生工作的重点放在农村,同时加强工矿和城市的卫生工作。解决好8亿农村人口的医疗卫生问题是当时中国医疗卫生工作的重点。另外,第五条方针包括农民实行合作医疗。这是农村卫生事业发展的重要政策保障。1982年制定的卫生工作任务有8项。其中第二项主要是,加强农村卫生建设,认真做好8亿农村人口的医疗卫生工作,特别要做好县以下卫生组织的整顿建设，大力培训赤脚医生，努力办好合作医疗。这给当时农村的医疗卫生事业指出了具体的方向。

赤脚医生是我国农村医疗卫生工作的一支重要力量，也是名扬中外的中国卫生事业的一个奇迹。“文革”期间，我国广大农村出现了一批没有经过专门训练、持农村户口、“半农半医”的医护人员。六七十年代，大多数的农村逐渐形成合作医疗制度，而赤脚医生则是农村合作医疗制度的产物。1983 年底，全国共有乡(公社)卫生院 5 万多个，村(大队)乡村医生和赤脚医生 120 多万人。[①] 随着农村经济体制的改变，农村基层卫生组织也相应地进行了调整，农村合作医疗制度逐渐解体。1985 年 1 月召开的全国卫生厅局长会议，探讨卫生工作体制改革的问题，会议决定取消“赤脚医生”这一名称，规定考试合格者为乡村医生，不合格者为卫生员。1988 年的全国卫生厅局长会议在回顾总结几年来卫生改革实践的基础上，着重讨论了全面加强预防保健工作和加快培养农村卫生技术人才的问题。

爱国卫生运动的开展是我国卫生事业的一个重要组成部分，也对我国农村卫生事业具有独特的作用。爱国卫生运动的基本内容是除“四害”、讲卫生，消灭危害人民健康最严重的疾病。后来又逐步增加了新的内容，如净化、绿化和美化环境等。这一运动的雏形形成于苏区时期，新中国成立后继续发展，并成为党和政府卫生工作的一项方针。曾在消灭病虫害、彻底改变农村面貌方面取得了重大成就。1978 年，在爱国卫生运动委员会的组织机构逐渐恢复后，爱国卫生运动重新以前所未有的声势和规模开展起来。这一年的爱国卫生运动，上半年以城市为重点，下半年工作重点转移到农村，以推广山东烟台的经验为动力，以大搞“两管五改”[②]、防止传染病为主要内容。

据统计，烟台地区自 1976 年 11 月起，在全区 16 个县、市，1.1 万多个

① 《当代中国》丛书编辑部：《当代中国的卫生事业》(上)，中国社会科学出版社 1986 年版，第 20 页。

② “两管”：管理饮用水源和管理粪便；“五改”：改良厕所、畜圈(包括禽窝)、水井、环境和炉灶。

大队,928万人口的范围内,开展了卫生基本建设和除害灭病的群众运动。通过对饮用水设施的改造、厕所的改建、新型积肥法的推广、环境的绿化等工作,全地区的卫生条件大大改善,蚊蝇密度大幅下降,多种传染病得到有效控制,发病率大大下降。中央爱国卫生运动委员会在这里召开现场经验交流会,向全国推广其经验。从此,农村爱国卫生运动进入一个新的阶段。

这一时期,我国农村卫生事业的建设取得了巨大成就。不仅农村的卫生基本建设,包括医疗卫生网络体系得以恢复和发展,医疗卫生水平不断提高,传染病发病率下降,而且农村的卫生条件也大为改善,环境不断美化,还涌现出了一大批文明卫生村。

三、体育事业的发展

体育事业在当代中国,也有着特殊意义。“东亚病夫”的帽子曾给我们带来了巨大的耻辱。毛泽东1941年为《解放日报》体育专刊题词:开展体育运动,提高人民体质。新中国成立后,毛泽东更是十分重视体育事业的发展,认为“体育是关系六亿人民健康的大事”。1953年,毛泽东接见青年团第二次全国代表大会主席团时提出“要使青年身体好,学习好,工作好”,将“身体好”摆在第一位。

改革开放以后,作为有益于人民身心健康的活动,作为共产主义教育运动的重要手段之一,体育成为精神文明建设的一项重要内容。同时,体育也是创造精神财富的一种手段,为社会提供健康有益的精神产品,如女排精神曾激励了一代又一代人。

1978年1月,在北京召开了1400多人参加的全国体育工作会议,明确了体育事业发展的方向和需要坚持的方针。1979年3月,国家体委提出了加强群众体育工作的意见,提出在新形势下,进一步广泛开展群体体育工作,重点抓好学校体育,积极开展工农体育活动,大力加强少年儿童业余体育训练。1982 年 11 月,国家体委与文化部、共青团中央联合召开了全国农村体育工作会议。随着这些会议精神的贯彻落实,群众体育活动更加蓬勃发展。

1983 年,上海举办第五届全国运动会,推动了体育运动的普及,在国际上也产生了积极的影响。当时的国际奥委会主席萨马兰奇认为,“中国政府既重视高水平的运动,又重视群众体育”。1983 年全国体育工作会议明确新时期体育工作的总任务是普遍增强人民体质,努力提高运动技术水平,积极建设精神文明,为社会主义服务。会议制定了体育事业的发展规划。国务院批转此次会议的报告时指出,“体育是增强人民体质的积极有效的方法,同时是进行共产主义、爱国主义教育的有力手段,是建设社会主义精神文明的重要方面”。

我国农村的体育活动,主要是采取区别对待、分类指导、普遍提倡、重点扶持、以点带面、逐步发展的方针,积极地、有步骤地开展。早在 1956 年的全国农村体育工作会议就要求建立县一级的体育运动委员会,配备专职干部。会后,四川、湖南等 10 多个省、自治区都相继组织力量深入农村调查研究,建立了体育组织。到 1957 年,全国农村已建立起 3 万多个基层体育协会,拥有 90 万会员。

80 年代以后,体育活动成为农民业余文化生活的一项重要内容。开展农村体育活动较好的一批单位很快得到恢复发展,如河北省怀安县尖台寨大队、山东省滕县木石公社、湖南省桑植县洪家关公社等。还涌现出一批新的体育活动典型,如贵州省台江县东风寨大队、甘肃省玉门市花海公社等,都出现了群众性的体育锻炼热潮。

1982 年 11 月,国家体委、文化部、共青团中央在福建省龙海县角美公社联合召开了全国农村体育工作会议,会议强调,农村体育要从满足 8 亿农民对文化体育生活的需要着想,面向基层,面向群众。1983 年,国务院批转这个会议纪要的通知中指出,积极开展农村文化体育活动,满足农民日益增长的文化生活的需要,是各级人民政府的重要责任,也是建设社会主义精神文明的一项重要内容。要求各级人民政府从实际出发,采取措施,积极地逐步地把农村文化体育活动开展起来。从此,农村文化中心、文化站、“青年之家”等都把体育活动作为重要内容之一。到1983年,全国已有70%以上的公社(乡)建立了文化中心(站)。在广西壮族自治区已经建立文化中心(站)的公社(乡)更是达到了98%,其中80%在节假日都有体育活动。山东省建有300多个文化中心,5万多个“青年之家”,共组织了各种运动队5.8万个。此外,县镇社队群众自筹经费办体育竞赛活动增多,民族民间传统体育也日趋活跃。1983年,河南省数个县自筹经费举办庆丰收农民运动会,参加比赛的农民运动员近万人。

1982年开始,全国和部分省市评选“体育之乡”,提倡“体育之家”,推动了群众性的体育活动。吉林省延吉市东盛公社,不少农家在庭院空地安装了篮球架、排球网、秋千、单杠等器械,开展家庭体育运动。河南省温县陈家沟,全村2000多人,有900多人会打太极拳,不少人家还办起了太极拳训练点,不仅接待全国乃至境外的人士参观,还远赴境外教授太极拳。

农村开展体育活动的形式也有了新发展。例如,广东的一些公社建立起公社、大队、集镇和自然村四级竞赛制度;琼海县石壁公社根据当地赶集的习惯,将每月初一、十五定为“体育活动日”;安徽省凤阳县小溪河镇成立了“农家乐体协”,将每年农历正月初十确立为“文体节”,举办文艺表演和体育比赛。

农村体育事业的发展,对增强体质、促进生产和精神文明建设有着积极作用。湖北省麻城县中一公社,被评为全国群众体育先进单位,全公社6.5万人口中,有近3万人经常参加20多个体育项目活动,体质普遍增强。1978年公社人口的发病率为5%,1982年下降为3.8%,征兵体检合格率由1979年的50%上升到1982年的72.5%。

由于开展一些具有当地特点的体育项目,有些县、乡被誉为“排球之乡”“田径之乡”等。1983年,中国田径协会等在全国开展“田径之乡”的评选,首次评出了19个,其中10个在农村。1984年,中国游泳协会等单位发起,在全国评选出7个“游泳之乡”。广东省的群众性体育活动开展得有声有色，其中“排球之乡”台山县、“足球之乡”梅县和“游泳之乡”东莞更是名扬中外。这些运动项目之乡，为我国培养了很多体育人才。

尽管在80年代前期，农村的文化、体育卫生事业都得到了很大程度的发展，然而，随着农村经济的发展，也有人发现，农村文化建设在80年代后期出现了一些退步或问题。如，全国各地封建迷信活动有所抬头：

1986年元宵节，广州市三元宫烧香求神就有20万人。

1986年在四川省，求“雨王神”降雨，卷入10余万人。

1987年在四川省合川县，3月3日（农历）朝牛王庙求神水，聚众约万余人，桥栏挤倒，发生伤亡事故。

1988年元宵节，河北省唐县8万人（占全县人口1/5）上九龙山进香求仙水，集资准备修庙。

而且，各地农村修庙造墓，愈演愈烈。表现为：

延安市修庙2座，修太和山庙耗资10多万，都由农民负担。

湖南省澧县甘溪滩镇1986年修大小土地庙50余座。

浙江省温州市永嘉县2000多个自然村，村村建庙，许多学校被侵占或被“收回”修庙。①

更有甚者，很多清朝时期就已被禁止的五通神庙等邪神野庙修建了起来；解放前已断香火的土地庙、娘娘庙也得以修复，不仅重续香火，还为巫婆神汉提供了活动场所。农村丧事大办的现象也越来越多。有的地方还出现了一些续家谱、争坟山、修宗祠、选族长等宗法活动。此外，还出现了一些新型的迷信活动。如江苏省射阳县境内发生过一起“瑶池事件”，把一处池塘中青蛙求偶的叫声解释为7个大仙降凡治病，三天内聚集两三千人求医问药。② 这些倒退现象不仅对我国农村教育科学文化建设提出了很大挑战，也成为反思我国各项建设问题的重要窗口。

总的来说，这一时期党着眼于农村的经济发展，大力发展农村基础教

---

① 郭正谊：《破除迷信是农村文化建设当务之急》，《民主》1989年第1期。

② 张志坤：《建设农村文化是一个历史性的任务》，《社会科学家》1991年第1期。

育,倡导科学文化建设与农业生产相结合。农村的教育科学文化各项事业,结合农村当时的自然条件、经济发展状况、农民生产生活的需求等,取得了重要的进展。尽管有的地方存在着某些形式主义和急于求成的情况,但是各项工作还是深入农村、一心为民,致力于提高农民的科学文化素质。这一时期的教育科学文化建设工作,无论是建设主体,还是建设内容,都将农民的根本利益放在首位。虽然是自上而下开展建设活动,但无论是地方政府还是农村基层组织,包括农民群众,都发挥了相当大的自主性。当然也应看到,随着经济建设的发展,有些看似提高农村文化整体水平的措施,因为没有满足农民对精神文化生活的需求而迅速解体,但又没有采取新的有效的文化建设措施,农村文化建设方面出现了一些隐患。

第三章

科教兴农战略下的农村教育科学文化建设（1991—2004年）

1988年，邓小平根据当代科学技术发展的趋势和现状，提出了“科学技术是第一生产力”的论断。1991年11月，《中共中央关于进一步加强农业和农村工作的决定》提出，要抓紧实施科技、教育兴农的发展战略。振兴农村经济，最终取决于科学技术的进步和科技成果的广泛应用。因此，决定要求把农业发展转移到依靠科技进步和提高劳动者素质的轨道上来。要求各省、地、县从实际出发，制定具体规划，认真实施科技、教育兴农的发展战略，提高农村各业的技术水平，提高资源利用率、劳动生产率、投入产出率和经济效益。

首先是科技兴农。决定提出，要采取有效措施，进一步推动“星火”“燎原”“丰收”等计划的实施，使科技成果尽快转化为现实生产力。决定还提出了一些具体的措施和要求。包括：有关科技单位、大专院校要在农村建立科学实验和示范基地，采取技术承包、有偿服务等多种形式，鼓励和选派科技人员到县乡工作，有条件的地方可以设科技副县长、副乡长。对在农村从事技术推广工作的科技人员，有条件的地方可以实行基层岗位补贴。重视推动民间各种专业技术协会、研究会和科技服务机构的发展，充分发挥其在推广适用技术和开辟新产业中的作用。注意培养农民技术员和科技示范户，加强农业示范村、示范片建设。进一步完善县、乡(镇)、村、户科技推广网络。决定要求，中央和地方农业建设资金中必须有一部分用于科技推广。

其次是教育兴农。即通过改革和发展农村教育，提高农民文化科技素质。决定提出，要加快农村教育改革步伐，努力普及义务教育，继续抓好扫盲工作，大力发展职业技术教育，办好农业广播电视及函授教育、农业中等专业学校和农业职业中学。要求通过各种途径为农村培养人才，提高农村基层干部和农民的科学文化水平。具体包括：农村普通中学增设农业劳动技术课程；农林等高等院校和中等专业学校要调整专业结构和内容；采取扩大定向招生等措施，使人才流向农村；省、地两级要建立农业技术培训基地，县、乡要举办各种技术培训班，办好农民文化技术学校；对在乡的中学毕业生和退伍军人重点进行专业培训，使他们成为农村科技骨干力量，等等。

再次是加强社会主义精神文明建设,努力造就一代有理想、有道德、有文化、有纪律的新型农民。具体包括:教育农民自觉抵制封建主义残余和资产阶级腐朽思想的侵蚀,破除封建迷信,克服社会陋习,树立社会主义新风尚;深入进行普法教育,增强法制观念;重视农村社会主义文化阵地建设;开展农民喜闻乐见的健康有益的文娱、体育活动,办好农村广播,做好电影下乡和电视转播工作;加强村镇建设,改善居住环境;坚持开展爱国卫生运动,抓紧农村医疗卫生网建设,建立健全合作医疗制度,努力消灭地方病,等等。

科教兴农战略的提出和实施过程中,中央政策文件和政府报告不断加强和丰富这一战略的内涵,并对农村教育科学文化建设提出新的具体要求和意见。1998年《中共中央关于农业和农村工作若干重大问题的决定》指出,要实现我国农业和农村跨世纪发展目标,必须坚持十条方针,其中一条就是实施科教兴农。2000年政府工作报告指出,各级政府要坚持"两手抓、两手都要硬"的方针,既要重视提高科学文化水平,又要切实抓好思想道德建设。要在全社会弘扬科学精神,普及科学知识,传播科学方法,反对愚昧迷信。繁荣文学艺术、新闻出版、广播影视等事业,坚持正确的舆论导向,多出思想性和艺术性相统一的优秀精神产品。搞好文物保护和档案工作。加强文化设施建设。整顿娱乐、音像和书报刊市场,加强文化市场管理,继续开展"扫黄打非"斗争,严厉打击盗版活动。倡导文明健康的生活方式,开展丰富多彩的群众性文化、体育活动。

第一节　文化科技卫生"三下乡"活动

文化科技卫生"三下乡"活动是这一时期影响广泛、颇具特色的一项大型活动,对农村的科学文化事业发展起到了重要的作用。直到今天,这一活动还在延续,继续发挥着作用。

一、“三下乡”活动启动的背景

科教兴农战略提出后,如何实现成为一个重要的问题。1995 年 10 月,中宣部、文化部、农业部等八部委联合发起文化下乡活动,收到很好的效果。于是,1996 年 12 月,中宣部、国家科委、农业部、文化部等十部委为了将文化下乡活动引向深入,联合下发《关于开展文化科技卫生“三下乡”活动的通知》,决定于 1996 年底和 1997 年初的农闲时节在全国农村开展文化科技卫生“三下乡”活动。从此,全国范围内的“三下乡”活动迅速展开。后来,中央文明办、国家发改委、教育部、司法部和全国妇联也加入进来,“三下乡”成为十五个部委联合开展的一项重要活动。每到年底,中宣部等十五部委就召开电视电话会议,表彰一批全国文化科技卫生“三下乡”先进集体和先进个人,推广好经验、好做法。

这一活动已经开展了 20 多年。实践证明,在各地各部门的共同努力下,通过引导社会各方面的力量投入,“三下乡”活动蓬勃开展,内容更加丰富,渠道不断拓展,形式日益创新,为农民群众办了大量好事、实事,在党和群众之间架起了一座暖心桥,也使这一活动逐渐成为我国精神文明建设的一个名牌项目。“三下乡”活动作为促进解决“三农”问题的有力抓手,已经成为保持党和农民群众血肉联系的重要纽带,成为增强党的执政能力、巩固党的执政基础的实际举措。

二、“三下乡”活动的具体内容

“三下乡”的内容广泛,且不断充实和发展。总的来说,文化下乡的内容主要包括图书、报刊下乡,送戏下乡,电影、电视下乡,开展群众性文化活动;科技下乡的内容主要包括科技人员下乡,科技信息下乡,开展科普活动;卫生下乡的主要内容包括医务人员下乡,扶持乡村卫生组织,培训农村卫生人员,参与和推动当地合作医疗事业发展。

具体来说,文化下乡主要以工程和活动的形式开展。工程主要有农村电影"2131"工程、"西新工程"和"村村通"广播电视工程。活动方面比较多。如图书、报刊下乡活动,服务"三农"全国农村图书大联展活动,组织送书下乡和向西部贫困地区赠送公民道德建设年画宣传设备、宣传品。举办戏剧、民歌、舞蹈等演艺人才培训班,为西部贫困地区和少数民族地区培养农村文艺创作骨干。做好好图书、好电影、好戏剧、好歌曲、好电视剧的展播、展映、展演工作。开展婚育新风进万家和关爱女孩行动的集中活动,资助失学女童。开展"美德在农家"活动,开展"美德在农家示范点"暨农村妇女文化站建设。组织开展关爱农村母亲儿童西部行活动,选择西部省区捐赠母亲健康快车、修建母亲水窖和安康教室,等等。同时,建立和完善教育对口支援制度,组织对西部农村的支教活动。开展"法律下乡"和"民主法治示范村"创建活动,提高农民法律素质,促进农村社会稳定。此外,还开展全国乡村青年文化节活动,尤其是组织大中专学生利用寒暑假开展"三下乡"活动。这些活动的内容十分丰富,分别由教育部、司法部、文化部、国家广播电影电视总局、新闻出版总署、国家人口计生委、团中央、全国妇联制定方案并组织实施。

科技下乡活动的内容十分丰富,包括组织开展创建农村小康科普示范村、建设生态富民家园、青年志愿者科技成果推广、百名科技致富大王进农家、全国农民科技致富大奖赛、科技致富报告团等活动,引导农民学科学、用科学,依靠科技致富。组织院士专家西部行、科普列车西部行、科普大篷车下乡活动。通过举办"科技大集"和组织科技小分队进村入户,开展专家现场咨询、专题讲座、农业实用技术展示以及赠送农业科技图书、光盘和农用生产资料等活动,把科学知识和实用技术送到农村、送给农民。开展以倡导科学文明健康的生活方式为主要内容的科普宣传教育。值得注意的是,科技下乡活动中特别提出了要加强马克思主义唯物论、无神论宣传教育,帮助广大群众划清科学与迷信、文明与愚昧的界限,提倡科学、反对迷信,摒弃陋习、树立新风。这些活动由科技部、农业部、中国科协、中国科学院等多个部门参与,制定方案并组织实施。

卫生下乡的任务十分繁重。主要包括医务人员下乡、扶持乡村卫生组织建设、培训农村卫生人员、参与和推动当地合作医疗事业发展。医务人员需要到农村的医院或村庄开展医疗诊治活动(包括义诊和医疗卫生知识宣传)。如 1998 年提出《中国预防与控制艾滋病中长期规划(1998—2010 年)》,在农村广泛宣传普及防治艾滋病知识成为卫生下乡的一项重要内容。县级以上医疗卫生机构要组织医疗卫生小分队到农村开展巡回医疗活动。2002 年《关于城市卫生支援农村卫生工作的意见》还确立了地(市)级以上政府举办的医疗卫生机构的医生在晋升主治医师或副主任医师之前,必须到县级政府举办的卫生机构或乡(镇)卫生院累计服务一年的制度。扶持乡村卫生组织建设,主要包括:组织地(市)级以上城市政府举办的医疗卫生机构,从设备、技术、人员等方面对口重点支援县级医疗卫生机构和乡(镇)卫生院建设;帮助贫困地区加强卫生基础设施建设,搞好改水改厕和环境卫生整治;加强妇幼卫生工作,加强传染病、地方病和寄生虫病防治工作,对农村贫困家庭实行医疗救助,等等。此外,对农村各级各类医务人员进行培训,组织编写防治传染病、地方病和寄生虫病知识丛书和宣传挂图并赠送给西部贫困地区,广泛宣传防病治病和养成健康生活方式的卫生知识。2005 年,卫生部牵头实施“万名医师支援农村卫生工程”,计划在三年内选派城市万余名医师到县医院和乡镇卫生院开展医疗卫生服务和技术培训工作。

卫生下乡通常通过开展各种活动来实现。如亿万农民健康促进行动、健康之路老区行、我为乡亲出趟诊、踏上健康快车等各种形式的送医送药送知识下乡活动。此外还有全国“乡村健康金话筒”联播活动。后来又推出了光明行动、“视觉第一”中国行动等防盲治盲活动,为盲人送去光明。这些活动,都是由卫生部制定方案并组织实施。

三、“三下乡”活动的影响和效果

“三下乡”活动开展仅一年，到1997年底，据不完全统计，全国31个省(自治区、直辖市)，图书下乡1.3亿多册，建立图书室5万多个，送戏下乡330多万场，电影下乡1020多万场；送科技录像带将近30万盘，下乡的科技人员达140多万人，举办科技大集14万场，办科技培训班49万多次，有8800多万农民参加培训；15600多支医疗队、近30万医务人员下乡，给910多万农民看过病，为乡村赠送医疗设备8000多件，举办医务人员培训班17000多次，有50多万人参加。[①] 此后每年的统计数据都在高位徘徊。

科普工作是科技下乡工作的重要内容。早在1994年12月，中共中央、国务院发布了《关于加强科学技术普及工作的若干意见》，决定重点科普对象为青少年、农村干部群众、各级干部等三大人群。这是我国农村科普的真正开始。这一时期的科普工作，主要是开展各项活动来传播和普及科学技术知识。据统计，到2003年，共组织科技下乡4.72万次，参与工作人员50.93万人次，邀请科技专家人员40.22万人次，参加培训人数1483.99万人次，受益乡镇4.33万个，受益农民户达1861.05万户。[②] 2004年，农业部组织30个省(自治区、直辖市)联动开展大型农业科技下乡活动。中宣部、科技部和中科院组织院士专家“科技宣讲团”赴湘西、鄂西及青海等省开展科技下乡活动。根据《2005年中国科技统计年鉴》，共组织科技下乡47247次，举办科普讲座30341次，听讲人数达972.14万人次；举办科普展览14239次，参观人数2625.63万人次；开展科技咨询

① 钟轩农：《重视机制建设 保证“三下乡”经常化——全国文化科技卫生“三下乡”活动综述》，《瞭望新闻周刊》1998年第4期。

② 国家统计局、科学技术部：《2004年中国科技统计年鉴》，中国统计出版社2004年版，第91页。

54293次,工作人员达40.21万人次。[1]

文化下乡活动中,基础设施的建设是重点。据统计,到1999年底,全国共有乡镇文化站39719个,农村集镇文化中心23066个,农村各类文化专业户19.4万户,农村群众业余演出团(队)31627个,民间职业剧团2695个,县(旗)乡(镇)村三级文化网络已初步形成。农民平均每百户拥有电视机100.59台、收录机31.99台、收音机26.97台,农民人均文教娱乐用品及服务支出达168.33元。[2] 文化设施建设需要一定的场所。据统计,2008年全国县以上共有2799个公共图书馆、3217个文化馆、1722个博物馆、37384个文化站、137665个社区和村文化室。[3]

文化建设经费的投入是重要的指标。2004年,中央及各级政府加大了对文化事业发展的投入力度,全国文化事业经费首次突破百亿元。2004年全国文化事业财政拨款达113.58亿元,比2003年增加19.6亿元,增长幅度为20.9%。从财政对文化投入的城乡构成看,国家财政逐年加大了对农村文化的投入力度,2004年对农村文化共投入30.11亿元,比2000年增加13.24亿元,占全国财政对文化总投入的26.5%。[4] 尽管对农村文化投入有所增加,但和同期财政对城市文化投入比较,无论是经费的基数,还是经费的增长速度,都低于对城市文化的投入力度。当然,全国文化建设经费仍然十分紧张,一些地方文化建设经费几乎处于负增长趋势,而在乡镇,这种形势更为严峻。同时,城乡间的文化差距也十分明显,虽然国家财政大力扶持农村地区的文化建设,但相对于城市,农村文化建设投入仍显不足。

从参加人数也可以看出“三下乡”活动的影响和覆盖范围。从1995

---

① 国家统计局、科学技术部:《2005年中国科技统计年鉴》,中国统计出版社2005年版,第106页。

② 国家统计局农村社会经济调查总队:《中国农村统计年鉴2000》,中国统计出版社2000年版,第287页。

③ 周军:《中国现代化与乡村文化建构》,中国社会科学出版社2012年版,第139页。

④ 《全国农村文化投入加大对西部投入比重略有下降》,文化和旅游部官网,http://zwgk.mct.gov.cn/auto255/200509/t20050929_465847.html。

年起,共青团中央积极发起和开展大中学生志愿者参加“三下乡”活动。仅1997年就有218万大中学生参加,组织各种团队16200支,深入到1225个县、33180个乡村开展文化科技卫生“三下乡”活动。[①] 其中扫盲行动是文化下乡的重要内容。大学生“三下乡”社会实践活动已经成为加强和改进大学生思想政治教育工作与管理工作的有效途径之一。

由于农村文化产品稀少,科技知识匮乏,医疗卫生条件较差,文化科技卫生“三下乡”活动在一定程度上满足了农民对文化产品、科技知识、医疗卫生知识的需求,也能促进农村的相关建设。比如,文化下乡活动能够在一定程度上满足农民的精神生活需求,提升乡村生活品位,不仅能够调动农民享受文化生活的热情,提高对文化艺术的欣赏能力,也能促进当地群众的文化建设。但是“三下乡”的实质是以政府为主导的农村公用产品的供给,而这种公用产品的供给以自上而下的供给模式为主,往往缺乏竞争性,导致供给效率低下、资源浪费,部分产品的供给甚至是无效供给。“三下乡”活动不可避免地存在一些问题。

首先,文化下乡中供给和需求错位。在文化下乡过程中,文化活动的供给呈现周期性,春节前后的类似“送温暖”“送欢乐”等群众性文化活动较多,平时则相对较少。尽管农村文化的供给在数字层面上成效显著,但是这些文化供给的内容与农民的需求之间存在明显的错位,导致供给效果低下。其中,最主要原因是供给的不是最符合农民文化诉求的文化产品。在这些文化供给的过程中存在以政府为本位的观念,对农民受众的实际所需考虑较少。比如,送书、送戏并不适合每个乡村。随着广播、有线电视等在农村家庭的普及,农民对图书的需求较低。尤其是现在,信息获取渠道广泛,文化下乡活动的形式和内容对于农民来说也缺乏足够的吸引力。同时还要考虑到农村的生活主体很多都是“386199”部队,下乡的农村文化产品并非完全适合老人、妇女、儿童的需要。总的来说,这部

① 何东昌主编:《中华人民共和国重要教育文献(1991—1997)》,海南出版社1998年版,第4308页。

分的供给仍处于低水平阶段。

此外,以营利为目的的私人文化商品供给为主的市场层面的文化下乡,往往会造成农村文化供给的低俗化。有些文化节目由于对利润的追求而降低了节目质量,甚至有的传统节目也变得低俗化,泛娱乐性的快餐文化冲击甚至腐化着乡村本土文化。民间文艺团体具有较强的公益性,主要目的是健身和消遣。与政府和市场相比,其规模小、供给能力弱,需要政府的鼓励与支持,但由于缺乏持续运作能力,它们常常面临着解散或者走向商业化的危机。上述情形在某种程度上造成乡村文化供给并非农民所需的错位现象。换言之,这些文化形式和内容、这些文化消费活动并不是农民内心对文化的真正所需,本身并不能代表作为农村活动主体的农民的意愿诉求,而只是外在的文化形式的躯壳。导致的后果就是农村文化诉求出现断层,下乡文化呈现一种悬浮的状态。

其次,科技下乡很难"下"得去。一是科技并没有真正地下到农村去,一般都是采取发放书籍报刊等资料、传授一些理论知识和开设科技知识讲座等,结合现实实例讲解较少,没有充分考虑送来的科学技术农民是否能听懂、看懂,是否用得上,这也是最大的问题。二是农村科技服务站失去了建立的初衷。科技人员下乡时间较短,缺乏常态化,手把手教技术等实地示范较少。送下去的科学技术不是"送错"对象,就是农民暂时用不上。而部分科技下乡内容的空洞,也让农民对普及的科学技术一知半解,科技供给与农民的科技需求存在较大距离,科技下乡服务好似隔靴搔痒。三是大学生下乡的时间大多为暑假,真正留在农村的时间较短,而且高等院校下乡缺乏实地考察的前期准备,每年下乡的人员、地点不同,但是下乡内容大体一致,因此难以深入农村调查研究,不能实现科技服务下乡的常态化。由于缺乏调研基础,大学生下乡的内容并非适合每个下乡地区的农民,造成农民想要了解的农业技术并非大学生所熟知或者农民需要咨询技术时下乡活动却已结束等现象,使农村科技服务失去了该有的服务作用。

最后,卫生下乡面临诸多困难。一方面,农村卫生整体技术水平较低、基础设施缺乏等实际情况限制了农村卫生服务的发展。由于农村医务人员保障体制的缺乏,一些有才能的医疗人才不想留在基层,而是想进入三甲医院等大医院寻求自身发展,城市卫生人员下乡只是解决了某一阶段农村卫生人员缺乏的状况,无法就地转化成本地卫生资源,也没有根本解决农民看病难的问题,反而可能造成农村医疗队伍的不稳定。另一方面,农民家庭收入和就医观念是影响农民对卫生产品需求的主要因素。我国农村家庭收入大都用于维持基本生活,用于医疗保健的比例很小,大部分农民即使生病了也是不去看病的,更缺乏基本的用药常识。卫生服务的需求大部分在乡村等基层,但是目前没有一个完善的机制来保障农民基本卫生资源得到满足,在农村医疗保险覆盖面不足的情况下,城市卫生资源援助农村卫生资源的道路面临着较多困难。

总的来说,相对于城市,农村文化方面的国家投入与关注显得远远不足,基层民众文化娱乐生活贫乏的现象相当严重。“文化下乡”着眼于满足最基层的普通民众对文化生活强烈的精神需求,政府通过种种措施支持表演团体下乡为基层民众演出,以弥补长期以来文化领域的资源配置过于偏向城市而造成的广大农村地区文化设施与文化活动内容严重缺失的现象。这一举措实施多年来,具体承担“文化下乡”任务的演出团体所到之处效果显著,“文化下乡”作为一项着眼于维护底层民众文化权益的政策,它的价值与意义已经毋庸置疑。

但是,对于“文化下乡”的出发点与它所能达到的效果之间存在的差距,也有人提出了质疑。不可否认,当肩负“文化下乡”重任的国家表演团体将他们的精湛艺术送到某个乡村时,当地民众确实欢欣鼓舞,但普通民众普遍的文化消费的缺失,并不会因为这些剧团为局部地区偶尔送去一两次高水平的演出而得以较大的缓解。农村基层民众对文化娱乐的强烈需求,很难通过“文化下乡”的途径得到真正满足。据统计,中国目前有2600个国家编制序列内的剧团(包括多数国营剧团以及部分体制与国营剧团完全相同的集体所有制剧团),实际能够保持常年演出的不到一半。即使这些剧团一年中用一多半时间“下乡”,也只能是一半左右的县里少部分农村群众每年有一两次机会欣赏到“文化下乡”的演出，成效自然要大打折扣。

对精神产品的需求，是人类文明发展到一定水平的产物。如同对一日三餐的需求一样，这是一种经常性的持续的需求。中国农村的基层民众对文化娱乐的渴望也是如此。农村广大基层民众真正需要的是通过农村自身的文化建设，发展当地的文化娱乐业，通过持续的、经常性的“乡下文化”，满足农村民众的日常文化娱乐消费需求。在这个意义上说，通过政府的力量支持、鼓励和推进“乡村文化”的发展，比政府自己组织的“文化下乡”更重要，更有现实意义和文化价值。

有人认为，农村地区民众文化娱乐生活的缺失有一定的历史原因。农村民众文化娱乐生活贫乏和城乡文化事业发展失衡的一个重要原因，在于长期以来的文化政策都试图取缔相对低水平的文化娱乐活动，希望培育相对高水平的文化艺术事业。比如，“戏改”大规模压缩剧团数量，且相对低水平的艺术表演团体受到种种非市场的不合理制约。因此，要想满足农村民众的文化娱乐需求，必须在政策上允许那些艺术质量不够高，却因其足够的数量和低廉的成本而足以让农村民众获得经常性地欣赏艺术的机会的表演团体生存。如果我们实行完全杜绝低水平电视剧生产的政策，那么电视剧的繁荣景象事实上就不可能出现；如果我们不能现实地认可相对低水平的演出存在的权利，那么演出市场必然荒芜。“乡下文化”可能比较粗糙、俚俗，但艺术永远是一个金字塔式的存在，最优秀的永远只能满足极小部分人的需要，而要想让最广大民众都有机会欣赏艺术，就不能放弃金字塔的那个底端。在今天，有相当一些地区，由于市场开放、政府支持，民众的文化娱乐活动相对比较活跃，正是靠着相对粗糙的“乡下文化”，才呈现出民众文化娱乐活动与精神生活相对丰富的喜人景象。①

要衡量一个国家、一个地区文化事业的成就高低，评价一个国家、一

---

①　傅谨：《“文化下乡”与“乡下文化”》，http://www.chinawriter.com.cn，2005年7月14日。

个地区民众的精神文化生活是否充实与丰富,我们主要应该借助于哪些指标?标志性的文化建筑是重要的,代表国家与民族水平的表演团体以及精品剧目也是重要的,但是,同样重要甚至更加重要的,是普通民众日常生活中的文化生活是否丰富,他们的精神文化需要是否得到满足以及在多大程度上得到了满足。在这个意义上,我们的文化政策应该像重视“文化下乡”一样重视“乡下文化”,甚至相对于“文化下乡”而言,给予“乡下文化”更多的重视。

“文化下乡”效果受影响,原因还在于部分农民对新农村文化建设认识不足,参与文化建设的热情并不高。受到市场经济的强烈冲击,改革开放后,农民的思想认识逐渐转变。然而在一些比较偏远的农村,受到地理环境的限制,农民很难及时接收到新事物和先进思想,农民的传统观念浓厚,小农意识强烈,对于他们来说吃饱穿暖、娶妻生子、传宗接代才是最重要的,建设农村文化似乎跟自己无关,所以他们往往不知如何做,更谈不上积极参与。当前农村社会中相当一部分农民对知识和文化普遍抱一种轻视态度,对子女的教育问题也不够重视,这严重影响了农村社会的可持续发展。而在一些农民中间,小富即安、不思进取的心态横行,对发展农村文化事业造成了巨大阻碍。

2018 年,中宣部、中央文明办等联合下发通知,要求深入学习贯彻党的十九大精神,充分发挥文化科技卫生“三下乡”活动的品牌效应和示范作用,按照产业兴旺、生态宜居、乡风文明、治理有效、生活富裕的总要求,大力组织开展“三下乡”活动,深入实施乡村振兴战略,助力精准扶贫,补齐“精神短板”。要求持续开展“文化进万家”、“文化迎春　艺术为民”、“送欢乐下基层”、“心连心”、农村电影放映、全民阅读、新春送书下乡等活动,把优秀精神文化产品和服务送下乡。加强科技示范基地、农村科技创新室、科技信息站、科普中国乡村 e 站、科普活动室等基层科技设施建设,促进科技人才和科技资源向农村流动。大力推进健康中国建设,深入开展健康扶贫,面向农村积极开展健康促进活动,组建各级医疗队赴老、少、边、穷地区开展巡回医疗,促进医疗资源向农村流动,提高农民群众的健康素质。

第二节 农村教育综合改革

科教兴农的一项重要内容是，通过改革和发展农村教育，提高农民科学文化素质。早在 1985 年，《中共中央关于教育体制改革的决定》就将农村教育的改革作为其中一项重要内容。1987 年 2 月，国家教委与河北省政府建立农村教育综合改革实验区。1989 年，国家教委成立农村教育综合改革实验领导小组，下设农村教育综合改革实验（“燎原计划”）办公室。1993 年 2 月，中共中央、国务院印发《中国教育改革和发展纲要》，提出积极推进农村教育综合改革。1995 年 6 月，国家教委发出《关于深入推进农村教育综合改革的意见》，突出“点上深化，面上推广”的政策行动方略。1999 年，《中共中央国务院关于深化教育改革，全面推进素质教育的决定》中提出，要实施农村普通教育、成人教育和职业教育的统筹协调发展。2003 年，国务院《关于进一步加强农村教育工作的决定》中指出，农村必须实行基础教育、职业教育和成人教育的“三教统筹”，有效整合教育资源，充分发挥农村学校的综合功能，提高办学效益。《2003—2007 年教育振兴行动计划》中也提出“重点推进农村教育发展与改革”。

总的来说，“三教统筹”是这一阶段农村教育改革的重点。基础教育、职业教育和成人教育是农村教育的三个重要组成部分。调整教育结构，把普及九年义务教育和发展职业教育、成人教育以及各类短期技术培训结合起来，逐步建立起农村的教育体系，提高劳动者的素质，这是“三教统筹”的总任务，也是农村教育综合改革的目标之一。“燎原计划”也是农村教育综合改革的一项重要措施，为“星火计划”“丰收计划”等的推行以及培养农技人才奠定发展基础。这项计划取得了比较显著的经济效益和社会效益。在20世纪90年代,各地都在努力扩大该计划的实施范围。按当时的要求,农村教育综合改革实验县内实施“燎原计划”的乡,要达到80%以上。

一、普及农村义务教育

普及九年义务教育的难点在农村,特别是贫困地区。1994年6月,李鹏在第二次全国教育工作会议上明确指出,为保证贫困地区实施义务教育,中央、省、地、县四级要设立专项经费,中央财政现有的扶助贫困地区义务教育专项经费要逐年增加。扶贫单靠“输血”不行,主要还是要增强其造血功能,而教育就是摆脱贫困的“造血”机器之一。李岚清在此次全国教育工作会议上的总结讲话中指出,发展农村教育要坚决扭转不同程度存在的脱离农村经济建设的指导思想和办学模式,走一条适合当地实际的办学路子。农村教育要在增加投入、改善办学条件的同时,大力提倡“三教统筹”、农科教结合。不论是九年教育还是六年教育,都要在学好文化知识、养成良好道德行为及文明习惯的基础上,增加一些职业技能和实用科学知识的内容。这样,大部分学生毕业后,都能用其所学的技能和知识,在农村经济和社会发展中发挥积极作用。李岚清还提出,已经普及九年义务教育的城市和经济发展程度较高的农村地区,在教育内容、师资水平、教育设施等方面要进一步推进教育的现代化,使基础教育的质量不断提高。

第一,农村基础教育的投资加大。

我国实行的是在国务院领导下,由地方政府负责、分级管理、以县为主的农村义务教育管理体制。20世纪90年代,中央政府财政教育经费的绝大部分(90%)都投向了高等教育。由于农村初中和小学的管理责任主要在县以下,自省至县的地方政府的教育投入也主要流向了各自管辖的大学、高中等,很少顾及农村义务教育。所以,农村义务教育资金的主要承担者变成了乡镇一级。1999 年的调查数据显示，全国 2036 个县和县级市中，有 1021 个县的小学生人均公用经费不足 10 元，这与北京市的 757.6元和上海市的 747.4 元形成鲜明对照。[①] 这表明，农村基础教育在办学经费投入、国家财政拨款方面同城市存在巨大差距。

为帮助贫困地区加快实施普及义务教育，从 1995 年开始，国家教委、财政部联合组织实施了“国家贫困地区义务教育工程”。该工程从 1995 年起，逐年增加用于贫困地区义务教育的专款，到 1999 年底，中央财政专款累计达到 39 亿元。1996 年至 1998 年，工程建设的重点在“二片”13 个省、市，383 个项目县，其中国家级贫困县 262 个、省级贫困县 121 个，覆盖人口 15873.49 万人。按照省、市制定的项目规划，工程项目共修建和装备了 36000 所小学和 6200 所初中。[②] 第一期工程于 2000 年结束。通过这一工程，极大地改善了项目县中小学办学条件，改变了贫困地区教育落后的面貌；不仅使中小学布局更加合理，义务教育的质量和教育资源的利用率得到提高，而且也提高了义务教育普及程度，加快了“两基”工作进程。从 2001 年开始，教育部和财政部实施了第二期“国家贫困地区义务教育工程”。这一次中央专款的主要投向是 2000 年底尚未通过“普九”验收的县(旗、团场等，简称项目县)。对于这些项目县，也有区分：未“普六”的项目县，以小学建设为重点，兼顾初中；已“普六”的项目县，以初中建设为重点。同时，对未通过“普九”验收、人口在 10 万以下、集中分布的少数民族和西部地区省份予以倾斜。经费的使用范围主要包括：项目县农村小学、初级中学校舍的危房改造、改扩建和新建，占专款总量的 60%；项目学校配置信息技术教育设备，占专款总量的 10%；项目学校添置课桌椅、教学仪器设备、图书资料，占专款总量的 10%；项目县教师和项目学校校长培训，占专款总量的 10%；还有 10%，主要用于对属于国家扶贫开发工

---

① 张玉林：《2004 年中国教育不平等状况蓝皮书》，《校长月刊》2005 年第 5 期。

② 《教育部、财政部关于“二片”地区“国家贫困地区义务教育工程”项目完成情况的通报》，教育部官网，http://old.moe.gov.cn//publicfiles/business/htmlfiles/moe/moe_355/200409/3844.html。

作重点县的项目县部分贫困家庭的中小学生试行免费提供教科书。[①]

农村教育的定位十分重要。只有明确了农村教育的位置,稳固了农村教育的基础,才能使我国全面地迈向小康社会。2003年,国务院颁布《关于进一步加强农村教育工作的决定》,明确指出了建设社会主义新农村中农村教育工作的重要作用,农村教育是教育工作的重中之重。同时还规定了其他两方面内容:一方面,当前我国社会主义新农村文化建设中的义务教育要建立并落实新的管理体制,即"以县为主"的管理体制,并要求必须要保障和加大农村义务教育经费,建立完善的体制;另一方面,还要保证农村所有适龄儿童接受义务教育的权利,对家庭经济困难的学生进行资助并建立健全贫困学生就学制度。2004年政府工作报告也对农村基础教育建设发展做出了比较详细的说明,指出我国当前应该把教育放在优先发展的位置,大力发展教育事业,加快教育事业发展的速度。政府会在教育事业的建设上投入更多的资金和更大的精力,务必把我国的教育事业提升到一个新的发展高度。报告还提到了义务教育的问题。我国目前的义务教育仍有一些问题需要解决,特别是农村的义务教育,应该重点加强。要把《教育振兴行动计划》切实地执行下去。据统计,2004年,中央财政投入农村义务教育各类专项资金达到100亿元,比2003年增长了72%。[②] 中央提出的新增教育经费主要用于农村的政策基本上得到了落实。

即便如此,农村义务教育经费还是远远不够的。《中国教育报》2004年对174个地市和县教育局局长的问卷调查结果显示,超过50%的农村中小学基本运行经费难以保证,有58%的农村学校危房改造经费无法落实,超过40%的小学仍然使用危房,超过30%的农村小学粉笔论支有限

---

① 《财政部、教育部关于印发〈第二期"国家贫困地区义务教育工程"中央专款使用管理办法〉的通知》,教育部官网,http://www.moe.gov.cn/jyb_xxgk/moe_1777/moe_1779/201001/t20100129_181243.html。

② 《教育事业改革与发展取得新进展》,教育部官网,http://www.moe.gov.cn/jyb_sjzl/moe_364/moe_1172/moe_1174/tnull_16331.html。

发放，接近40%的农村小学交不起电费，有电不敢开电灯。而缺少课桌凳的小学也接近40%。另外，大学毕业生当教师需交费录用、工资拖后发放的农村中小学则接近10%。[1]

普及九年制义务教育，最大的困难是经费不足。1995年召开十二省“普九”工作汇报会，这12个省均为经济发展中等或中等偏下水平的省份，包括黑龙江、河北、山西、河南等。12个省的情况表明最大困难在于经费不足。会议着重讨论如何千方百计增加义务教育的投入问题。而中国义务教育的大头在农村，农村教育改革的目的是为了更好地促进农村教育，为农业生产和农村发展服务。所以要大力提倡“三教统筹”和农科教结合。

2004年启动的西部地区“两基”攻坚计划重点针对西部文化建设。我国西部经济的落后，导致西部文化建设也极其落后，更不用说西部的农村教育建设了。2004年政府工作报告提出，对于西部十分落后的农村文化和基础教育的实际情况，制定了“以县为主”管理体制；对于缺少资金的贫困县，省、市(地)财政要对其增加资金投入，要尽力完善义务教育。要求到2007年实现西部地区基本普及九年义务教育，基本扫除青壮年文盲。由于西部经济落后，很多原有的农村中小学校园年久失修，出现了很多危房，严重影响了中小学生的日常学习生活。鉴于此，中央财政又投入60亿元资金改造危房，为广大农村中小学生提供良好的学习环境。随着西部经济的发展，远程教育等新的教育方式也要逐步引入到西部教育事业中，逐步地使西部农村教育事业更加能与现代化的教育接轨。2004年7月，中央与西部12省(自治区、直辖市)人民政府及新疆生产建设兵团签订了“两基”攻坚责任书，同时启动了农村寄宿制学校建设工程。中央财政为此将投入100亿元建设资金，用4年的时间，在全国955个县(主要集中在西部地区和贫困地区)建设7730所寄宿制学校，解决203万名学生寄宿问题。由此可以看出我国对于西部地区教育文化建设投入的力度

---

① 《中国教育报》2004年8月23日，第3版。

之大。

2004年,农村中小学现代远程教育工程由试点阶段进入全面实施阶段。中央财政为此投入50亿元,重点补助中西部农村地区,构建覆盖全国的农村中小学现代远程教育体系。这一工程的实施将以面向学生应用为主要目标,使农村初中基本具备计算机教室,农村小学基本具备卫星教学收视点,农村小学教学点具备教学光盘播放设备和成套教学光盘,为农村中小学生提供优质教育资源,为农民文化、科技和卫生知识培训服务。

此外,一些民间助学工程、计划的提出和实施对于贫困地区基础教育的完善起到了重要作用,如希望工程和"春蕾计划"。希望工程是中国青少年发展基金会于1989年10月发起实施的,通过接受社会捐款来资助困难学生,通过援建希望小学等方式来促进贫困地区基础教育的发展。"春蕾计划"是中国儿童少年基金会于1989年发起并实施的一个社会公益项目,主要目标是救助贫困地区失学女童重返校园。其主要内容是在人均收入较低的贫困县开设"春蕾计划"女童班,使参加女童班的学生能够高小毕业并掌握基本的劳动技能。

第二,农村中小学生入学率有一定提高。

据统计,到2004年,全国实现"两基"的地区人口覆盖率进一步提高,达到93.6%。到2004年底,通过"两基"验收的县(市、区)总数达到2774个(含其他县级行政区划单位199个)。在2000年义务教育基本普及之前,许多大中城市已经普及了高中教育。据教育部的统计显示,2004年小学学龄儿童入学率达到98.95%,其中男女童入学率分别为98.97%和98.93%,男女入学性别差为0.04个百分点。小学辍学率为0.59%,其中女童0.6%。小学毕业生升学率为98.10%,比2003年提高0.2个百分点。[①] 统计认为,由于小学学龄人口的逐年减少,小学校数、招生数和在校生数继续减少(没有单独的农村中小学生的统计数字)。不过,到2004年,仍然有至少10%的农村地区尚未普及九年义务教育,有的县甚至没有

① 参见《2004年全国教育事业发展统计公报》。

普及小学教育。2000年底展开的一项对全国有代表性的6个县的普查显示，农村地区初中阶段失学现象严重，所有的县都超过了教育部设定的初中辍学率不超过3%的底线。其中有4个县高于20%(包括1个县超过了50%)。[①]

另外，据教育部统计，到2007年底，西部地区“两基”人口覆盖率达到98%，比2003年初的77%提高了21个百分点，超出计划目标(85%)13个百分点；西部各省(自治区、直辖市)初中毛入学率均超过计划提出的90%；西部地区到2007年底累计扫除文盲600多万，青壮年文盲率下降到5%以下。西部各省份均实现了各自的攻坚目标。国家教育督导团对新疆生产建设兵团和陕西、广西、内蒙古、重庆4省(自治区、直辖市)的“两基”工作进行了全面检查和认定，410个攻坚县中，368个实现“两基”，4个实现“普六”。

第三，教师队伍素质和结构得到提升和改善。

教师队伍的整体素质进一步提高。比如，中小学专任教师学历合格率大幅度提高。2005年，小学专任教师学历合格率达到98.62%，初中专任教师学历合格率达到95.22%，高中专任教师学历合格率达到83.46%。高学历教师比例均有提高。[②] 据统计，截至2005年，我国县及县以下地区中小学教师占教师总数的80%，乡镇以下地区教师占教师总数的52%。因此，尽管没有农村中小学教师队伍的专门数据，但是由于大部分中小学教师都在农村工作，中小学教师学历和职称结构的整体提升在一定程度上也体现了农村教师队伍素质的提升。

同时，通过教师人事制度改革，教师的社会地位和经济待遇明显提高，工作生活条件总体上有较大改善。中小学教师平均工资收入水平逐步提高，教师职业吸引力进一步增强。尤其是农村民办教师的工作环境进一步得到改善。民办教师曾经是我国农村基础教育的主力军。在农村

① 张玉林：《2004年中国教育不平等状况蓝皮书》，《校长阅刊》2005年第5期。

② 参见教育部：《2005年全国教育事业发展统计公报》(2006年5月)。

学校,他们不仅数量庞大,而且大都是教学骨干,其中不少还担任了校长。但是 90 年代以后,由于没有相应的学历和身份,他们的待遇与公办教师相比明显较低。1991 年,国家教委副主任邹时炎在全国民办教师工作经验交流会上指出,“目前全国民办教师的月平均工资只有 60～70 元,仅相当于公办教师的二分之一”。实际上,在一些贫困山区,民办教师的工资更少。可即便是这样的低收入,还可能会被拖欠和克扣。而且除了工资,他们基本上很难享受到国家的福利。更为重要的是,他们的身份十分尴尬,亦教亦农,其模糊的身份状态也使他们的合法权益容易受到损害,比如被随意辞退等。

1993 年《中国教育改革和发展纲要》中提出,进一步改善民办教师工作。该纲要指出,农村学校存在大量的民办教师,是历史形成的。各地要改进民办教师工资管理体制和统筹办法,增加民办教师补助费,改善民办教师待调,逐步使民办教师与公办教师同工同酬。对离职民办教师,要给予生活补助,有条件的地方要逐步建立民办教师保险福利基金。师范院校要定向招收部分民办教师入学深造。1997 年《国务院办公厅关于解决民办教师问题的通知》中提出,要全面贯彻实施“关、转、招、辞、退”的方针,逐年减少民办教师数量,力争到 20 世纪末基本解决民办教师问题。通知提出“九五”期间全国解决民办教师问题工作的分年度目标是:1997 年民办教师占全国中小学教师的比例要从 1996 年的 17%减少到 12%,1998 年比例减少到 7%,1999 年比例减少到 3%,2000 年基本解决民办教师问题。同时还提出,“九五”期间,国家每年安排 20 万人左右专项指标,至 2000 年四年共计 80 万人,将合格民办教师转为公办教师。

当然,这一时期农村基础教育阶段的教师队伍整体上还是存在数量不足、质量不高和结构不合理的问题。一个突出的表现就是教师的学历水平普遍不高。同时,教师资源配置不均衡,结构性矛盾比较突出。区域和城乡分布不均衡,城市超编与农村部分地区师资紧缺并存;学科分布不均衡,农村中小学外语、信息技术、音乐、体育、美术教师普遍短缺。代课人员数量较大。

1998年教育部《面向二十一世纪教育振兴行动计划》中提出，认真解决边远山区和贫困地区中小学教师短缺问题。要进一步完善师范毕业生的定期服务制度，对高校毕业生（包括非师范类）到边远贫困的农村地区任教，采取定期轮换制度，并享受国家规定的工资倾斜政策。到2000年，争取使全国农村绝大多数中小学都能收看教育电视节目。为切实解决农村教师整体素质偏低问题，加强农村学校教师队伍建设，促进教育均衡发展，教育部于2004年启动实施农村学校教育硕士师资培养计划，2006年还下发了《关于大力推进城镇教师支援农村教育工作的意见》。还有的地方提前开始实行教师资助计划。如湖北省为解决老少边穷地区乡村学校缺少合格教师和骨干教师不稳定的问题，于2004年启动实施了农村教师资助行动计划。

总的来说，在党和政府的大力倡导下，这一时期农村基础教育取得了令人瞩目的成就，不仅全方位的农村义务教育保障机制逐步建构起来，而且农村的办学条件日益改善，农村义务教育寄宿生规模不断扩大，住宿条件得到一定的改善，农村中小学现代远程教育工程取得明显成效，农村教师队伍整体素质进一步提高，高学历和高级教师的比例得到提升，城乡之间教师学历合格率差距有所缩小。

二、扩大农村职业教育和成人教育

农村教育综合改革是以基础教育、职业教育、成人教育协调发展为中心内容的。我国农村职业教育和成人教育正是在农村教育综合改革中不断发展和成熟起来的。在“三教统筹”局面逐渐形成之后，农村教育综合改革的主要任务是，不断探索农村教育与农村经济社会协调发展的途径。

成人教育和职业教育相结合，并且与当地农村经济和科技发展密切结合。1993年《中国教育改革和发展纲要》中提出，大力发展农村成人教育，积极办好乡镇成人文化技术学校，全面提高农村从业人员的素质。抓紧扫除青壮年文盲,坚持标准,讲求实效,把文化教育和职业技术教育结合起来。1994 年国务院《关于〈中国教育改革和发展纲要〉的实施意见》中提出,积极实施"燎原计划",认真做好推广农村教育综合改革实验县和"燎原计划"示范乡工作,促进农科教结合和"三教统筹"。国家教委和各省(自治区、直辖市)教育部门都要重点抓好一批综合改革的试验典型。积极推进农村教育、城市教育和企业教育综合改革,促进教育同经济、科技的密切结合。县、乡两级政府要把教育纳入当地经济、社会发展的整体规划,分级统筹管理基础教育、职业技术教育、成人教育,统筹规划经济、科技、教育的发展,促进"燎原计划""星火计划""丰收计划"的有机结合,落实科教兴农战略。

职业教育和成人教育分类解决,因地制宜。1995 年国家教委《关于深入推进农村教育综合改革的意见》中提出,农村教育综合改革要从各地区经济、社会发展不平衡的实际出发,按照分区规划、分类指导、分步实施的原则进行。对于职业教育和成人教育的发展,分为三类情况。第一类,在温饱问题没有解决,尚未普及九年义务教育的地区,在一个地区集中办好一所或几所中等职业学校,成人教育努力抓好扫除青壮年文盲工作,并把学文化和学科学、学技术结合起来。第二类,对于大多数温饱问题已经解决并向小康水平迈进的地区,重点要搞好初中后的分流,大力发展职业教育和成人教育,形成网络。县一级要办一所综合性的能够实施多种形式职业教育和成人教育的中等骨干学校(或中心),乡镇办好成人文化技术学校(或成人教育中心),并因地制宜地把村农民文化技术学校(或农民文化活动中心)建设同村小学结合。第三类,少数已经实现或超过小康水平的地区,可以在本地区范围内进行城乡统一规划,充分利用城市的普通高校、成人高校和高等职业学校,为农村培养高层次的专业人才。同时积极开展社会文化生活教育,提高农民的生活质量,促进农村社会的全面进步。

国家对农村成人教育的教材进行规划。如,1992 年国家教委就开始试行农村成人初等文化教育《实用语文》《实用数学》《实用科技》三科教学大纲。这三门科目的教材是农村成人初等文化技术学校供扫盲后教育使用的系列教材，同时也适用于已脱盲及具有同等文化程度的青壮年农民学习。

除了专门的职业学校和成人学校，全国还开展了一系列的农民技术培训计划。

一是农民实用技术培训。据统计，2004 年农民实用技术培训达到 5127 万人次，向广大农村劳动力传授了大量农业生产与经营的新知识、新技术，有力地促进了农业增效、农民增收和农村发展。据不完全统计，2004 年农民实用技术培训人次超过 300 万的省份有云南、江苏、河南、四川、浙江、山东、河北等。云南省教育厅与州、市签订目标责任书，并在年终进行考核，全年培训农民 494 万人次，超计划培训 45 万人次。河南省农村成人培训 458 万多人次，其中有 12.1 万人成为乡镇企业职工，58.2 万人成为专业户、示范户，年增收 500 元以上的约 145 万户，经济效益和社会效益十分明显。

二是农村劳动力转移培训计划。2004 年 2 月，教育部在四川省成都市召开全国农村劳动力转移培训经验交流会，就教育系统服务“三农”、积极开展农村劳动力转移培训工作做出部署。会后印发了农村劳动力转移培训计划，并成立了由教育部部长周济任组长的教育部农村劳动力转移培训工作领导小组，全面指导各地开展工作。此后，各地教育行政部门都成立了由主要负责同志任组长的培训工作领导机构，采取各项措施积极推进农村劳动力转移培训计划的实施。如，陕西省实施了“一网两工程”(即职业教育和成人教育为县域经济发展服务网络体系，实施强县富民工程和促进农村劳动力转移培训工程)，四川省开展了“千万农民工培训工程”，浙江省开展了“千万农村劳动力素质培训工程”，江苏省开展了“两后双百”工程(农村初高中毕业未升学的学生百分之百培训、百分之百转移就业)等。据统计，2004 年全国教育系统实施的农村劳动力转移培训规模达 3146 万人，比 2003 年增加了 2000 多万人，河南、山东、四川、河北、陕西、江苏、云南、广东、浙江、山西、湖南等 11 个省培训规模超过 100

万人。[1]

2004 年 4 月 7 日，农业部、财政部、劳动和社会保障部、教育部、科技部、建设部共同组织实施的农村劳动力转移培训阳光工程(以下简称“阳光工程”)正式启动。工程由政府公共财政支持，以粮食主产区、劳动力主要输出地区、贫困地区和革命老区为重点，以市场需求为导向，以受训农民转移培训为目标，开展农村劳动力转移前的职业技能培训。据对北京、辽宁、上海、浙江、河南、湖北、湖南、广东、广西、重庆、西藏、新疆生产建设兵团教育系统农村劳动力转移培训数量的统计，全年共培训 1021 万人。各地职业学校和成人学校在中央六部门共同实施的“阳光工程”中发挥了重要作用，在培训基地和培训人数上都占到了 30%以上。[2]

总的来说，在基础教育方面，国家实行地方负责、分级管理的体制。即县、乡政府在义务教育的经费筹措、师资配备、学校管理等方面发挥统筹作用。在成人教育与职业教育方面，要求在县、乡政府的领导下，提倡多种形式的联合办学；国家还提倡职业学校和成人学校实行结合， 校多用，职前职后结合，学历教育和短期培训结合；在乡、村一级，主要依托乡、村成人文化技术学校，实施各种成人培训和职业培训。在县一级，建设职业教育和成人教育结合的综合性教育中心。

三、基本扫除青壮年文盲

扫除青壮年文盲一直是农村教育工作的一项重要任务。1992 年 10 月 12 日，在中国共产党第十四次全国代表大会上，党中央做出决策，提出把“到本世纪末，基本扫除青壮年文盲，基本实现九年制义务教育”作为 20 世纪 90 年代我国教育事业发展的重要目标。1993 年 2 月 13 日，中共中

---

① 《职业教育与成人教育》，《中国教育年鉴 2005 年》，教育部官网，http://www.moe.gov.cn/jyb_sjzl/moe_364/moe_1172/moe_1181/tnull_16391.html。

② 实施“农村劳动力转移培训计划”，《中国教育年鉴 2005 年》，教育部官网，http://www.moe.gov.cn/jyb_sjzl/moe_364/moe_1172/moe_1174/tnull_16349.html。

央、国务院印发《中国教育改革和发展纲要》,正式把实现"两基"作为我国20世纪90年代的奋斗目标。真正把"两基"提到议事日程,变成一个工程操作,是1994年中共中央、国务院召开的全国教育工作会议。会议确定"两基"为我国教育工作的"重中之重",提出了"双八五"的目标[①]。此次会议进一步明确提出了20世纪90年代我国教育事业发展的目标、任务、战略、指导方针和实施步骤。《中国教育改革和发展纲要》及其实施意见明确提出,到2000年我国教育事业发展的目标和任务是:全国基本普及九年义务教育(包括初中阶段的职业教育),即占全国总人口85%的地区普及九年义务教育;初中阶段的入学率达到85%左右,全国小学适龄儿童入学率达到99%以上;全国基本扫除青壮年文盲,使青壮年非文盲率达到95%以上。

1994年,李岚清在全国教育工作会议上的讲话中指出,已在91%的人口地区普及了小学教育,小学适龄儿童入学率已达到98.3%,初中阶段入学率达到73%。青壮年文盲有3600万人,每年扫盲约500万人。按此进度,经过各级政府和全社会扎扎实实的工作,到20世纪末基本扫除青壮年文盲也是有可能的。

按照国家当时的规划,全国按经济和教育水平分三步实施。第一步,到1996年,经济、教育条件好,早已普及了初等教育的11个省(市)约占全国33%人口的地区,基本扫除青壮年文盲。第二步,1998年前,在经济、教育基础比较好,普及了初等教育的12个省(区)占全国52%人口的地区,基本扫除青壮年文盲。第三步,到2000年,经济、教育基础差,初等教育尚未普及的6个省(区)、占全国15%人口的地区把青壮年文盲率降到15%以下,西藏到2000年以后基本扫除青壮年文盲。

1992年,国家教委出台试行《扫除青壮年文盲单位考核验收办法》。办法提出的扫除文盲单位标准中,基本扫除青壮年文盲单位的标准和要求是1949年10月1日后出生的年满15周岁以上人口中的非文盲人数,在农村达到85%以上,最近三年以来的脱盲人员复盲率低于10%;而高

---

① "双八五"目标,即到20世纪末,在占全国总人口85%的地区普及九年义务教育,初中阶段毛入学率达到85%。

标准扫除青壮年文盲单位的标准和要求是农村达到95%以上,最近三年以来的脱盲人员复盲率低于5%。验收时采取随机抽样的办法,对被抽行政村1949年10月1日后出生的年满15周岁以上人口中,最近三年以来的脱盲人员,除了已具有小学毕业以上程度以及正在接受普通小学和业余小学教育、脱盲后巩固提高班结业的人员外,还要参加验收考试。对于个人脱盲考试的内容,也按照《扫除文盲工作条例》的有关标准进行了规定。

同年,国家教委还试行了《扫除文盲教育教学大纲》,指出扫盲教育的教学工作主要是对文盲、半文盲进行初步的政治、文化、生产技术、生活常识等知识的基础教育。其目的是通过教学使他们具有初步的识字、阅读、书写和计算能力。该大纲对教学的要求和内容进行了具体的规定。同时还对教学时间做了具体规定:文盲学习400个学时以上,半文盲学习200个学时以上。

扫盲工作取得了巨大的成绩。1995年11月,成立了由11个部委、人民团体组成的全国扫盲工作部际协调小组,并召开了第一次部际协调会议,讨论了扫盲工作的目标、规划、实施步骤和督导验收办法。据会上总结,1994年全国扫除文盲486.2万人,其中妇女文盲303万人。从1991年至1995年,我国扫除青壮年文盲2563万人,青壮年文盲率从10.38%下降到6.14%。共青团中央提出组织大中学生志愿者利用假期到农村特别是贫困地区帮助扫文盲、扫科盲、扫法盲。即连续5年每年派50万左右大学生、50万左右中学生下乡,每年培训20万农村扫盲教师,每年使400万左右的青壮年农民受到识字和实用科技培训。到1997年,经国家教委扫盲工作检查组抽查评估,全国累计12个省(自治区、直辖市)实现了基本扫除青壮年文盲的目标。

福建省是扫盲工作取得重大成效的一个典型。从1991年开始,福建省教委采取"八到村"的工作方式,即把扫盲的组织领导、宣传发动、计划任务、"双线"承包、乡规民约、检查督促、建档立卡、考核验收八项工作落实到行政村,再进一步落实到自然村和居民小组,使该省的扫盲工作取得了明显效果。1992年,全省97%有扫盲任务的行政村都开展了扫盲,脱盲32.3万人。尤其是对一些人口较少、文盲比例较高的偏僻山村积极开展扫盲工作,组织文盲人员到扫盲教学点学习。通过一年的努力,这些村庄的青壮年文盲基本扫除。[①]

据统计,1995 年,全国普及九年义务教育和扫除青壮年文盲的县(市、区)为 554 个;到 1999 年底,我国有 2848 个县(市、区)达到基本普及九年义务教育和基本扫除青壮年文盲,人口覆盖率达到 80%。[②] 到 2000 年,我国文盲人口在人口总数量的比例从 1990 年的 15.88%下降至 6.72%。[③] 到 2004 年,我国乡村人均受教育年限达到 7 年。[④] 2004 年,农村平均每百个劳动力中拥有大专以上文化程度的 0.77 人,中专文化程度的 2.13 人,高中文化程度的 10.05 人,初中文化程度的 50.38 人,小学文化程度的 29.2 人。[⑤] 这些数据表明,我国农村的综合教育改革取得了重要进展。

第三节　农科教结合

一、农科教结合提出的背景和目的

农科教结合是科教兴农的一种具体实现形式,也是农村综合教育改

① 何东昌主编:《中华人民共和国重要教育文献(1991—1997)》,海南出版社 1998 年版,第 3475 页。

② 《世纪丰碑》,《中国教育报》2001 年 1 月 1 日。

③ 国家统计局人口和社会科技统计司编:《中国统计年鉴 2001》,中国统计出版社 2001 年版,第 36 页。

④ 国家统计局人口和社会科技统计司编:《中国统计年鉴 2005》,中国统计出版社 2005 年版,第 332 页。

⑤ 国家统计局农村社会经济调查司编:《中国农村统计年鉴 2005》,中国统计出版社 2005 年版,第 33 页。

革实践中的一项重要经验。其主要内容是,在当地政府的统筹领导下,使农业、科技、教育等方面的力量紧密结合,形成合力,围绕当地的经济、社会发展需要,统筹安排开展项目,培训人才,推广实用技术。

农科教结合这条道路也是在农业和农村发展实践中发展出来的。改革开放以后,各地在实践和探索中不断积累经验。安徽省黄山市原徽州陶行知研究实验区休宁县溪口区,于1987年率先成立了农科教协会,提出“坚持科教结合、为农服务”;1985年,湖南省怀化地委、行署在研究山区开发时认识到,农村文化技术落后、劳动力素质低是制约农村经济发展的主要矛盾,提出了“教育为本、科教兴农”的战略构想。1987年,怀化地区芷江县农职校通过实践探索出“政府统筹、农业部门主办、教委统管、科技部门配合”的办学新体制,从而加快了科技成果的推广应用和经济发展。①

在总结各地方经验的基础上,形成试点并推广。1989年8月,农业部、国家教委等单位成立了全国农科教统筹与协调指导小组,并联合下发了《关于农科教结合,共同促进农村、林区人才开发与技术进步的意见(试行)的通知》,使得农业、科技和教育相结合的工作成为一种政策要求。农科教结合的指导工作,由农业部牵头,农科教结合指导工作办公室设在农业部教育司。1990年5月,由农业部牵头,全国农科教统筹与协调指导小组在安徽省滁州市召开十四省、市农科教结合工作座谈会,总结各地经验,确定了全国农科教结合的重点试验区。1992年2月,国务院发布《关于积极实行农科教结合推动农村经济发展的通知》,进一步阐述了农科教结合的目的、任务和中心。从此,全国农科教结合工作在全国广泛开展起来。1996年5月,《职业教育法》颁布,农科教结合成为法律的规定与要求。

根据1992年国务院的通知,实行农科教结合,即在政府统筹协调下,

① 孙翔:《农科教结合的回顾与创新——解决“三农”问题与建设农村小康的有效途径》,《中国农村教育》2004年第7期。

使农、科、教等各有关方面形成强大合力，以促进农业和农村经济发展为目标，以推广先进农业科学技术为动力，以加强农村教育特别是职业技术教育和实用技术培训为基础，实现农业和农村经济的全面振兴。实践证明，实行农科教结合，能够有力地促进科技、教育更好地为农业和农村经济服务；能够富有成效地组织各有关方面的力量，克服部门分割、相互脱节的现象，做到扬长避短、优势互补，充分利用各方面的人力、财力、物力，提高科教兴农的整体效益；能够进一步充实健全农村科技培训与推广网络和加强服务基地的建设，不断提高广大农民的科学文化素质，增强以家庭联产承包为主的责任制的活力，巩固壮大集体经济，推动农业和农村经济向专业化、商品化、现代化发展。农科教结合，对于形成以教治愚、以科致富、以富兴科教的良性循环和农村经济发展的新机制，对于加强农村物质文明和精神文明建设，巩固农村社会主义阵地，都具有现实和深远的意义。

农科教结合是解决农业、农村和农民问题的重要决策。人多地少、农业基础薄弱是长期制约我国经济发展的因素。农业发展水平一直很低，科学技术在农业生产中的贡献份额较低，农村劳动力的科学文化素质较低，不适合农村发展的需要。要想从根本上解决农业和农村经济发展的问题，主要还是要依靠科技进步和提高劳动者素质，走农业、科技和教育相结合的道路。也就是通常所说的“农业发展靠科技，科技进步靠人才，人才培养靠教育”这一现代农业发展的客观规律。所以说，实行农科教结合，是农业和农村经济发展以及科技、教育事业发展的客观要求和必然选择，是把农业发展和农村经济建设转移到依靠科技进步和提高劳动者素质轨道上来的重大措施。没有农业和农村经济同科技、教育的结合，就没有农村的现代化。把农业和农村经济开发同科技开发、智力开发有机地结合起来，建立有利于科技、教育进步，振兴农业和农村经济的新机制，是农村深化改革的迫切任务。依靠和发展科技教育，是振兴农业的必由之路，也是解决农村问题的根本性措施。十四届五中全会通过的《中共中央关于制定国民经济和社会发展“九五”计划和2010年远景目标的建议》

中,将强化科技兴农,发展高产、优质、高效农业作为五项重大措施之一。

实行农科教结合的根本目的在于振兴农业和农村经济。主要是推动农业、科技、教育事业的结合,建立相互促进、协调发展的运行机制,逐步实现农业和农村经济的现代化。农村科技事业要围绕农业生产和农村经济建设的发展规划和开发项目,开展实用技术研究,加快科技成果的转化,促进农村的科技进步。农村教育事业要围绕农村经济发展与科技进步的需要,在实施九年义务教育的同时,大力发展职业教育和农民实用技术培训,不断提高农村劳动者的素质。

推动农科教结合,政府统筹是关键。为了加强农科教结合的统筹协调工作,1994年4月,全国农科教结合协调领导小组成立,开始统一领导全国的农科教结合工作。

二、农科教结合的内容及实施

在农科教结合的实施过程中,需要各级政府对农业和农村经济、科技和教育事业发展进行统筹规划,将各部门的力量组织起来。需要统筹实施农业综合开发、扶贫开发和“丰收计划”“星火计划”“燎原计划”等项目,统筹制定人才培养和实用技术的培训方案,统筹组织各方面的技术力量,统筹使用各部门的实验基地和设施,统筹安排科教兴农资金等。

农业和农村工作的主管部门,需要加强农业系统内部生产部门与农业科研机构、农业院校的合作。大力抓各层次的农民技术教育,实施“绿色证书工程”,普及农业科技知识,培养农业技术推广队伍,提高农村劳动者的素质。科技部门的任务是,组织力量加强对农业科学的研究、技术的开发和推广,提高农业技术成果的转化率和规模效益等。还要组织力量,在动植物新品种选育、农产品加工及综合利用、农业生态环境保护等关键技术领域取得突破,以及参与科技扶贫工作等。教育部门是其中的一个重要环节,不仅要加强教育内部的改革,抓“三教统筹”,还要承担人才培养和培训工作。

地方政府作为统筹协调机构,负责给各级各类学校划拨土地、山林、水面,作为劳动课、劳技课的劳动基地和生产实习基地。县、乡政府建立以站、所、场、校、“中心”等为依托的农科教结合的综合性服务实体,发挥一套机构、多种功能的作用,为教学、生产、实验、示范和推广服务。同时,开展农业技术研究,提高农业科研成果的推广和利用率。发达地区的职业培训中心和成人学校(农科教中心),是开展农业高新技术推广应用的重要基地。教育部门中的各级各类学校,尤其是职业学校和成人学校,要积极参与农业科技成果的示范、推广以及新技术试验,培养、培训科学种田和发展乡镇企业的带头人,将已有的农业科技成果尽快推广到农民手中等。

各地方政府在农科教结合这项工作上各有特色。福建省三明市的做法是:加大政府的统筹力度,市长亲自主持召开市农科教结合协调领导小组会议,制定各自参与农科教结合工作的实施方案,并下发贯彻执行,进而形成了齐抓共管的格局;同时,加强分类指导,因地制宜地围绕农业和农村经济战略性调整目标,指导农科教结合工作,促进平衡发展;重点抓好“协作工作”,市政府下发了《三明市进一步深化农科教结合示范区建设实施意见》,提出农科教结合的“五大工程”,推动全市农业和农村经济的发展。四川省广元市主要是抓科技示范大户的发展,抓专业村的建设,大力推行龙头企业联络农户合同制、科技承包制,发展产、加、销、贸工农一体化经营的同时,发展农业和农村经济需要的中介组织,抓专业技术协会的发展,不断完善农村合作组织。建立了专业合作社,即农资服务部、农产品经营部、生产生活资料销售部、农业科技服务部、农业机械服务部和庄稼医院等。重点放在三个方面:对农户家庭经营实行庄园式开发、企业化管理,把现代农业生产方式、管理科学导入农户家庭经营,从而把山区一家一户分散的农户建成庄园经济实体;对农口部门直属企业和农业基层站进行改革,使其在推进科教兴农、农业产业化经营等方面发挥更大的作用。在这些工作中,主要内容包括以下几个方面。

(一)充实和健全科技培训与推广网

我国农村科技力量薄弱,培训与推广网络不健全,是制约农业和农村经济发展的一个突出矛盾。这一时期农科教结合工作的一个重要任务,就是要根据农业和农村经济发展的实际需要,巩固壮大农村科技服务队伍,充实健全科技培训与推广网络,使科技成果尽快转化为生产力。

1997年中央农村工作会议将1997年定为“农业科技推广年”,要把农业技术推广作为农业增产的第一要素来抓,努力扩大先进成熟技术的推广面积。会议提出,要舍得增加科技投入,实行农科教结合,动员和组织农业科技人员到生产第一线去,抓好对农民的实用技术培训。

2004年《中共中央国务院关于进一步加强农村工作提高农业综合生产能力若干政策的意见》中提出,要提高农村劳动者素质,促进农民和农村社会全面发展。全面开展农民职业技能培训工作。要结合农业结构调整、发展特色农业和生产实际的需要,开展针对性强、务实有效、通俗易懂的农业科技培训。农村中学也要加强农业先进实用技术教育。适应产业结构升级和提高竞争力的需要,进一步搞好农民转业转岗培训工作,扩大农村劳动力转移培训阳光工程实施规模,加快农村劳动力转移。各级财政要大幅度增加农民职业技能培训投入,采取补助、培训券、报账制等方式,努力提高培训的实用性和资金的使用效率。广泛调动社会各方面力量参与农民职业技能培训。

(二)大力发展农村职业教育

实现农业增长方式的转变,最重要的一环,就是要抓科教兴农,把农业发展转到依靠科技进步和提高农民素质的轨道上来,努力提高科技在农业增长中的贡献份额。首先要抓好科技成果的推广。我国每年取得了大批农业科研成果,但真正能在生产中起作用的还不多,大部分都滞留在实验室或试验田里。发生这样的情况，主要是两个方面的问题，一是农业技术推广体系还不健全，二是农民的科学文化素质还比较低。解决好这两个问题，要采取多种形式，鼓励和支持农业科技工作者去农村开展技术研究和技术推广工作。同时，从改革和调整农村教育结构入手，多办一些初等、中等职业技术学校，为农村培养大量急需的初中级技术人才和经营管理人才，并加强对农民的实用技术培训。

我国农民科学文化素质较低，吸收运用先进技术的能力不强，影响农业和农村经济的进一步发展。大力改革和发展农村教育，特别是加强职业技术教育和实用技术培训工作，培养一大批扎根于农村的科技力量，提高广大农民的素质，是科教兴农的重要环节。农村职业教育要始终坚持为农业和农村经济建设服务的方针，贯彻因地制宜、按需施教、灵活多样、注重实效的原则。特别是实用技术培训更要有很强的针对性，把培训农民与技术推广紧密联系起来。发展农村职业技术教育和进行实用技术培训，必须要有农业、科技、教育等各部门的积极参与和密切配合。同时，县、乡政府要加强统筹规划，做到统一安排、合理布局，综合利用学校设施，发挥学校多种功能，提高办学的经济效益和社会效益。

按照规划，县(市)首先要集中力量办好一两所起示范和骨干作用的职业技术学校，并继续办好农村广播函授学校；乡(镇)要办好农民文化技术学校；村要逐步建立农民业余文化技术学校。农村中小学教育要在适当阶段引进职业教育。举办多种形式的职业技术培训班。农业、林业、水利、气象及有关的其他中等专业学校要在深化改革中进一步发挥骨干作用，为农村科技培训与推广网络不断输送技术人才。加强农村职业技术教育和实用技术培训的师资、教材建设。县、乡选拔有一定实践经验的优秀教师和回乡青年学生，送到有关大中专学校定向培养为专业师资；农业、科技等部门要选派一批技术人员担任农村职业技术学校的兼职教师。县、乡要组织农业、科技、教育等有关部门的力量，根据当地农业开发的实际需要，共同编写富有特色的实用乡土教材。

（三）进一步落实提高农民科学文化素质的政策

各级政府落实“尊重知识、尊重人才”的方针和有关政策,并进一步研究制定有利于稳定和发展农村科教队伍,有利于科教人员下乡帮助农民致富,有利于农民学文化、学技术的政策措施。同时,积极创造条件,吸引高级专门人才参加农业和农村经济开发工作。对在农村科技开发与推广工作中成绩显著的科教人员,应以工作实绩作为职称评定、晋级的重要依据优先考虑;在农村职业技术学校连续兼任教师满三年以上并继续从事教学工作的科技人员可参加教师职称的评定,从事农业技术推广工作的学校教师也可以参加相关专业技术职称的评定,他们在岗期间可享受相应的待遇。各地根据自己的实际条件,对在乡、村从事农业技术培训与推广工作的技术人员和学校劳技课教师增发岗位或农业技术工龄补贴,对有突出贡献的科教人员给予重奖。要积极鼓励和吸收农村职业技术学校毕业生参加科技培训与推广工作,并给他们提供必要的条件,以充分发挥他们的作用。

逐步建立和完善农民技术员职称制度和农民技术资格证书(绿色证书)制度。对获得技术员资格和获得技术资格证书的农民,应优先安排项目承包和贷款,给予其他必要的支持。农村基层干部的录用,逐步从获得技术资格证书的优秀农民和回乡青年学生中选拔,以提高基层干部队伍的科技文化素质。积极培育农村技术市场,逐步实现科技有偿服务,并依法保障科教人员的合法权益。

三、农科教结合的成效

从各地情况来看,农科教结合工作取得的基本成效概括起来主要体现在以下五个方面。

(1) 促进农业和农村经济结构的调整和发展,农民收入水平明显提高。

(2) 农业和农村经济的主导产业基本确定,并有了较大的发展。

(3) 农民的科技文化素质大幅提高,一大批有文化、懂技术、善经营、会管理的优秀农民脱颖而出,成长为当地科技致富的带头人。

(4) 农业科技的推广应用更为普及,取得了较大的成效。

(5) 农村两个文明建设进一步发展,农村奔小康进程快速推进。

以安徽省为例。从 1992 年开始,安徽省农科教结合已由点上试验转到全省推广,部分(市)的乡(镇)推广面积达 80%左右,1994 年全省共培训农民 100 多万人次,推广新技术新成果 200 多项,获经济效益 12 亿多元。到 2004 年,安徽省黄山市开通了 168 声讯服务台、农业科技信息咨询热线,实行网上服务。在乡镇农科教结合服务中心配备“五机一幕”(彩色电视机、录放像机、计算机、电话机、幻灯机、投影屏幕),建立放像小分队,在村设立放像点。农科教结合进村入户,服务链由乡、镇向村延伸,扩大了农科教结合的覆盖面。

河北省易县柴厂村是通过农科教结合实现科教兴村的典型案例。[①] 柴厂村位于易县城西北部太行山的深山区,北、西、南三面环山。全村 320 户,1200 口人,总面积 2.3 万亩,其中山场 1.7 万亩,耕地 1035 亩。这里地处偏僻,交通闭塞,村民思想观念落后,科技素质低,1995 年人均实际收入只有 60 多元。1996 年,柴厂村被确定为河北农业大学承担的全国科教兴村第一试点村。通过河北农业大学专家教授的帮助,党支部、村委会经过认真分析比较,找到了三大发展优势:一是山场面积广阔,适合发展经济林果;二是有一定的水源条件,可以发展高效农业;三是地处皇家陵园清西陵旅游风景区,服务业前景看好。

---

① 材料来自陈广义等:《科教兴村助推柴厂新农村建设的成效与启示》,《推进社会主义新农村建设研讨会论文集》,2006 年。

柴厂村农科教结合的第一项工作就是推广先进技术。1997年,在河北农业大学教授的指导下,全村一个月内建起17个标准日光温室,开创了该村大棚种植蔬菜的历史。当年单棚效益4000元以上。柿树在柴厂村有近百年的栽培历史,群众普遍认为果多果少的“大小年”是正常现象,从来没有谁去管理过。河北农业大学专家指导村民运用剪枝、刮皮、打药、施肥等措施,柿果产量从1995年3万斤、1996年10万斤、1997年15万斤、1998年30万斤到1999年60万斤,增产显著。

其次是举办培训班,提高村民素质。从1996年开始,河北农业大学派出驻村专家组,到2005年,共举办林果培训班20多期,培训8000多人次,使全村每户都有1～2名掌握了果树修剪、嫁接等技术的人员,100多人成为全村的技术骨干,29名村民获得果树管理结业证书。

再次,调整产业结构,把发展林果业作为全村新的经济增长点。柴厂村制定了荒山开发和林果发展50年不变的政策,把农村改革初期无偿分配到户而又分而不治的荒山和坡角次地全部作为林果用地收归集体,统一规划后重新拍卖发包。另外,从1998年开始,重点实施了山区综合开发工程,按照统一规划、分户治理的原则综合开发。到2005年,已完成高标准荒山治理400多亩,栽植果树近8万棵,建山地果园50多个,全村40多条山沟,沟沟栽上了果树,人均果树由原来的十几棵猛增到80多棵。

最后,改善办学条件,促进教育发展。柴厂树采取“村里出一点、争取上边拨一点、发动群众捐一点”的办法,先后投资10多万元改造危房校舍、改善办学条件,为山区孩子的健康成长提供了良好的环境。学校开设了劳技课,并作为必考科目贯穿于整个教学活动中。

通过几年农科教结合实践,柴厂村的面貌日新月异,新的产业格局初步形成,村域经济快速增长,2003年全村人均纯收入3000多元,被河北省命名为小康村、文明生态村示范村。

第四节 农村文化建设

1998年文化部发布的《关于进一步加强农村文化建设的意见》提出，农村文化建设的目标是培养有理想、有道德、有文化、有纪律的社会主义新型农民，建设富庶、文明的社会主义现代化新农村。为此，提出要加强文化设施建设，巩固农村文化阵地，包括搞好"两馆一站一室"建设、加大文化建设投入等，尤其要继续搞好文化下乡活动和文化扶贫。

一、文化建设工程

为了加快和提升农村的文化建设，文化部等单位开展了一系列的文化建设工程。

（一）文化扶贫系列工程

为了切实把扶贫工作的重点转移到依靠科学技术和提高劳动者素质的轨道上来，文化部于1993年12月成立了文化扶贫委员会，开展文化扶贫活动。从此，文化扶贫成为公共文化建设的重要内容之一。文化扶贫委员会成立后，实施了文化扶贫系列工程，包括"万村书库"工程、"手拉手"工程、电视扶贫工程、为农村儿童送戏工程、报刊下乡工程等。

1. "万村书库"工程

这是文化扶贫委员会联合国家新闻出版署、共青团中央等单位共同举办的一项大规模的文化扶贫活动。到1996年,该活动已经在全国25000个村各建起一座小型图书室,并向每座图书室赠书100种。[①] 各有关省、自治区、直辖市认真选择了受书单位,各级党政部门也都主动与农村加强联系,向农村捐赠图书。宣传、文化系统干部踊跃地把自己的藏书捐赠给农民群众,使"万村书库"工程的覆盖范围不断扩大,内容不断丰富。共青团中央还组织大学生深入农村开展"农村文化使者行"活动,帮助农民读好、用好"万村书库"工程图书。2006年,中宣部、中央文明办于纪念红军长征胜利70周年之际,资助长征沿线和中西部部分农村贫困地区,建设了1550个图书室。

2. "手拉手"工程

1994年以来,文化扶贫委员会联合共青团中央等单位,在全国范围内开展城乡少年儿童"手拉手"活动。该活动促使城乡少年儿童结成联谊伙伴关系,增进相互了解,促进感情交流和心灵沟通,使城市孩子了解我国的基本国情,感受到助人的快乐,也使农村孩子体会到我国日新月异的变化,坚定民族自信心。活动也有利于孩子们关心他人,培育爱心,培养社会责任感,树立正确的人生观、价值观和世界观,是非常生动的爱国主义和集体主义的社会实践教育活动。到1995年底,参加"手拉手"活动的少年儿童达110多万对,城市少年儿童向农村小朋友赠书1500万册。[②]

3. 电视扶贫工程

从1994年下半年开始,本着文化扶贫委员会和赞助企业拿一部分,地方政府在经济条件允许的情况下从财政补贴一部分,受益居民在不降低自己生活水平的基础上集资一部分的原则,文化扶贫委员会先后在太行山区、大别山区、黄土高原等地建起卫星电视接收站。许多农民因此看

---

① 文化部文化扶贫委员会:《以文化扶贫为突破 推动农村两个文明建设》,《中国贫困地区》1996年第2期。

② 文化部文化扶贫委员会:《以文化扶贫为突破 推动农村两个文明建设》,《中国贫困地区》1996年第2期。

上了图像清晰、伴音洪亮的电视节目。这种方法既为企业和社会团体事业资金提供了合理的投向,也调动了地方政府为群众办实事的积极性,为他们带领群众脱贫致富提供了强有力的支持,更加激发了贫困地区群众改变自己生存环境、生活条件的自觉意识、创造热情和主动精神。

4. 为农村儿童送戏工程

1994 年 4 月,文化扶贫委员会联合有关单位实施“为农村儿童送戏工程”,各地儿童戏剧工作者迅速开展活动。原定在各院、团完成全年任务的基础上为农村儿童加演 1000 场的指标,7 月底即圆满完成加演指标,年底更是翻了一番,达 2600 多场,有 260 多万农村少年儿童看上了有教育意义的儿童剧。[①] 送戏下乡活动受到了少年儿童、老师、家长及乡亲们的热烈欢迎,产生了良好的社会效益。

5. 报刊下乡工程

经过文化扶贫委员会的大力推动,在一些机关团体和工商企业的帮助下,《光明日报》《农民日报》《中国青年报》《中国少年报》《乡镇论坛杂志》等纷纷向贫困地区进行了赠阅活动,丰富了农民群众的业余生活。

文化扶贫系统工程填补了我国扶贫系列工作的一个空白,是一项非常重要的工作,是整个扶贫工作的重要组成部分,是打好扶贫攻坚战的一个强有力的手段。由于文化扶贫工程将文化、教育和科普等满足农民需求和提高农民素质与发展农村经济紧密结合起来,所以这也是贫困地区文化与经济发展和社会全面进步的一项十分重要的工作。

文化扶贫系列工程也是社会主义精神文明建设的一项重要工程,除了要把文化扶贫工作深入、持久、扎实、有效地开展下去外,还需要扩大文化扶贫的内涵,立足大文化扶贫思路,加大教育、科技、卫生、信息等方面的对口支援力度,借助社会力量拓宽文化扶贫渠道,构建多方位、立体式的文化扶贫工作模式,依托科技手段与文化教育平台,立足于帮助贫困地

① 文化部文化扶贫委员会:《以文化扶贫为突破 推动农村两个文明建设》,《中国贫困地区》1996 年第 2 期。

区转变观念,提高文化、科技、教育等人文素质。同时,充分发挥共青团、妇联、文联、作协等人民团体的组织引导作用,广泛开展文化志愿者活动,在“大学生志愿服务西部计划”和“高校毕业生到农村基层服务项目”中增加农村文化服务的内容,鼓励应届大学生深入广大农村从事文化信息传播、活动组织、人员培训等活动。支持和资助优秀文化专业人才支援西部文化建设,对优秀的文化志愿服务者予以表彰和奖励。总之,通过完善文化扶贫的内容和形式,更好地发挥文化扶贫在农村文化建设中的作用,促进贫困地区从物质到文化各个方面早日脱贫。

(二)其他文化工程

除了文化扶贫系列工程外,国家针对农村实施了其他一些文化工程。

1. 全国文化信息资源共享工程(以下简称文化共享工程)

这是文化部、财政部于2002年4月起共同组织实施,并得到党中央、国务院高度重视的一项重点文化创新工程。工程采用现代科学技术,对中华优秀文化信息资源进行数字化加工和整合,通过共享工程服务网络,以卫星网、互联网、有线电视/数字电视网、镜像、移动存储、光盘等方式,实现优秀文化信息资源在全国范围内的共建共享。文化部成立了全国文化信息资源建设管理中心(以下简称国家中心),专门负责组织实施文化共享工程;依托省、市、县各级公共图书馆,分别建立省、市、县分(支)中心;在乡镇和街道文化站设立基层中心,在村和社区发展基层服务点,同时与农村党员干部现代远程教育工程、农村中小学现代远程教育工程等密切合作,共建基层点,初步形成了以国家中心、省级分中心、市县支中心、乡镇(街道)/村(社区)基层服务点为主体的四级网络。

2. 送书下乡工程

这是文化部、财政部为解决基层群众看书难问题而实施的文化工程,由中央财政拨款统一购置图书,配送到全国592个国家扶贫开发工作重点县(国贫县)和乡镇。工程共两期。第一期为2003年至2005年,文化部、财政部向300个国贫县图书馆和3000个乡镇图书馆(室)赠送农村实用图书390万册。财政部每年为送书下乡工程安排专项经费2000万元,一期共安排6000万元。第二期从2006年到2008年,每年投入2000万元,继续向全国592个国贫县中的其余292个开展赠送图书的工作。

工程采取专家选书、集中采购、统一装帧、直接配送的实施办法。配送图书使用统一设计的封面,印有"文化部、财政部送书下乡工程"字样及专有标识。配送图书的选书原则为内容健康、实用性和可读性强、适合农村读者需要,范围包括政治理论、思想道德建设、市场经济、法律知识、科普知识、农业科技、实用技术、医药保健、生活百科、文学艺术、历史知识、体育娱乐等。2003—2006年累计为国家扶贫开发工作重点县和乡镇配送图书总数612万册,为农村群众提供了丰富的精神食粮。①

3. "百县千乡"宣传文化工程

这是1998年开始,由中宣部、中央文明办和文化部联合组织实施的资助中西部贫困地区的一项文化事业建设工程。在中西部的500多个国贫县和新疆生产建设兵团中同时展开,计划建设1000多个乡镇文化宣传站和100个以上县级宣传文化中心。2003年开始,由中央宣传部、中央文明办、文化部、共青团中央按照公开招募、自愿报名、组织选拔、集中培训、统一派遣的方式共同组织实施了"百县千乡"宣传文化工程文化志愿服务行动。来自全国普通高校的100名应届大学毕业生于2003年9月分赴83个县的100个乡(镇)宣传文化站开展服务。

有些地方还实施了一些创新的农村文化建设形式。2001年7月,湖北省南漳县委、县政府创造性地开展了农村文化科技屋创建工作,由点到面,不断发展壮大。农村文化科技屋主要内容包括:提供涵盖农村的实用技术、法律、法规、科普、报刊等各类健康向上的读物;提供积极健康的音

---

① 《送书下乡工程》,文化和旅游部官网,http://zwgk.mct.gov.cn/auto255/200910/t20091022_465917.html。

响视盘;提供各类积极健康的娱乐项目;不定期开展读书竞赛、实用技术讲座等活动。农村文化科技屋采用“1+1”创办模式,即:一个农村文化科技屋依托一个商业项目,商业项目是农村文化科技屋的经济基础,农村文化科技屋则聚集旺盛人气,推动商业项目的发展。这种互利的结果调动了创办者的积极性,打破了以往僵死的“官办”运行机制。农村文化科技屋运行以来,南漳县不断总结经验教训,实时深入农村调查研究,边摸索边改进,使农村文化科技屋日趋完善和科学。不到3年的时间,全县已发展具备相当硬件和软件实力的达标的农村文化科技屋115个,固定资产规模达245万元,其中科技屋总面积5200平方米,藏书58.6万册。

除了一系列的文化工程外,这一时期也开始关注农村传统文化的发展。1987年起,文化部开展了“中国民间文化艺术之乡”评审命名和建设工作。1987年至2003年,文化部通过命名挂牌的方式,在全国共命名了486个“中国民间文化艺术之乡”和“中国特色艺术之乡”。对农村传统文化的挖掘、整理和发展,既是发展当代中国文化的需要,也是发展中国农村文化的重要途径。

我国传统文化与农村特点密切相关。我国农村的传统民俗有很多,比如剪纸、泥塑、编织等。如果不加大力度发掘利用,这些传统民俗就会随着社会的发展被机器制造所取代,就再也体现不出我国传统农村的文化特点了。事实上,现在有些极具农村民间特色的文化随着时间的推移正在慢慢地退出文化舞台,有些则由于传统的观念正在慢慢地失传。将一些具有文化艺术特色的乡村命名为“中国民间艺术之乡”或“中国特色艺术之乡”加以保护,是传承和发展农村文化、展现农村文化特色的重要途径,也是农村文化建设中的特色文化品牌战略。

对于农村传统文化还需要加大整理、开发和保护的力度。我们需要把具有民族传统和地域特色的民间传统活动整理出来,比如龙舟赛、花灯节、舞龙舞狮等,让这些特色的民间活动展现在全社会乃至全世界人们的视野中。随着城市生活的压力逐渐增大,人们对于轻松、舒适的乡间生活十分向往,这就催生了农家乐、民俗游、古镇游、生态游等具有农村特色的旅游项目。加大对这方面的开发力度不仅能提高经济的发展，还能为农村传统文化注入强劲的新生命力，使其发展速度迅速提高。我们在发掘、整理、开发农村传统文化的同时，还要保护农村文化。

二、农村反伪科学、反邪教工作

从20世纪80年代开始，伪科学和邪教开始在中国冒头，日益严重。到90年代，以新有神论为特征的伪科学和邪教的数量和规模发展十分惊人，广大农村成为伪科学和邪教发展的巨大市场。

以“人体特异功能”为代表的伪科学最早是从1979年3月11日《四川日报》报道大足县一名叫唐雨的儿童引起的。该报道声称“发现”唐雨能够“耳朵认字”，从而引起了巨大反响。此后类似的儿童和成人不断被“发现”，也有大量的人员参与研究和讨论。后来很多人经过检验后提出质疑和批评，认为这种“特异功能”是违背科学的，引发巨大争议。直到1982年6月15日，中宣部发出“三不”通知，争议告一段落。但是，以“人体科学”面貌出现的伪科学仍在社会舆论中影响广泛，伪气功团体遍地开花，甚至出现恶性膨胀。

这一时期，许多邪教在我国农村也广为传播。据统计，仅四川农村有活动的邪教组织就达13种之多，某些组织还比较猖獗。

农村邪教盛行的一个重要原因是农村科学教育的滞后和文化娱乐生活的匮乏。农村成人教育和扫盲工作主要以识字和学会简单的知识为主，科学文化教育尚未真正普及，求神拜佛、相信鬼神和各种超自然能力的现象十分普遍也就不难理解了。这一时期，农村文化娱乐生活普遍匮乏，难以满足农民科学生活、强身健体、心理调适和社会交往等需求。各种邪教组织正是钻了这样的空子才有了一定的“市场”。

农村成为这一时期无神论宣传教育和反邪教工作的重点。1992年，陈俊生在全国宗教局长会议上讲话指出，宗教工作的重点在农村，无神论宣传教育的重点也应放在农村。进行宣传教育时还要考虑农民群众的文化水平,内容通俗,形式活泼等。[①] 1995年,中共中央办公厅、国务院办公厅《关于转发〈中央宣传部、农业部关于深入开展农村社会主义精神文明建设活动的若干意见〉的通知》中提出,要"加强唯物论、无神论基本常识和其他科学知识的宣传"。1999年之后,在我国农村开展了以"崇尚科学、关爱家庭、珍惜生命、反对邪教"为主题的反邪教警示教育活动。

全国各地开展起各具特色的反邪教宣传教育活动。有的地方将反邪教工作与繁荣农村文化结合起来。如河南省漯河市从2003年开始,通过举办培训班,播放广播电视节目,制作和悬挂标语、横幅,组织"反邪教知识巡回宣讲团",自编自演一些反映农村题材的反邪教、反迷信的戏曲等群众喜闻乐见、寓教于乐的短剧,深入到学校、乡村甚至是田间地头演出,受到热烈欢迎。山东等地组织播放观看《警惕冒用宗教名义的非法组织》《揭穿"门徒会"的骗局》《深渊——邪教的本质》《新甜蜜的事业》《康家大院的新媳妇》《我爱我爹》等反邪教专题影片。还有的地方通过兴办健康文明的农村文化产业,在农闲季节特别是元旦、春节、五一、国庆期间,组织花会、灯会、剪纸、绘画、书法、歌咏、秧歌比赛等农村特色的群众性文化活动,让农民在先进文化的陶冶中自觉抵制黄赌毒和邪教、迷信等。

有的地方将农村反邪教警示教育活动与提高农民的科学素质结合起来,在农村开展"普及科学技术知识,发展文化教育事业,共建小康社会"系列活动,促进广大农民科学文化素质全面提高。系列通过各种媒介,认真宣传《公民道德建设实施纲要》和《科学技术普及法》,发挥各级农村学校在提高农民科学文化素质中的基础教育作用。同时在农村的各类教育中特别注重弘扬科学精神、传播科学思想和科学方法,从而在广大农村构筑起一道反邪教的社会屏障。

有的地方将农村反邪教工作和搞好农村社会治安结合起来。如山西省某地展开了对农村邪教组织的大清扫行动,摧毁了农村存在的各类大

① 《新时期宗教工作文献选编》,宗教文化出版社1995年版,第237页。

大小小邪教组织聚会窝点数十个,依法处决、判决了一批罪大恶极的邪教组织骨干人物,没收、收缴了邪教组织的宣传单、宣传横幅、各类印刷品、音响资料等反宣品数百套,并依法没收邪教人员的办公电脑和其他涉案的传播工具。历次的严厉打击,给邪教组织及邪教人员产生了较大的威慑作用,对广大农村群众产生了深远的警示教育意义。通过加强对农民的民主法制教育,引导农民自觉运用法律维护自身权益并同邪教等违法行为进行斗争。建立农村防范体系,搞好群防群治,打击非法宗教、邪教,抵制封建迷信。

另外,重视被转化人员的示范作用。如山西省某地通过帮教监控小组的多项教育转化工作,对邪教人员进行心理和生活帮扶,帮助脱离邪教组织的人员重新回归社会生活。一批邪教人员经过转化教育,与邪教组织彻底划清界限,并在各级政府和村委会的帮助下寻求致富的道路,已有多人成为村中的致富领头人,不仅实现了个人家庭脱贫,还帮助其他村民共同富裕。还有的邪教人员通过转化教育,深刻认识到邪教组织的罪恶本质,加入反邪教宣传队伍,现身说法,警示更多的村民远离邪教。各项转化工作的开展,使绝大多数邪教人员较好地重新融入社会,重新加入邪教组织的案例明显下降。

三、农村文化建设存在的困难和问题

这一时期农村文化建设取得了重要进展,但是也存在着明显的困难和问题,主要表现在以下方面。

第一,国家对农村文化建设的投入加大,但仍然难以满足需求。“十五”期间,国家累计投入县级图书馆、文化馆专项补助资金5亿元,基本实现县县有图书馆、文化馆的规划目标;累计投入农村电影放映工程专项投资2.38亿元,大大改善了农村电影的放映条件。1998年至2005年,国家累计投入广播电视“村村通”专项建设资金12亿元,用于支持中部地区国扶县和西部地区农村广播电视基础设施建设,并对西部一些困难地区给予了维护经费补助。到2005年底,全国已通电行政村和50户以上已通电自然村基本实现村村通广播电视。

尽管对农村文化投入有所增加,但和同期财政对城市文化投入比较,无论是经费的基数还是经费的增长速度仍然低于城市,2004年财政对城市文化投入占总财政投入的比重仍然高达73.5%,超过对农村文化投入比重47个百分点。[①] 到2006年,各级财政对农村文化共投入44.6亿元,占全国财政对文化总投入的比例也提高至28.5%;但是,对城市文化投入比重高达71.5%,超过农村43个百分点。扣除对县级文化机构的投入,2006年直接为7.37亿农民提供文化服务的乡镇综合文化站财政投入只有10.9亿元,人均1.48元。[②] 因此,加大对农村文化投入,促进农村文化建设发展,提高广大农民素质,仍然是国家面临的十分严峻的任务。

第二,文化基础设施严重不足。据2005年的统计,全国有1/4以上的县级剧团没有房屋面积,有40%以上的剧团无排练练功用房。这样的设施条件下,剧团业务活动几乎无法开展。全国有20%以上的县级剧场、影剧院无座席,无办公业务用房,30%以上的县级剧场、影剧院无演(映)业务用房。更夸张的是,全国有10%以上的县级图书馆的房屋面积为零,2%的县级图书馆有办公面积,却无书库、阅览室,15%以上的县级图书馆无阅览室座席。可见,很多县级图书馆只有一块牌子而已。就算是有面积,也是狭小陈旧,图书馆的收藏和服务功能受到影响,无法为读者提供真正的业务服务。[③] 总之,全国农村基础文化设施还存在着设施陈旧、面积狭小、与社会发展不协调等问题,改善现有农村基础文化设施,是促进农村文化建设的有力措施之一。

第三,农村文化建设的高速发展,还需要有一支高素质的人才队伍。然而,2003年数据显示,农村文化人才匮乏,农村文化建设进展缓慢。县

---

① 文化部计划财务司:《全国农村文化投入加大 对西部投入比重略有下降》,2005年。

② 《我国文化投入普遍不足》,《人民日报》2008年2月25日,第11版。

③ 文化部计划财务司:《农村基础文化设施亟待改善》,2004年。

级剧团、剧场、影剧院、图书馆、文化馆从业人员中，高级人才十分匮乏，导致无法正常开展活动，或无法适应时代发展需要，无法满足服务农民群众的需要。比如，近六成的剧团全年没有排演新剧目，甚至有的全年都没有一场演出活动。①

因为文化工作是软指标，其发展的好坏都与政绩关系不大，领导干部用于农村文化建设的时间和精力少之又少，即使做了些工作也多是面子工程、形象工程，几乎收不到任何的社会效益。因此需要将农村文化建设纳入地方行政干部的考核之中，使国家农村文化建设政策及项目切实落实，执行到位，从而有效地提高农民的文化素质，满足农村群众的文化需求。

---

① 文化部计划财务司：《2003 年数据显示农村文化人才匮乏》。

第四章

社会主义新农村战略下的农村教育科学文化建设(2005—2011 年)

2005年中央一号文件《中共中央国务院关于进一步加强农村工作提高农业综合生产能力若干政策的意见》提出，要进一步发展农村教育、卫生、文化等社会事业。意见提出的具体要求是，要落实新增教育、卫生、文化、计划生育等事业经费主要用于农村的规定，用于县以下的比例不低于70%。到2007年，争取全国农村义务教育阶段贫困家庭学生都能享受到免书本费、免杂费、补助寄宿生生活费，国家扶贫开发工作重点县要加快实施步伐。坚持以农村为重点的卫生工作方针，积极稳妥推进新型农村合作医疗试点和农村医疗救助工作，实施农村医疗卫生基础设施建设规划，加快农村医疗卫生人才培养，提高农村医疗服务水平和应对突发公共卫生事件的能力。加强艾滋病、血吸虫病等重点疾病的防治工作，推动改水改厕等农村环境卫生综合治理。搞好农村计划生育，对农村部分计划生育家庭实行奖励扶助制度，抓好"少生快富扶贫工程"试点。有条件的地方可以探索建立农村社会保障制度。加大农村重大文化建设项目实施力度，完善农村公共文化服务体系，鼓励社会力量参与农村文化建设。巩固农村宣传文化阵地，加强农村文化市场管理。切实提高农村广播电视"村村通"水平，做好送书下乡、电影放映、文化信息资源共享等工作。

2006年中央一号文件《中共中央国务院关于推进社会主义新农村建设的若干意见》对于培养新型农民、发展农村教育科学文化事业提出了更加具体的目标。例如：

农民义务教育方面。2006年西部地区农村义务教育阶段学生全部免除学杂费，并对其中的贫困家庭学生免费提供书本和补助寄宿生生活费。2007年全国农村普遍实行这一政策。继续实施"两级攻坚"工程和农村中小学现代远程教育工程。

农村卫生事业方面。2008年在全国基本普及新型农村合作医疗制度。

农村文化事业方面。继续实施广播电视"村村通"和农村电影放映工程，构建农村公共文化服务体系。推动实施农民体育健身工程。保护和发展有地方和民族特色的优秀传统文化，扶持农村业余文化队伍等。同时也要求抵制腐朽落后文化，引导农民崇尚科学、抵制迷信、移风易俗等。

2006年《国民经济和社会发展第十一个五年规划纲要》(简称"十一五"纲要)明确提出,建设社会主义新农村是我国现代化进程中的重大历史任务。这是"十一五"期间的主要任务之一,主要有两个方面的考虑:一是,实现全面建设小康社会这一目标的难点和关键在农村。建设社会主义新农村,是巩固和加强农业基础地位、全面建设小康社会的重大举措。二是,我国农村发展和改革已经进入了新的阶段,必须按照统筹城乡发展的要求,加大各方面对农村发展的支持力度,才能较快地改变农村的落后面貌。

建设社会主义新农村的目标和要求,可以概括为:生产发展、生活宽裕、乡风文明、村容整洁、管理民主。这一目标和要求涵盖了农村经济、政治、文化和社会发展各个方面。

"十一五"纲要还就如何开展社会主义新农村建设提出了总体规划。

首先是推进现代农业建设。主要是发展现代农业,增加农民收入。建设社会主义新农村,必须坚持以经济建设为中心,推动全面进步。所以必须始终把农村生产放在第一位,大力发展现代农业。包括提高粮食综合生产能力,提高农业科技创新和推广应用水平等。

其次是发展农村公共事业,改善农村面貌。包括加强农村基础设施建设,加强农村环境保护,积极发展农村卫生事业和农村社会保障等。

最后是培养新型农民。农民是新农村建设的主体,提高农民的科学文化素质,是实现农业现代化的必然要求。培养新型农民,就是要加快发展农村教育、技能培训和文化事业,培养造就有文化、懂技术、会经营的新型农民。包括:普及和巩固农村义务教育,尽快实现城乡教育均衡化;大力发展职业教育和成人教育,进一步加强劳动力技能培训;加强农村文化设施建设,扩大广播电视和电影覆盖面;引导文化工作者深入乡村,满足农民群众的精神文化需求;扶持农村业余文化队伍,鼓励农民兴办文化产业;推动实施农民体育健身工程;开展"文明村镇"和"文明户"活动,引导农民形成科学文明健康的生活方式。

要实现上述目标,就必须发展农村教育科学文化事业。要发展现代农业,离不开技术推广和教育事业;要改变农村的面貌,不仅要加强基础设施建设,还需要发展农村的卫生事业,加强科普宣传,提高农村的环境保护意识;要培养新型农民,故而必须提高农民的科学文化素质,这也是农村教育文化事业发展的目标。

“有文化、懂技术、会经营”是对新型农民的要求。“有文化”,主要指拥有一定的知识,具有辨别是非的能力。文化素质是反映我国农民整体水平的基本素质,没有良好的基础教育和文化水平,也就不会有新农民。我国农民平均受教育年限与城市差距明显,全国的文盲、半文盲大多在农村。农民的文化素质低,已经不能适应建设新农村和现代农业的需要。可见,大力发展农村基础教育,提高农民的文化素质,是培养新型农民的重要前提。“懂技术”主要指农民掌握一定的科学、技术知识和劳动经验、生产技能。技术素质是农民素质的主体部分,在实现农村小康过程中发挥关键性作用。“会经营”主要指农民具有一定的市场意识、信息接收与反馈能力、能够参与市场竞争的能力。长期以来,我国农民的经营管理素质较差,市场意识比较淡薄,信息接收与反馈能力差,适应和参与市场竞争的能力弱,因而难以适应现代化农业发展和参与国际竞争的需要。因此,提高农民的经营管理素质是培养新型农民的重要内容。

第一节　农村公共文化建设力度加大

一、政策力度加大

2005 年 11 月,中共中央办公厅、国务院办公厅发布《关于进一步加强农村文化建设的意见》,指出当时农村文化建设的主要问题是文化基础设施落后,现有资源尚未得到有效利用,文化体制不顺、机制不活,文化产品、文化服务供给不足,文化活动相对贫乏,城乡文化发展水平差距较大。意见提出,农村文化建设的目标任务是,按照建设社会主义新农村的要求,经过5年的努力,基本形成适应社会主义市场经济体制、符合社会主义精神文明建设规律的农村文化建设新格局。包括:县、乡、村文化基础设施相对完备,公共文化服务切实加强;农村文化工作体制机制逐步理顺,现有文化资源得到有效利用;文化队伍不断壮大,农民自办文化更加活跃;文化产业较快发展,看书难、看戏难、看电影难、收听收看广播电视难的问题基本解决,等等。

意见提出的加强农村公共文化建设的主要措施有如下方面。

(1) 大力推进广播电视进村入户。以提高中央台和省台广播电视节目入户率为重点,采取多种技术手段,加大实施广播电视"村村通"工程的力度,争取到2010年基本实现20户以上的已通电自然村全部通广播电视。

(2) 积极发展农村电影放映。继续实施农村电影数字化放映"2131"工程,加大专项资金投入,重点做好配送电影流动放映车和电影拷贝工作,丰富农村电影片源。加强农村中小学爱国主义教育影片和农村科教影片的放映。采取定点、流动、录像等多种放映形式,积极探索农村电影放映的新方法、新模式,到2010年基本实现全国农村一村一月放映一场电影的目标。

(3) 开展农村数字化文化信息服务。加快全国文化信息资源共享工程建设。积极发展文化信息资源共享工程农村基层服务点,重点支持边远贫穷地区乡镇、村基层服务点建设。

(4) 推动服务"三农"的出版物出版发行。实施服务"三农"重点出版物出版工程,出版单位选题规划要向农村倾斜,重点支持和培育一批服务"三农"为主的出版单位,增加农民群众买得起、读得懂、用得上的通俗读物的品种和数量。

(5) 加强乡村文化设施建设。坚持以政府为主导,以乡镇为依托,以村为重点,以农户为对象,发展县、乡镇、村文化设施和文化活动场所,构建农村公共文化服务网络。到2010年,实现县有文化馆、图书馆,乡镇有综合文化站,行政村有文化活动室。

(6) 加大文化资源向农村的倾斜。对重要的公共文化资源进行合理调整,逐步增加为农村服务的资源总量。

除公共文化建设外,意见还提出要丰富农民群众精神文化生活。包括:

(1) 开展多种形式的群众文化活动。尤其是以创建文明村镇、文明户等为载体,积极引导广大农民群众崇尚科学,破除迷信,移风易俗,抵制腐朽文化。

(2) 着力发展农村特色文化。加强对农村优秀民族民间文化资源的系统发掘、整理和保护。

(3) 提供更多更好的农村题材文化产品。加强选题规划和内容建设,把农村题材纳入舞台艺术生产、电影和电视剧制作、各类书刊和音像制品出版计划,保证农村题材的文艺作品在出品总量中占一定比例。

同时,意见还提出创新农村文化建设体制和机制的一系列具体措施和方案,包括发展农村民办文化、规划农村文化市场,等等。总之,意见明确了今后我国农村文化建设工作的重点。可以说,这是对社会主义新农村建设战略下农村文化建设的系统的解决方案和要求。

除了意见这一纲领性文件外,这一时期领导讲话中也体现出对农村文化建设的要求和承诺。2005年,中宣部、文化部在京召开全国服务农民服务基层文化工作先进集体表彰会。刘云山指出,加强农村文化建设,要始终坚持以人为本,以广大人民群众为本,任何时候都不能忘了农村、忘了农民、忘了我们的父老乡亲。要切实提高农村基层公共文化服务能力,推动文化设施建设的重点逐步向农村倾斜。要广泛开展农民群众喜闻乐见的文化活动,大力发展农村特色文化。要积极探索农村文化建设的长效机制,不断开拓农村文化建设的新途径。要努力建设一支不走的乡村文化队伍,使农村文化工作永葆生机与活力。

2007 年,刘云山在甘肃视察农村文化建设时指出,树立新风尚,传播新技术,发展新文化,培育新农民,这是新农村建设的重要组成部分,也是农村文化建设的重要任务。甘肃的农村文化建设搞得很好,开展的活动贴近实际、贴近生活、贴近群众,起到了服务经济建设、服务中心工作、服务农民群众的作用。2009 年,中宣部、中央文明办在贵州省遵义市召开全国农村精神文明建设工作经验交流会。刘云山做书面讲话时指出,要深化文化体制改革,创新体制机制,切实加强文化基础设施建设,大力繁荣农村文化产品创作生产,广泛开展各具特色的群众文化活动,着力丰富广大农民群众的精神文化生活。

二、重点工程实施

2007 年,中办和国办联合下发《关于加强公共文化服务体系建设的若干意见》,包括六项内容,其中第三项为实施重大公共文化服务工程,包括广播电视"村村通"工程、全国文化信息资源共享工程、乡镇综合文化站和基层文化阵地建设工程、农村电影放映工程和农家书屋建设工程。

(一)广播电视"村村通"工程(含西新工程)

"村村通"工程是国家的一个系统工程,包括公路、电力、自来水、广播电视、电话、网络等。这也是世界上最大的农村改造工程。作为农村文化建设的"一号工程",广播电视"村村通"工程从 1998 年正式启动,截止到 2005 年底第一期工程结束,中央和地方财政累计投入资金34.4亿元,基本解决全国 11.7 万个行政村和 8.6 万个自然村共 9700 万农民群众收听收看广播电视的问题,深受广大农村群众的欢迎。

基于广播电视"村村通"工程,建国以来规模最大的广播电视覆盖工程——西藏、新疆等边远省区广播电视覆盖工程(以下简称西新工程)于2000年9月正式启动。西新工程实施范围包括西藏、新疆、内蒙古、宁夏4个自治区和青海、甘肃、四川、云南4省的藏区以及福建、浙江、广西、海南和吉林延边部分地区,涵盖国土面积超过498万平方公里,占全国总面积的51.9%。西新工程实施后,西部少数民族地区的广播覆盖能力比过去提高了2.5倍,8省区各地能够收到10套左右的短波广播,各地、市、县普遍能较好地收到3套以上中波或调频节目、3~4套中央和当地电视节目。

广播电视"村村通"工程作为农村公共文化服务体系的重要组成部分,是深受广大农民群众欢迎的民心工程,对于宣传党和国家的方针政策、传播先进文化、普及科技知识、提高农民群众的思想道德和科学文化素质、促进农村经济社会协调发展,具有十分重要的作用。但是,从总体上看,到2006年,农村广播电视建设还处于较低水平,广播电视覆盖还存在"盲区",一些农村地区还存在收听收看广播电视节目套数少、质量差的问题,农村广播电视无线覆盖效果滑坡严重。2006年,国务院办公厅发出《关于进一步做好新时期广播电视村村通工作的通知》,提出到2010年底,全面实现20户以上已通电自然村通广播电视的目标。2016年又发出《关于加快推进广播电视村村通向户户通升级工作的通知》,要求全面实现数字广播电视覆盖接收。

(二)全国文化信息资源共享工程

全国文化信息资源共享工程(以下简称文化共享工程)于2002年启动,是由文化部、财政部共同组织实施的一项国家重大文化惠民工程。它应用现代信息技术,将中华优秀文化信息资源进行数字化加工与整合,依托各级公共图书馆、文化馆(站)等公共文化设施,通过互联网、广播电视网、无线通信网等新型传播载体,在全国范围内实现中华优秀文化资源的共建共享。这是政府提供公共文化服务的一个重要手段。2011年3月,文化共享工程被列入国家“十二五”规划。

到2012年,文化共享工程已初步建立起层次分明、互联互通、多种方式并用的国家、省、地市、县区、乡镇(街道)、村(社区)等六级数字文化服务网络。截至2011年底,建成1个国家中心、33个省级分中心(覆盖率达100%)、2840个县级支中心(覆盖率达99%)、28595个乡镇基层服务点(覆盖率达83%)、60.2万个村基层服务点(覆盖率达99%),拥有全国专兼职人员68万人,累计服务超过11.2亿人次。通过广泛整合公共图书馆、博物馆、美术馆、艺术院团及广电、教育、科技、农业等部门的优秀数字资源,文化共享工程数字资源建设总量达到136.4 TB,整合制作优秀特色专题资源库207个。[①]

文化共享工程建成后,积极助力开展群众文化活动。据《中国文化报》报道,2012年,文化部全国文化信息资源建设管理中心联合全国文化共享工程各级分支中心和基层服务点,组织了“同赏数字文化 共享幸福生活”系列群众文化活动,通过遍布全国的文化共享工程网点,在各地开展了各具特色的文化服务活动。数字服务是此次活动的主要方式。如陕西省分中心联合全省107个市县级分支中心开展了“‘亲情视频’——共享工程帮你与家人团圆”活动;江西省分中心开展了“带您体验数字阅读”数字资源宣传活动、“食品安全与公众健康”数字资源放映等活动;广西桂林分中心以关注特殊人群文化权益为主题,开展了“阳光普照,幸福共享”公益文化进监狱服务活动,并在桂林监狱设立文化共享工程服务点,向桂林监狱赠送了一批法律知识、服务技能、道德建设、知识讲座等方面的图书和光盘。在本次系列活动中,留守儿童、山区农民、进城务工人员、灾区群众等成为服务的重点对象。

此外,还积极开展面向边疆地区的活动。如2011年的“春雨工程”——全国文化志愿者边疆行活动。全国文化信息资源建设管理中心发挥共享工程惠民服务优势,志愿活动足迹遍及边疆地区的8个边境县

---

① 参见《全国文化信息资源共享工程介绍》。

(区)34 个乡镇。活动内容包括:检修调试计算机、打印机等设备 300 台,重装、调试应用系统近百台(套);培训辅导群众上机 300 人次;近万名基层群众观看了文化共享工程成果巡回展和爱国主义电影。在云南、黑龙江、西藏和新疆生产建设兵团培训乡镇基层服务点骨干 650 人;捐赠图书 13000 册、数字资源卡 3000 张、资源光盘 1400 张,特别为西藏、青海和新疆基层服务点捐赠 110 台投影机设备。

(三)乡镇综合文化站和基层文化阵地建设工程

乡镇综合文化站是集书报刊阅读、宣传教育、文艺演出、科普教育、体育和青少年校外活动等于一体的文化站点,配备一定数量的专职人员和相应的设施设备,能够就近便捷地开展公共文化服务。乡镇综合文化站属于公益性事业单位,履行社会服务、指导基层、协助管理农村文化市场的职能,其业务由县(市)、区文化部门指导,日常工作由乡镇管理。除了乡镇综合文化站之外,还有社区文化中心、村文化活动室等基层文化阵地的建设。

2007 年,文化部与国家发改委共同制定了《全国“十一五”乡镇综合文化站建设规划》。按照规划,“十一五”期间,中央计划安排投资 39.48 亿元,地方配套资金 24.8 亿元,新建和扩建农村乡镇综合文化站 2.67 万个,到 2010 年实现乡乡有乡镇综合文化站的建设目标。2007 年,中央安排 1 亿元乡镇综合文化站建设试点资金,全国有 534 个项目列入试点建设项目。2008 年,中央共安排 10 亿元用于全国 6500 多个乡镇综合文化站建设。为加强对乡镇综合文化站的管理,充分发挥乡镇综合文化站的作用,2009 年,文化部制定了《乡镇综合文化站管理办法》。

到 2012 年,我国 34304 个乡镇中,已建有乡镇综合文化站 33367 个,覆盖面达 97.27%。但是这些文化站设施(特别是经济欠发达地区)的建设水平较低,无法满足农民的文化生活需求。到 2008 年,我国 21 个省份的乡镇综合文化站平均面积不到 300 平方米,而经济欠发达地区的平均面积仅为 137 平方米。为了加快乡镇综合文化站的建设,“十一五”期间,国家发改委安排中央投资 39.48 亿元,会同文化部推进新建和改扩建乡镇综合文化站。

2012 年,住房和城乡建设部发布《乡镇综合文化站建设标准》,根据面积大小将乡镇综合文化站分为大型、中型和小型三种类型。大型站要求面积大于或等于 800 平方米,中型站面积为 500～800 平方米,小型站面积为 300～500 平方米。建筑规模以服务人口数量为标准,大型站的服务人口为 5 万～10 万人,中型站为 3 万～5 万人,小型站为 1 万～3 万人。如果人口不到 1 万人,则小型站的建筑面积为 300 平方米。房屋建筑包括文化体育用房、书刊阅览用房、教育培训用房、网络信息服务用房、管理与辅助用房。同时对每个项目以及每个细目包括课桌、展板和各种仪器设备的装备都进行了细致的规定。

村级文化中心或活动室一般是各地根据实际情况制定标准并建设的。随着农村经济发展,农村修缮新建宗族祠堂现象较为普遍。例如,浙江省苍南县将农村宗祠改建成文化中心。据统计,2005 年苍南县共有农村宗祠 706 所,大多处于闲置状态,自发开展文体活动的只要 43 所,仅占 6%。而全县 776 个行政村仅有 210 个建有文化活动室,只占总数的 27.1%,农村文化阵地严重缺乏。苍南县积极改建宗祠,增挂农村文化中心的牌子,增设图书馆、阅览室和文体活动室等场所,同时将改建后的村文化中心作为文化下乡的主阵地,经常性地开展送文化下乡活动。至 2011 年底,苍南县已成功改建农村文化中心 58 个,并在此基础上建立农家书屋,添置书柜书橱、书桌书椅 2320 个(套),配备各类书籍 18 万册、音像制品 1230 套、电脑 206 台、宣传栏 51 个、健身器材 532 套、各类文体用品 2328 副。仅 2011—2012 年,改建后的村文化中心举办各类培训班 120 多期,开展各类群众活动近 1200 场次,参与群众达 30 万人次,涌现出农民书法家、农民艺术家、农民诗人等各类乡土人才 100 多名,农村文化建设呈现出良好的发展势头。通过政府引导、群众参与,苍南农村参加文化中心活动的人员多了，群众性文化活动的开展促进了乡风的转变。[①]

（四）农村电影放映工程

2007 年，中办和国办联合下发的《关于加强公共文化服务体系建设的若干意见》中提出，按照企业经营、市场运作、政府购买、农民受惠的原则，推进农村公益性电影放映服务体制改革。重塑农村电影放映市场主体，推动国有电影放映单位转企改制和院线制、股份制改造，支持民营电影放映企业发展。继续配备流动电影放映车和数字电影放映设备，建立公益放映补贴的新机制，扶持中西部地区电影放映企业，推广农村电影数字化放映服务。鼓励电影放映企业和个人在完成政府购买的放映服务的前提下，努力开拓市场、搞活经营。计划到 2010 年，基本实现每个行政村每月放映 1 场电影。

2010 年，广电总局发出《关于推动农村电影放映工程持续健康发展的通知》。通知提出，为贯彻落实党中央、国务院关于建设社会主义新农村和加强农村文化建设的精神，落实国家“十一五”规划中对农村电影放映工程的要求，“十一五”期间，国家已向中西部地区资助近 6 亿元的电影放映设备，共计 1.7 万多套，下发场次补贴资金近 10 亿元。

在一系列政策和措施的刺激下，各种农村文化宣传活动内容丰富，异彩纷呈。2010 年，由国家广电总局、国家人口计生委联合发起，中国电影集团与中国人口宣教中心联合举办了“婚育新风进万家”全国农村电影放映公益宣传活动。2012 年，云南省开展“禁毒防艾”农村公益电影放映宣传活动，使广大农村各族群众在看到电影、看好电影的同时接受“禁毒防艾”的科学知识。2015 年，宁夏回族自治区结合新环保法的实施，将新环保法宣传片作为农村电影公益广告播放，在全区各地所有行政村开展新

① 李小椒：《昔日传统宗祠 今日文化阵地——浙江省苍南县“农村文化中心建设创新模式”亮点多》，《中国文化报》2012 年 3 月 14 日。

环保法深入农村宣传活动。新环保法宣传片通过全区 260 台农村电影放映机和农村电影联动播放。浙江省 2010 年 12 月挂牌成立浙江新农村数字电影院线有限公司,开辟了农村数字电影事业发展的新路子。到 2011 年 1 月,浙江新农村数字电影院线有限公司启动了“送温暖”电影惠民放映活动,短短十来天就免费放映了 50 场优秀国产电影,前来观看的群众达到了 1 万人次,平均每场 200 人。还组织数字流动放映队到敬老院、福利院、孤儿院以及民工聚集地放映电影。

(五)农家书屋建设工程

要稳步推进农家书屋工程建设。按照要求,每个书屋要拥有一定数量的党报党刊和适合农民阅读的经济、科技、法律、卫生、文化类图书及期刊和音像制品,做到内容丰富、服务规范、农民满意。目标是到 2010 年建成农家书屋 20 万个,2015 年基本覆盖每个行政村。

农家书屋工程 2005 年试点,2007 年全面推开。通过中宣部、财政部等有关部门的大力支持和地方各级党委、政府的全力推动,至 2012 年,共建成农家书屋 600449 万家,覆盖了全国具有基本条件的行政村。截至 2012 年底,中央和地方财政共计投入资金 120 多亿元,其中,中央财政下拨资金 58.56 亿元,地方财政投入资金 61.68 亿元。全国共计配送图书 9.4 亿册、报刊 5.4 亿份、音像制品和电子出版物 1.2 亿张。农民人均图书拥有量达到 1.13 册。[①] 在农家书屋工程补充更新阶段,财政按照每个书屋 2000 元标准安排农家书屋补充资金,各地农家书屋每年补充图书不少于 60 种。中央补助地方农村文化建设专项资金中每年有 6 亿元用于农家书屋补充更新。

全国农家书屋工程协调小组办公室为全国农家书屋工程协调小组日常办事机构,设在新闻出版总署,主要负责制定农家书屋工程总体规划、

---

① 张贺:《60 万农家书屋覆盖中国乡村》,《人民日报海外版》2012 年 9 月 28 日,第 4 版。

实施方案、捐建管理办法、出版物推荐目录等，会同有关部门组织全国“三农”读物出版工程，指导各地制定书屋管理制度，负责日常组织协调、监督检查和交流评比工作。同时，还开办了农家书屋网(http://www.zgnjsw.gov.cn)，在网站上发布有关农家书屋的各种活动消息和工作简报。

此外，还有主要针对农村体育事业开展的农民体育健身工程。2006年，国家体育总局副局长冯建说，“中国有80%的人口生活在农村，但农村只拥有全国8%的体育设施，农村的体育发展十分落后”。为改变这种状况，2006年中央一号文件提出“推动实施农民体育健身工程”，国家体育总局和发改委分别安排8000万元和1000万元补助金，在部分农村进行“农村体育健身工程”试点项目建设。这次农村公共体育设施建设以行政村为实施对象，体育场地建设的基本标准是1块混凝土标准篮球场，配备1副标准篮球架和2张室外乒乓球台。这样做就是要把篮球场建到农民身边，把健康的生活方式送下乡。[①] 这些投入对广大农村来说，虽只是杯水车薪，但也是政府为农村文化建设办的一件实事。

三、存在的主要问题

第一，农村文化载体流于形式。

全国范围内实施的最大规模的文化设施建设项目，即全国乡镇综合文化站建设已基本完成，规划目标已基本实现，全国乡镇级文化设施状况大为改善。据统计，2011年底，需要中央补助投资的乡镇综合文化站建设项目23856个中有22200个建设项目竣工，占项目总数的93.1%；全国乡镇综合文化站平均每站面积由2006年的277平方米，增长到2011年的516平方米，增幅达86.3%。但由于缺少文化人才，许多文化站难以发挥出其应有的作用。

① 郭丽君、王东：《中国争取五年内为全国1/6的乡村修建篮球场》，新华网，2006年4月24日。

首先,形式大于内容。“十一五”期间,国家实施了乡镇综合文化站建设项目,中央财政投入39.48亿元,带动地方配套资金56亿元,建设乡镇综合文化站2.78万个,基本实现了乡乡都有综合文化站。这样看似农村文化有了足够的发展空间和平台,可现实日常生活、学习中有效利用率低。作为推动国家意识形态建设的一项工程,文化站的投资建设由政府主导与参与,行政性贯穿始终,多数基层政府把此项工程作为一项政治任务来完成,同时基层事务繁多,存在着轻文化、重经济的现象,注重形式,内容流于表面。农村文化基础设施建设、管理、使用三大环节中,使用是最终目的,而恰恰是最重要的被忽视了,工作一阵风,风过无痕,随着工程结束、领导检查结束,项目热度下降,关注度出现断层。

其次,百姓的需求常常被忽略,百姓从开始的欣喜到失落再到麻木。一般来说,发展经济GDP可以量化考核,成绩显而易见、见效快,领导高兴。可文化建设属于长期工程,属于精神领域,短时间内见不到效果,积累、沉淀、传承、弘扬要有一个过程,提高人的精神幸福指数很难用直观的量化考核。文化建设是润物细无声的无名英雄之举,想要贴近百姓的生活,发掘和满足他们的精神需求,更是需要长期不懈的努力。很少有人愿意去做这个努力,所以百姓的真正需求和感受常常是被忽略的。

第二,农村文化活动经费仍然严重不足。

据统计,2010年和2011年,文化事业费占财政支出的比重一直维持在0.36%,是改革开放以来的最低点。总体比例偏低,投到农村文化事业的经费就更低了。据文化部统计,全国服务于农村的文化单位经费特别是业务经费严重不足,制约了农村文化活动的开展。2003年,全国有900个县级剧团没有排练制作费,占县级剧团总数的55%。大多数县级剧团由于无钱排戏,只能维持,保人头费,更别说为农民服务送戏下乡。全国县级剧团到农村演出比上年减少了1.2万场,下降了6.9%。407个县级剧团没有到农村演出过,占剧团总数的24.9%。全国有861个县级剧场影剧院没有设备购置费,无法更新设备、改善环境、提高服务质量,无法吸引观众,为农民服务。2003年,县级图书馆购书等业务费拮据,设备陈旧、亟待改善。据文化部公布的统计数据,2003年,全国县级图书馆中,有124个馆没有书架藏书,534个馆无购书费,516个馆全年没有购进一册书。而业务费的短缺使业务活动难于开展,全国有208个馆没有为读者办借书证,154个馆没有开展借阅活动,498个馆全年没为读者举办过一次活动。业务经费的短缺也在困扰文化馆的发展,文化馆无法开展活动为农民服务。2003年,全国有941个文化馆没有一分业务费,有661个文化馆没举办过一次展览,226个文化馆全年没组织过一次文艺活动,628个文化馆全年没办过培训班,占总馆数的22.1%。①

2005年,全国直接为7.45亿农民提供文化服务的乡镇综合文化站,其经费只有9.4亿元,每个农民人均一年只能享受国家财政1.26元的文化投入。而经费的严重不足也使农村文化建设困难重重,农村文化生活贫乏。

第三,人才匮乏,从业人员素质不高。

乡镇综合文化站的文化人才十分短缺。到2011年,全国乡镇综合文化站34139个,从业人员78148人,平均每站2.3人。其中,专职人员44366人,平均每站1.3人。全国仍有13896个文化站没有专职人员,占乡镇综合文化站总数的40.7%。②

以新疆为例。新疆的文化机构发挥着重要作用,同时也存在人才缺乏的问题。2009年统计资料表明,新疆艺术表演团体机构从2008年的91个增加到105个,增幅达到15.4%;从业人员从3934人增加到4317人,增幅达到9.7%;演出场次从9836场增加到11299场,增幅达到14.9%。各级党委、政府希望发挥文化贴近实际、贴近群众、可面对面进行宣传教育的优势和作用。为解决好“四个认同”在各族群众思想中真正扎根的问题,这些表演团体创造出好的作品,特别是以大力宣传民族团结、党的方针政策和“四个认同”为题材的优秀作品,并将作品送到农村、

---

① 《全国县级文化单位业务经费严重不足农村文化活动受到制约》,http://zwgk.mcprc.gov.cn/auto255/200505/t20050527_465900.html。

② 文化部财务司:《2011年全国文化发展基本情况》。

牧区、城市社区,同时加大艺术表演团体下基层演出的场次,旗帜鲜明地与“三股势力”争夺思想文化阵地、争夺农村群众、争夺青少年。这种做法取得了一定的效果,但我们应该清醒地认识到这将是一个长期且要不断加强的工作。新疆公共文化服务体系底子薄、基础弱,艺术生产能力不强,艺术表演团体的发展还存在很多困难和问题,包括优秀艺术人才不足、人员素质整体偏低等。

国家相关部门已经开始着手解决人才短缺的情况。2010年,文化部出台了《全国文化系统人才发展规划(2010—2020年)》,提出实施基层文化人才培养工程,计划到2020年,对县、乡、村24万名专职文化工作者和391万名业余文化工作者进行轮训,提高他们的公共文化服务本领和基层文化管理能力。2011年9月,教育部等五部门印发《边远贫困地区、边疆民族地区和革命老区人才支持计划教师专项计划实施方案》,计划到2020年,每年引导约1.9万名文化工作者到“三区”工作或者提供服务,为“三区”培养1500名急需紧缺的文化工作者。文化部自2013年起开展“三区计划”文化工作者专项选派和培养工作,重点支持国家级扶贫开发工作重点县和连片特困地区。

第二节　农村教育事业的新发展

国务院批转教育部《2003—2007年教育振兴行动计划》时提出要重点推进农村教育发展与改革。计划实施国家西部地区“两基”攻坚计划,争取到2007年底,使西部地区普及九年义务教育人口覆盖率达到85%以上,青壮年文盲率下降到5%以下。以实施农村寄宿制学校建设工程为突破口,加强西部农村初中、小学建设。2006年6月,全国人大常委会新修订的《义务教育法》第6条首次以法律的形式提出"促进义务教育均衡发展"。这是我国法律中第一次提到"义务教育均衡发展"。

2007年,教育部《国家教育事业发展"十一五"规划纲要》(以下简称《教育事业发展"十一五"规划纲要》)提出,2010年教育事业发展的目标包括:全面普及和巩固九年义务教育,小学净入学率保持在99%以上,初中毛入学率达到98%以上,初中三年保留率达到95%;青壮年文盲率降到2%左右;学前教育和特殊教育进一步发展,学前三年毛入园率达到55%以上;努力普及有学习能力的残疾儿童少年的九年义务教育;高中阶段教育普及程度明显提高,毛入学率达到80%左右,中等职业教育与普通高中规模基本相当;成人教育和继续教育得到较大发展,各类职业培训规模不断扩大,培训质量明显提高,年培训城乡劳动者达到上亿人次,其中农村劳动力转移培训和农民工培训达6000万人次。纲要还特别提出,城乡、区域教育更加协调,义务教育趋于均衡。

一、普及和巩固九年义务教育

第一,出台各项政策,确保义务教育的普及和巩固。

国家政策要求不断落实在国务院领导下,由地方政府负责、分级管理、以县为主的农村义务教育管理体制。县级政府要切实担负起统筹管理本地教育发展规划、经费安排使用、教师和校长人事等方面的责任。明确各级政府保障农村义务教育投入的责任;中央、省和地(市)级政府通过增加转移支付,增强财政困难县义务教育经费的保障能力。

2003年,国务院在《关于进一步加强农村教育工作的决定》中指出,到2003年,西部地区仍有372个县没有实现"两基"目标。这些县主要分布在"老、少、边、穷"地区,"两基"攻坚任务十分艰巨。

2004年,教育部出台了《2004—2010年西部地区教育事业发展规划》。据统计,到2003年,西部地区"两基"人口覆盖率达到81%,比1998

年提高了24个百分点。实施西部大开发战略以来,西部地区教育投入明显增加。中央财政加大了对西部教育的转移支付力度和专项投入,主要面向西部地区实施了国家贫困地区义务教育工程、中小学危房改造工程、用国债资金支持西部每省重点建设一所大学等一系列重大工程,使西部地区教育经费总收入由1998年的609亿元增加到2002年的1194亿元,其中财政性教育经费收入由465亿元提高到826亿元,从1999年到2002年,仅国债向西部教育投入资金就达62亿元。西部地区各级各类学校的办学条件得到逐步改善,教师待遇稳步提高,教育、教学手段不断改进,教育信息化开始起步。

2004年规划提出的目标之一是:基本普及九年义务教育,基本扫除青壮年文盲。具体来说,就是到2007年,尚未普及初等教育的地区普及小学六年教育;普及初等教育的地区通过"两基"验收;已实现"两基"的地区进一步巩固成果,提高质量;西部地区"两基"人口覆盖率达到85%以上,初中毛入学率达到90%左右,青壮年文盲率降到5%以下。到2010年,"两基"人口覆盖率进一步提高,初中毛入学率达到95%左右,青壮年文盲率进一步下降。

教育经费一直是农村义务教育实施中的重要问题。直到2007年,政府工作报告中仍提出,要继续加大农村义务教育的资金投入,要全面完善农村义务教育机制。一方面,中央财政安排资金2235亿元支持农村义务教育,要在全国农村全部免除义务教育阶段的学杂费,这将使农村1.5亿中小学生的家庭普遍减轻经济负担;继续对农村贫困家庭学生免费提供教科书并补助寄宿生活费。另一方面,要完善农村义务教育经费保障机制,不断提高保障水平。同时,继续解决好城市困难家庭和农民工子女接受义务教育问题。2009年的政府工作报告再次提到提高农村义务教育公用经费标准问题,把小学、初中学生人均公用经费分别提高到300元和500元。增加农村义务教育阶段家庭经济困难寄宿生的生活补助。争取三年内基本解决农村"普九"债务问题。

第二,推进义务教育均衡发展。

《教育事业发展"十一五"规划纲要》中提出的目标包括:全面普及和巩固九年义务教育,小学净入学率保持在99%以上,初中毛入学率达到98%以上,初中三年保留率达到95%;青壮年文盲率降到2%左右;学前教育和特殊教育进一步发展,学前三年毛入园率达到55%以上,努力普及有学习能力的残疾儿童少年的九年义务教育。同时提出城乡、区域教育更加协调,义务教育趋于均衡。欠发达地区与全国教育平均水平的差距逐步缩小。完成"两基"攻坚任务,初中毛入学率达到95%以上,青壮年文盲率降到4%以下。纲要中还特别提到三项农村地区义务教育重点工程,即西部地区农村寄宿制学校建设工程、中西部农村初中校舍改造工程和农村中小学现代远程教育工程。

西部地区农村寄宿制学校建设工程是推进义务教育均衡发展的一项重要举措。2004—2007年,中央安排资金100亿元,新建和改建7700余所农村寄宿制学校。2004年教育部、国家发改委、财政部提出的实施方案中,要求从2004年起,用4年左右的时间,新建、改扩建一批以农村初中为主的寄宿制学校,解决好西部未"普九"地区新增130万初中学生和20万小学生最基本的学习、生活条件问题;同时,对现有条件较差的寄宿制学校和不具备寄宿条件而有必要实行寄宿制的学校进行改扩建,使确需寄宿的学生能进入具备基本条件的寄宿制学校学习。工程实施范围以2002年底西部地区尚未实现"两基"的372个县和新疆生产建设兵团的38个团场为主,包括纳入国家西部开发计划的部分中部省份的少数民族自治州和中部地区尚未实现"两基"的县,兼顾中西部虽已实现"两基"但基础仍然薄弱的部分地区。

第三,改善农村学校的办学条件。

一是中西部农村初中校舍改造工程。"十一五"时期,中央安排资金100亿元,推动未纳入"两基"攻坚计划实施范围的中西部地区农村初中校舍改造,改善办学条件,提高初中三年保留率。工程于2007年开始启动,国家发改委和教育部联合实施。重点支持大约7000所独立设置的农村初中学校新建或改造学生宿舍、食堂和厕所等生活设施,使项目学校寄宿学生生活设施达到或接近农村普通中小学校建设标准,基本消除“大通铺”和校外租房现象。工程覆盖范围包括西部12个省(自治区、直辖市)和新疆生产建设兵团、中部6省以及河北、海南、吉林、黑龙江等省的部分贫困地区。主要支持非“两基”攻坚县中的国家扶贫工作重点县、少数民族自治县、革命老区县和部分贫困人口集中分布县,适当兼顾少数其他困难地区。

二是农村中小学现代远程教育工程。这项工程从2003年起开始试点实行。2003年11月17日,教育部、国家发改委和财政部发布的《农村中小学现代远程教育工程试点工作方案》中表明,试点地区以中西部地区为主,选择范围是:在西部12个省(自治区、直辖市)、新疆生产建设兵团、中部6省各选择2～3个人口适中、有一定工作基础、具备相应条件的地(市)级行政区域作为重点突破的试点地区。还要覆盖山东省、湖南省、贵州省、安徽省的9个全国农村党员干部现代远程教育试点地(市、州)县,以及河北省丰宁县、陕西省太白县。工程建设分为三种模式,基本配置标准如下。

(1) 模式一:教学光盘播放点。配备电视机、DVD播放机和教学点各年级的教学光盘。通过播放教学光盘对学生授课和辅导。配备对象主要是农村学校布局调整确需保留的教学点。平均每个点投资概算3000元。

(2) 模式二:卫星教学收视点。配备卫星接收系统、计算机、电视机、DVD播放机和1—6年级所需的教学光盘。通过中国教育卫星宽带传输网,快速大量接受优质教育资源,同时具有教学光盘播放点的功能。配备对象为乡中心小学和村完小,根据学生规模,配置1～2个多媒体教室。平均每个点投资概算1.6万元。

(3) 模式三:计算机教室。配备卫星接收系统、网络计算机教室、多媒体教室、教学光盘播放设备及教学光盘。其特点是除具备模式二全部功能外,还能够为学生提供初步的网络条件下的学习环境。配备对象为农村初中,每所学校装备一间30台终端的计算机教室、一间多媒体教室。平均每个点投资概算15万元。

2004年工程计划覆盖西部8个省(自治区、直辖市),中部8个省的部分地区,以及山东、福建贫困地区。2005年工程建设重点支持新疆、贵州、湖南等地。2006—2007年覆盖全部农村中小学。此项工程共投入111亿元,其中中央投入50亿元(财政部、国家发改委各承担一半),地方投入61亿元。工程共配备教学光盘播放设备40.2万套、卫星教学收视系统27.9万套、计算机教室和多媒体设备4.5万套,覆盖了中西部36万所农村中小学校,1亿多农村中小学生受益。现代远程教育工程的实施,初步构建了惠及全国农村中小学的远程教育网络。通过免费发放教学光盘、免费提供视频和多媒体资源以及利用中国教育卫星宽带网免费发送教学资源,基本形成了适应农村中小学教学需要的资源体系,覆盖了初中9个学科和小学8个学科。

第四,提高农村义务教育师资水平。

《教育事业发展"十一五"规划纲要》中提出,要实施农村教师培训计划,到2010年,使中西部地区50%的农村教师得到一次专业培训。充分发挥现代远程教育在提高农村地区师资教育教学水平中的作用。加强民族地区骨干教师和"双语"教师的培养培训。实施农村学校教师特设岗位计划,实施农村学校教育硕士师资培养计划,实施大学生志愿服务西部计划,引导大学毕业生到农村基层学校任教。加大城镇教师服务农村教育工作的力度,推进师范生到农村学校顶岗实习支教,使之成为经常性制度。完善农村中小学教师工资经费保障机制,确保工资按时足额发放。改善贫困边远地区农村教师的生活条件,努力解决贫困地区骨干教师流失问题。

2006年,教育部、财政部、人事部、中央编办下发《关于实施农村义务教育阶段学校教师特设岗位计划的通知》,联合启动实施"特岗计划",公开招聘高校毕业生到西部"两基"攻坚县县以下农村义务教育阶段学校任教,引导和鼓励高校毕业生从事农村义务教育工作,创新农村学校教师的补充机制,逐步解决农村学校师资总量不足和结构不合理等问题,提高农村教师队伍的整体素质。从2006年起,用5年的时间实施。特设岗位教师聘期3年。

特岗计划的实施范围以国家西部地区“两基”攻坚县为主(含新疆生产建设兵团的部分团场),包括纳入国家西部开发计划的部分中部省份的少数民族自治州,适当兼顾西部地区一些有特殊困难的边境县、少数民族自治县和少小民族县。同时要求注意重点向藏区、“双语教学”区、少小民族聚居区倾斜。

特岗计划所需资金由中央和地方财政共同承担,以中央财政为主。特岗教师的安排需要结合当地的实际需求,岗位的设置相对集中,一般在一个县(市)安排100人左右,一所学校安排3～5人。原则上安排在县以下农村初中,适当兼顾乡镇中心学校,人口较少的边境县等可安排在农村生源占60%左右的县城学校。计划2006年安排2万～3万特岗教师作为试点,之后每年根据情况适当确定招聘人数。2006—2008年,实际共招聘特岗教师5.9万多人,覆盖400多个县、6000多所农村学校。

特岗教师实行公开招聘,合同管理。招聘对象以高等师范院校和其他全日制普通高校应届毕业生为主,可招少量应届师范类专业专科毕业生,以及已经取得教师资格、有一定教育教学实践经验、年龄在30岁以下的全日制普通高校往届本科毕业生。特岗教师享受中办和国办印发的《关于引导和鼓励高校毕业生面向基层就业的意见》和人事部等部门《关于组织开展高校毕业生到农村基层从事支教、支农、支医和扶贫工作的通知》规定的各项优惠政策。

到2009年,第一批特岗教师的聘期已满。教育部等又发布《关于继续组织实施“农村义务教育阶段学校教师特设岗位计划”的通知》,提出要全面推进地方特岗计划。要求从2009年开始,各地中学和小学教师补充应全部采取公开招聘的办法,同等条件下优先聘用高校毕业生(含引导和鼓励高校毕业生到农村基层服务期满人员),不得再以其他方式和途径自行聘用教师。省级教育行政部门负责公开招聘、岗前培训、跟踪管理服务等各项工作。同时还提出,各地要采取多种方式,充分利用广播电视、报刊、互联网等各类媒体,广泛宣传特岗计划的方针政策和工作成效,形成良好的环境氛围。

二、大力发展农村中等职业教育和农村成人教育

教育部在《2003—2007 年教育振兴行动计划》中提出，要深化农村教育改革，发展农村职业教育和成人教育，推进“三教统筹”和“农科教结合”。加强新形势下的基础教育、职业教育和成人教育“三教统筹”。农村职业教育要以就业为导向，实施农村劳动力转移培训计划，对进城务工农民进行职业教育和培训。并要求开展农村成人教育，促进“农科教结合”。农村成人教育要以农民实用技术培训和农村实用人才培养为重点。充分发挥农村成人学校和培训机构的作用。农村中小学可实行一校挂两牌，日校办夜校，使其成为乡村基层的文化、科技和教育活动基地。充分发挥高等农林学校的作用，建设高等学校农业科技教育网络联盟，推进一村一名大学生计划，为农业科技推广、农村教育培训做出贡献。

（一）农村职业教育新使命、新发展

2005 年，国务院颁布《关于大力发展职业教育的决定》，提出了农村职业教育的新使命，即“为农村劳动力转移服务”和“为建设社会主义新农村服务”。强调要实施国家农村劳动力转移培训工程、农村实用人才培训工程等。并要求通过这些工程和职业学校，不仅培养人才和普及农业先进技术，同时还要大力提高农民思想道德和科学文化素质。

《教育事业发展“十一五”规划纲要》中强调要实施相关工程，加强“三教统筹”，促进“农科教结合”，培育有文化、懂技术、会经营的新型农民，为建设社会主义新农村服务。2008 年，教育部部长周济指出，农村“三教统筹”和“农科教结合”还有待进一步推进。他提出要健全县域职业教育培训网络，推进农村中小学“日校加夜校，一师兼两教”，使其成为培育文明

风尚、传播先进文化、推广农业科技、提供经济信息以及开展农村党员培训、农民多种经营项目培训的重要阵地。在教育部2009年度工作会议上的讲话中,周济仍然明确要求加强“三教统筹”,促进“农科教结合”。

《教育事业发展“十一五”规划纲要》中还提出,要进行职业教育基础能力建设工程,即中央投入100亿元来加强职业教育基础能力建设,包括:

(1) 职业教育实训基地建设。在重点专业领域建成2000个专业门类齐全、装备水平较高、优质资源共享的职业教育实训基地。设立中央财政职业教育专项资金,以奖励等方式支持市场需求大、机制灵活、效益突出的实训基地建设。

(2) 县级职教中心建设。国家重点支持建设1000个县级职教中心,使其成为人力资源开发、农村劳动力转移培训、技术培训与推广、扶贫开发和普及高中阶段教育的重要基地。

(3) 高水平示范性院校建设。国家重点支持建设1000所高水平示范性中等职业学校和100所示范性高等职业院校,大力提升这些学校培养高素质技能型人才的能力,促进它们在深化改革、创新体制和机制中起到示范作用,带动全国职业院校办出特色,提高水平。

(4) 职业院校教师素质提高计划。地方各级财政要继续支持职业教育师资培养培训基地建设和师资培训工作,支持职业院校面向社会聘用工程技术人员、高技能人才担任专业课教师或实习指导教师,加强“双师型”教师队伍建设。

(二) 农村成人教育的历史和现实

农村成人教育,自诞生之日起并没有非常辉煌与耀眼过,但是其存在的必要和发挥的作用却是不容置疑的。我国是一个农业大国,为了提高农民的受教育水平和文化知识水平,需要充分利用农村成人教育这块阵地。最初的农村成人教育显得比较被动,就在田埂上、农田旁或者守着一方土坯教室打转转。同时成人教育在国家教育体系的位置并不十分清晰和稳定,缺乏长远规划和专业从业人员。渐渐地,农村成人教育被遗忘,可有可无,甚至一度沉寂。农村成人教育应该办成什么样?在每个时代可能会有不同的阶段目标,唯一不变的目标应该是提高农民的科学文化素质。

农村成人教育在扫盲工作中一直扮演着重要角色。到2002年,我国农村成人教育取得的显著成就是,累计扫除青壮年文盲8681万人,基本扫除青壮年文盲的任务如期完成。扫盲是成人教育的基本功能,脱盲是农民提高科学文化素质的基础。在扫盲的基础上广泛开展技术培训,1986年至2001年累计培训农村劳动者12.9亿人次,有效地提高了农村劳动者的科技文化素质,促进了农村经济和社会的发展。①

农村成人教育为开展扫盲后继续教育、防止复盲奠定了坚实基础。据教育部统计,2006年全国农民培训学校有15.1万所,开展各类农民技术培训4520.58万人次。2001—2006年全国开展农民技术培训36620.56万人次。各地充分利用当地农村各类教育资源,发挥农村中小学校和成人学校的作用,因地制宜,开展适应当地需要的不同内容、不同形式的扫盲后继续教育。把对脱盲人员的巩固提高与农村实用技术培训、富余劳动力转移培训、青年农民科技培训以及农村成人社会生活教育等结合起来,使脱盲人员在具备初步读写算能力的基础上,学会一至几项实用技术,掌握发展生产和适应社会生活所需要的基本知识和技能。充分利用远程教育手段,对脱盲人员进行职业技能培训和科技培训,帮助他们增加收入,增加就业门路。青海省开展"一校带一村扫盲及科技推广活动",通过中小学远程教育的多种形式将扫除青壮年文盲与脱盲后巩固提高结合,将传授文化知识与传授实用技术结合,扫盲教育和农村成人教育通过使农民掌握基本的读写算能力,获得知识、技能、信息,增加了吸收和运用科学技术的能力和经营管理能力,扩展了参与经济活动的领域,帮助

---

① 参见教育部发布的《关于进一步加强农村成人教育的若干意见》。

他们走出愚昧,也走出贫困,在相当程度上改变了生存条件和生活质量。

2002 年教育部发布的《关于进一步加强农村成人教育的若干意见》提出,“十五”期间,力争年培训农村劳动力达到 1.5 亿人次,使全国农村劳动力的年培训率提高到 35%以上,其中乡镇企业职工年培训率提高到 40%以上,每年为进入非农产业就业的 800 万农村劳动力提供转移前培训,对农村新增劳动力普遍进行就业前培训。各地乡镇要普遍建立成人文化技术学校,村级成人文化技术学校的办学面要达到 85%以上。

2003 年国务院《关于进一步加强农村教育工作的决定》中提出,要以农民培训为重点开展农村成人教育,促进农业增效、农民增收。普遍开展农村实用技术培训,每年培训农民超过 1 亿人次。积极实施农村劳动力转移培训,每年培训 2000 万人次以上,使他们初步掌握在城镇和非农产业就业必需的技能,并获得相应的职业资格或培训证书。要坚持培训与市场挂钩,鼓励和支持“定单”培养,先培训后输出。逐步形成政府扶持、用人单位出资、培训机构减免经费、农民适当分担的投入机制。继续发挥乡镇成人文化技术学校、农业广播电视学校和各种农业技术推广、培训机构的重要作用。农村中小学可一校挂两牌,日校办夜校,积极开展农民文化技术教育和培训,成为乡村基层开展文化、科技和教育活动的重要基地。

于是,全国各地积极推进农村成人教育和农民培训。北京市平谷区开展统筹普教、职教、成教资源,大力推广实用技术,创建终身学习型社区学校试点工作。浙江省实施农民素质培训工程,其中从 2003 年实施的百万农民培训工程和百万职工双证制培训工程,共培训农民和乡镇企业职工 318.9 万人;2004 年实施的千万农村劳动力素质培训工程,培训 138 万农村劳动力,逐步实现“一人就业、全家脱贫”的目的。四川省成都市实施农民教育与培训工程,四川省坚持每年列支 50 万元专项资金,推进农村成人教育发展,2005 年对农民开展各类职业技能培训 10.7 万人次,实用技术培训达 100 余万人次。河南省 2006 年安排农村劳动力培训 720 万人次,其中农村劳动力转移培训 207 万人次,并计划今后每年中等职业教育招收农村初中、高中毕业生要达到40万人以上,初中后一年职业培训达到55万人以上。2005年,江苏省教育厅召开“加强乡镇成人教育中心校建设,促进农民增收工作会议”,总结这一年1000余所乡镇成人教育中心校共培训农民170多万人次,其中转移输出的农村初高中毕业生31万人。安徽省、辽宁省、广西壮族自治区加强县级职教中心建设,把它作为农村劳动力转移培训、技术培训与推广、扶贫开发和普及高中阶段教育的重要基地,构建城市学校支持农村学校、城乡贯通、区域连接的开放式职业教育网络。

三、加快发展农村学前教育和远程教育

(一)农村学前教育的艰难前进

早在1983年,教育部就提出了有关发展农村幼儿教育、办幼儿园的意见,但是农村的学前教育一直发展缓慢。1993年,中共中央、国务院印发《中国教育改革和发展纲要》,在确定90年代各级各类教育目标时提出,大中城市基本满足幼儿接受教育的要求,广大农村要积极发展学前一年教育。国务院在《中国儿童发展纲要(2001—2010年)》目标部分提出,要求农村儿童学前一年受教育率有较大提高。

2003年国务院《关于进一步加强农村教育工作的决定》中提出,地方各级政府要重视并扶持农村幼儿教育的发展,充分利用农村中小学布局调整后富余的教育资源发展幼儿教育。鼓励发展民办高中阶段教育和幼儿教育。同年,国务院办公厅转发教育部等部门《关于幼儿教育改革与发展指导意见的通知》,要求省级和地(市)级人民政府负责本行政区域幼儿教育工作,统筹制定幼儿教育的发展规划,因地制宜地制定相关政策并组织实施,积极扶持农村及老少边穷地区的幼儿教育工作。乡(镇)人民政

府承担发展农村幼儿教育的责任,负责举办乡(镇)中心幼儿园,筹措经费,改善办园条件。提出2003—2007年学前教育的目标是:已经普及九年义务教育的县(市、区),学前三年儿童受教育率达到50%,学前一年儿童受教育率达到80%;尚未实现普及九年义务教育的县(市、区),学前三年儿童受教育率达到35%,学前一年儿童受教育率达到60%。

这一时期,多项教育发展规划中都要求发展农村学前教育。《2004—2010年西部地区教育事业发展规划》中提出,要积极发展学前三年教育,重视儿童早期教育,逐步提高入园(学前班)率,努力使已实现"两基"地区的绝大部分城乡儿童都能接受多种形式的学前教育,城市地区基本满足学龄前儿童入园(学前班)需求。有些西部省份在积极推进义务教育均衡发展的同时,也开始重视农村的学前教育发展。如2007年陕西省就提出评估"双高普九"六项主要指标,其中有一项是关于学前教育的,要求学前教育机构的建设达到标准,农村学前一年幼儿入园(班)率达到85%。《教育事业发展"十一五"规划纲要》中提出的目标是,发达地区基本普及学前教育,基本普及高中阶段教育,学前三年毛入园率和高中阶段教育毛入学率均达到85%以上,建立起较为完善的城乡一体化教育体系。

这些规划都强调加强农村幼儿园建设和提高学前教育师资质量。据统计,2009年全国学前三年毛入园率仅为50.86%。2010年11月3日,国务院召开常务会议专门研究学前教育工作,11月21日下发了《关于当前发展学前教育的若干意见》,提出加快学前教育发展的十条政策措施;12月1日,国务院召开全国学前教育工作电视电话会议,专题部署学前教育发展。国家教育主管部门已按照"国十条"要求制定和实施学前教育三年行动计划。2011年初,学前教育三年行动计划拉开帷幕,预计3年内各地将新建、改扩建幼儿园9万多所,新增园位500多万个。2011年,试点范围扩大到中西部25个省份,规划建设幼儿园891所。[①] 在试点资金安排上,重点向贫困落后地区和少数民族地区倾斜。"十二五"期间,中央财

---

① 张东:《学前教育三年行动稳步解决"入园难"》,《中国教育报》2012年3月10日,第4版。

政将安排500亿元,重点支持中西部地区和东部困难地区发展农村学前教育。为适应学前教育快速发展的需要,中央财政实施幼儿教师"国培计划",加大对中西部地区农村幼儿园园长、骨干教师和转岗教师培训的支持力度,提高农村学前教育师资的整体素质。

自2010年开始,教育部、国家发改委联合启动了农村学前教育推进工程。通过中央和地方的共同努力,有计划、分步骤地在全国农村地区新建和改扩建一批布局合理、安全适用、办园规范、面向区域内适龄儿童的普惠性幼儿园,提供基本的、有一定质量的农村学前教育服务,为加快发展农村学前教育,提高农村学前教育普及程度,努力构建覆盖城乡、布局合理的学前教育公共服务体系奠定基础。项目实施范围主要为中西部23个省(自治区、直辖市)、新疆生产建设兵团以及黑龙江省农垦总局,同时适当支持东部地区的贫困地区。中央专项资金将主要支持乡镇建设中心幼儿园,发挥辐射指导作用,同时支持人口较多的行政村建设幼儿园和人口较少的村联建幼儿园。2010—2012年共批复下达中央专项投资56亿元,累计新建、改扩建项目幼儿园3163所。

(二)农村中小学远程教育试点工程

2003年国务院《关于进一步加强农村教育工作的决定》中提出,实施农村中小学现代远程教育工程要按照"总体规划、先行试点、重点突破、分步实施"的原则推进。在2003年继续试点工作的基础上,争取用五年左右的时间,使农村初中基本具备计算机教室,农村小学基本具备卫星教学收视点,农村小学教学点具备教学光盘播放设备和成套教学光盘。教育部《2003—2007年教育振兴行动计划》提出实施农村中小学现代远程教育计划,即用五年左右的时间,使农村初中基本具备计算机教室,农村小学基本具备数字电视教学收视系统,农村小学教学点具备教学光盘播放设备和光盘资源,并初步建立远程教育系统运行管理保障机制。农村中小学远程教育,不仅要向农村中小学提供优质教育教学资源,不断加强教师培训,而且还要整合农村各类资源,发挥农村学校作为当地文化中心和信息传播中心的作用,为“三教统筹”、农村科技推广和农村党员干部现代远程教育服务。

从2003年开始,教育部、国家发改委、财政部共同实施农村中小学现代远程教育工程,在农村中小学初步搭建信息化环境。2002年,文化部、财政部共同实施了全国文化信息资源共享工程,利用现代高新技术手段,将优质文化信息资源进行数字化加工整合,通过互联网和卫星等通道传送到基层服务网点,让基层群众就近方便地享受文化服务,促进了农村文化服务手段和方式的创新。为进一步向广大农村地区提供优质文化教育资源,教育部、文化部决定将农村中小学现代远程教育工程与全国文化信息资源共享工程的实施结合起来,搭建资源共享平台,将全国文化信息资源共享工程的优秀文化资源,通过中国教育卫星宽带网传输到农村中小学,丰富农村中小学和广大农民群众的文化生活,促进农村先进文化的传播。把农村中小学建设成为农村教育中心、文化中心和信息传播中心,为农村教育服务,为农村经济和社会发展服务。具体包括以下内容。

第一,全国文化信息资源共享工程充分发挥数字资源较为丰富的优势,精心挑选适合农村中小学学生和教师、适合广大农民特点的精品资源,为农村中小学提供影视、数字图书、艺术节目等旨在提高中小学生思想道德素质和科学文化知识的数字资源。

第二,教育部提供中国教育卫星宽带传输网作为资源传输平台,依托农村中小学现代远程教育专用数字频道,建立全国文化信息资源共享工程专题栏目,免费向农村中小学生传输共享工程的数字资源。

第三,实施农村中小学现代远程教育工程的农村中小学校,同时也是全国文化信息资源共享工程的基层中心,其设施设备在课余时间、节假日、寒暑假应向当地广大农民开放,并公布开放时间,让农民收看全国文化信息资源共享工程提供的数字资源。

第三节　科普工作的全面开展

国务院印发的《全民科学素质行动计划纲要(2006—2010—2020年)》提出农民科学素质行动的主要任务是，首先，面向农民宣传科学发展观，重点开展保护生态环境、节约水资源、保护耕地、防灾减灾，倡导健康卫生、移风易俗和反对愚昧迷信、陈规陋习等内容的宣传教育，促进在广大农村形成讲科学、爱科学、学科学、用科学的良好风尚，促进社会主义新农村建设。其次，围绕科学生产和增效增收，激发广大农民参与科学素质建设的积极性，增强科技意识，提高获取科技知识及依靠科技脱贫致富、发展生产和改善生活质量的能力，并将推广实用技术与提高农民科学素质结合起来，着力培养有文化、懂技术、会经营的新型农民，等等。措施包括:广泛开展各种形式的科技下乡和群众性、社会性、经常性科普活动;深入开展文化科技卫生"三下乡"、科技活动周、全国科普日等活动，总结推广科技特派员、科技入户、科技110、科普之冬(春)、科普大集、专家大院、科技咨询服务站、科技大王下乡、科教兴村等行之有效的做法，探索科技人员与农民互动的科技咨询服务长效机制。

一、农村科普基础设施和科普资源建设

(一)农家书屋

这既是文化建设工程，也是科普基础设施和科普资源建设工程。

2007年,国家新闻出版总署会同中央文明办等单位联合开始在全国范围内实施农家书屋工程。这是在行政村建立、农民自己管理、能为农民提供实用的书报刊和音像电子产品阅读试听条件、满足农民文化生活需要的公益性文化服务设施。每个农家书屋原则上可供借阅的图书不少于1000册,报刊不少于30种,电子音像制品不少于100种(张)。

各级科协定期为每个书屋配送实用技术类、社会科学类、法制类等方面的书籍、报刊,不仅使农家书屋建设得到进一步加强,而且也使农家书屋成为科普宣传新阵地。这些书籍和资料为农村经济产业的发展提供了基础指导,农家书屋也成为引导群众科学发展农业生产的基地。

(二)科普大篷车

这是中国科协科普工作的品牌科普项目。2000年,中国科协为了解决我国很多地区尤其是广大农村科技场馆短缺的问题,借鉴国外科技传播的先进经验,提出研制多功能流动科普宣传设施——科普大篷车的建议。在国家财政的支持下,从2000年开始,中国科协委托相关单位,共研制了Ⅰ型大篷车,Ⅱ型、Ⅳ型依维柯大篷车和Ⅳ型全顺大篷车等四种类型。截至2009年11月,共为全国各地配发各种类型的科普大篷车221辆。9年间,这些科普大篷车行驶800多万公里,特别受到贫困偏远地区群众的欢迎,被称为“流动的科技馆”。科普大篷车以车载展品、科普展板、科教影视、科普资料为依托,集流动的科技馆、农村实用技术传播站和科普工作宣传车的功能于一体。

科普大篷车在全国各地发挥了重要的科普作用。截至2010年,安徽省科协的大篷车,其活动范围已遍及全省17个市、100多个县区,全年行程5000公里以上,开展科普活动20多场。全国各地的科普大篷车结合当地特色和农民需求,开展内容各异的活动。如江苏省句容市科协与市气象局联合在其下属的茅山镇新四军纪念广场举办了气象科普大篷车活动。活动现场不仅播放气象科普宣传片,发放科普资料,展示科普展板,还请来防雷专业技术人员，利用避雷针等防雷设施，现场讲解防雷知识。四川省文兴县的科普大篷车在大坝苗族乡开展活动时，除了发放资料，县科协人员和水务局水产科技人员一起到位于大鱼洞河边的建国村的鱼塘进行池水氨氮、亚硝酸盐离子浓度和 pH 值等的测定。这一活动不仅传播了农业技术，而且还提高了当地农民的生态环保意识。

（三）农村科普网络建设

2007 年 10 月，《农民科学素质教育大纲》正式颁布。其主要工作目标是，力争到 2020 年，全国 95％以上的农村劳动力能够接受科学素质教育培训，95％以上的乡村能够开展功能性、社会性和经常性的群众科学普及活动，使全国农民的科学素质能够基本适应全面建设小康社会的要求。例如，作为第二批全国科普示范县创建单位，贵州省玉屏侗族自治县通过创建科普示范县活动，健全科协组织网络，形成县、乡（镇）、村（社区）三级科普网络，为科普工作提供强有力的组织保障。同时建立了一支高素质的科普志愿者队伍，包括 180 余名各类专业技术人才组成的科普志愿者服务队，各乡镇也成立科普志愿者队伍并配备专门的科普宣传员，同时还组织了由 15 位农业专家组成的农业科技服务队。在科普阵地建设中，除了建立县青少年科普活动中心及老年科普活动中心、3 所科普特色学校外，自治县各乡镇还建立了乡镇科普活动中心或农民技术学校，村（社区）建立科普活动室和科普宣传栏。此外，还形成了以县党委党校和农业科技培训中心为龙头、乡镇业余党校和农民技术学校为示范、村（社区）党员科普活动室为依托的农民科技培训网络教育体系。

科普活动场所的建设和农村科普网络建设是科普工作中的基础性建设。除了县科普活动中心外，农村科普场所还主要包括乡镇科普活动中心、村科普活动室（站）、村科普图书室及科普学校等建筑设施和场馆。2007 年的统计表明，我国农村，即便是经济发展好、科普工作开展比较好的地区，也没有实现村村有科普活动场所。通过中部、东部和西南部农村科普设施建设比较来看,我国农村科普设施建设局部较好,总体上来说比较匮乏,地区之间差异不明显。农村专用的科普场所(乡镇科普活动场所和村科普活动场所)数量少,已有的科普场所大多也条件简陋,科普器材短缺。到2009年,平均1453名农村人口才拥有1个科普活动场所。

二、科普活动的蓬勃开展

(一)科普活动形式多样

1.“科普之冬”和科普大集

“科普之冬”是具有北方特色的大型科普活动。从20世纪80年代开始兴起,尤其是东北地区,在冬季这一农闲季节开展各种形式的科普和科技推广服务。活动采取集中与分散、定点帮扶与入户指导等方式,聘请专家授课、答疑和现场指导,解决实际问题。黑龙江省是最早开始“科普之冬”活动的省份,连续多年举办,这已经成为该省最具地方特色的科普工作第一品牌。据不完全统计,2008年“科普之冬”活动举办培训班5.6万次,培训农民和农村干部557.3万人次,开展科技下乡活动1770余次,举办科普讲座、报告会2300场次,举办科普文艺活动、放映科普录像近6000场次,印发科普资料、图书挂图、小册子等6800万份,推广工农业新技术近200项。

科普大集是各地利用当年12月到次年3月的农闲季节,对农民进行科学知识普及和农业实用技术培训,以农民为主要科普对象的大型科普活动。科普大集主要以北方地区为主,并往往结合“科普之冬”活动开展。科普大集一般都是由地方政府组织,涉农单位和专业技术协会等在大集活动上通过设立技术咨询台、散发宣传单等形式,传播新技术、新成果、新项目等。还有农业专家在现场讲授实用技术,解答农业生产过程中遇到的技术难题。

此外，还有其他一些主题文化大集。如 2008 年 3 月黑龙江省海林市举办的“人口文化科普大集”。在该市人口文化科技大院里，计生、文化、卫生、教育等单位都设置展板和咨询台。该活动一直延伸到乡、村两级，主要开展计生科普活动。当年全市系统组织大型人口文化科普大集 30 次。而 2008 年内蒙古兴安盟突泉县科普大集活动的主题是“节约能源资源、保护生态环境、保障安全健康”。

2. 庄稼医院

庄稼医院是政府支持运行、直接面向农户提供技术咨询和服务的机构。一般都是聘请农业技术专家以及乡镇的农业科技人员轮流坐堂，为农户面对面地解答农业技术问题。还有的庄稼医院可以提供电话咨询或上门去农田进行现场诊断。同时，农业科技人员还会传授一些新技术和新知识，进行农业科普宣传。2009 年，湖北省英山县庄稼医院创办成立后，即派出专家和科技人员到所属乡镇村组、田间地头去给庄稼“看病”，对症下药 616 人次，诊断面积达 16418 亩。山东省利津县的庄稼医院已覆盖全部的行政村。这些庄稼医院在农民购买种子、化肥和农药等农资的过程中提供咨询和服务，并指导他们科学施肥、用药和用膜等，传授农资使用技术和科学种植技术，帮助农民增加收入，受到农民的普遍欢迎。

3. 专家大院

这是科技部实施的农村科技服务体系建设星火专项行动的一个重要工程，全称为星火科技专家大院模式示范工程，2003 年启动。按照文件精神，科技部星火办 3 年将引导投入不低于 1 亿元的资金，在全国特别是中西部地区建设 50 个星火科技专家大院模式示范工程。这是一项新型的农村科技服务体系，主要是大专院校和科研机构的专家和技术人员深入农村一线，创办和领办各类科技服务组织，广泛开展技术指导、技术示范、技术推广、人才培训、技术咨询等服务。许多地方政府全力支持专家大院的创办。如陕西省宝鸡市在专家大院创办初期，每年给每个大院一次性投入引导资金15万元,给每位专家补贴咨询费和交通费1万元。黑龙江省林口县与黑龙江农业职业技术学院合作启动了农业科技专家大院建设项目,仅2009年一年,就接受农民咨询2000多人次。

4. 农业科技110

这是基层农业科技人员和科普工作者在长期科普工作中探索出来的农村科技信息传播方式。科技部2005年出台了《农业科技“110”信息服务模式推进方案》,认为农业科技“110”是一种典型的农村科技服务创新模式。其提出的目标是用3年左右的时间,在全国选择20个左右的省份,每个示范省份选择3个左右的地市,在这些地市内相对集中地选择5个左右的县开展示范,用5～6年的时间,力争覆盖所有省份。据报道,到2007年,宁夏回族自治区已建成自治区级农业科技“110”指挥中心1个、市县级“110”服务中心19个、乡镇服务站86个。全区共接咨询电话17047次,街道来访群众15381人次,发送短信6.3万条,开展培训12777次。

5. 各种科技下乡活动

2004年起,中宣部等联合开展形式多样的科技列车活动,包括专家讲座和咨询、捐赠科技物资、播放农林科教片等。2006年起,科技列车活动多次深入革命老区以及广大农村,体现出“振兴老区,服务三农”的特色。2006年的科技列车开往陕西延安、榆林地区;2007年,科技列车驶入大别山开展科技下乡活动;2008年又开往贵州,在毕节、遵义以及贵阳地区的12个县(市、区)开展科普宣传和农业实用技术讲座;2009年科技列车长白山行活动中,专家们深入6个县(市、区)的47个乡镇、社区街道开展科技服务示范活动;2010年,科技列车又奔赴四川巴中。

科技下乡活动还包括院士专家科技宣讲团。2001年开始组织,主要是到老少边穷地区,通过咨询、考察、座谈和举办科普报告等形式,开展科普活动。2006年,中国工程院院士刘更另担任团长,率领15名院士专家组成的科技宣讲团抵达江西上饶;2007年,科技宣讲团深入山东临沂革命老区;2008年赴广东肇庆等地开展送科技活动;2009年又来到安徽省肥西县;2010 年到浙江磐安革命老区开展科技下乡活动。

(二)农民科学素质建设示范活动

1. 科普惠农兴村计划

为了落实《全民科学素质行动计划纲要》,中国科协和财政部从 2006 年开始实施科普惠农兴村计划。该计划主要是每年在全国评比、筛选和表彰一批有突出贡献的、有较强区域示范作用的、辐射性强的农村专业技术协会、农村科普示范基地、农村科普带头人、少数民族科普工作队等先进集体和个人。到 2010 年,中央财政投入奖补资金累计达 7.5 亿元,共计表彰了 4659 个科普惠农兴村先进集体和带头人,并对他们开展的科普惠农活动给予奖励和补助。其中,包括农村专业技术协会 2132 个,农村科普示范基地 1210 个,农村科普带头人 1282 名,少数民族科普工作队 35 个。[①] 这一计划通过激励农村科普服务队伍的热情,直接推动了农村科普工作,尤其是评比过程的广泛宣传和榜样示范,增强了农民学科技、用科技的兴趣和意识,对广大农民建立科学、文明、健康的生产生活方式也起到了引导作用。

2. 全国科普示范县(市、区)创建活动

中国科协 1998 年启动全国科普示范县(市、区)创建活动。2007 年 9 月,中国科协对第三批全国科普示范县(市、区)创建单位进行了总结检查,命名了 290 个《全民科学素质纲要》颁布后首批符合新标准的科普示范县(市、区)。2008 年,中国科协又对第一、二批全国科普示范县(市、区)进行了复查,命名了 423 个单位;全国科普示范县(2008—2009 年)达到 713 个,所在地区涉及全国约 4 亿人口,其中大部分为农村人口。这 713 个科普示范县(市、区)共建有科普画廊或宣传栏 7 万多处、科普活动

① 全民科学素质纲要实施工作办公室、中国科普研究所:《2010 全民科学素质行动计划纲要年报——中国科普报告》,科学普及出版社 2010 年版,第 25 页。

站7万多个,配备科普员40多万人,在各级媒体开设的科普宣传栏目达3600多个。[①]

3. 农业科技入户示范工程

2005年,农业部和财政部启动农业科技入户示范工程,重点支持粮棉油等大宗农产品的公益性推广工作,旨在通过"科研人员—推广人员—科技示范户—周边农户"的技术扩散通道,解决农业科技推广"最后一道坎"和农业科技成果转化"最后一公里"的难题,探索建立"科技人员直接到户、良种良法直接到田、技术要领直接到人"的农技推广机制。到2007年底,农业科技入户示范工程在全国300个县培育了26万个农业科技示范户,辐射带动周围近500万农户。[②]

4. 农民科学素质行动试点村建设

2008年,农民科学素质行动协调小组启动农民科学素质行动试点村建设工作,目标是提高农民的整体科学素质,宣传实施《农民科学素质教育大纲》。在全国共选择了10个试点村,由农业部、环保部等9个部门作为牵头联系单位。除了组织试点村基层干部和农民进行培训,组织专家深入试点村调查研究、咨询指导外,还为试点村配备了科普图书室。

三、农民培训计划和活动

除了科普基础设施和资源建设、科普活动之外,国家相关部委还开展了一系列针对农民的培训工程和计划。

(一)新型农民科技培训工程

从2006年起,农业部与财政部在跨世纪青年农民科技培训工程的基

① 《2008年全民科学素质行动内容分析》,中国网,2009年9月29日。

② 张意轩:《"科技入户"让农民喜笑颜开》,《人民日报海外版》2008年10月11日,第1版。

础上，组织实施了新型农民科技培训工程。这一工程根据优势农产品的区域布局规划和地方特色农业发展要求，按照“围绕主导产业，培训专业农民，进村办班指导，发展一村一品”的工作思路，采取集中办班、现场指导、技术服务相结合的形式，整村推进，并确定40名以上的专业农民作为基本学员，开展系统培训，目的是提高农民的务农技能。

截至2008年，中央财政累计投入培训资金8亿元，在全国31个省份的945个县(次)6万个村(次)开展培训工作，培训专业农民367万人次。依托该工程的实施，在培训村建立了8411所新型农民科技培训学校和6471个农民科技书屋。

该工程取得了明显成效。首先是培养了一批学以致用的专业农民。据湖北省对10县市46村240户受训农民的调查统计，85%的农民掌握了1～2项实用技术，15%的农民成为当地科技致富带头人，10%的农民成为当地种植、养殖、加工和营销大户；其次，推动了“一村一品”的发展，形成专业种植或养殖村；再次，提高了务农收入，例如贵州省2007年接受项目培训的农民人均纯收入由2065.1元增加到3068.8元；最后，促进了农民思想观念的转变。①

（二）农村劳动力转移培训工程

2004年开始实施，截至2008年底，中央财政累计投入资金32.5亿元，培训农村劳动力1580万人，转移就业1373万人，转移就业率达86%以上，带动地方投入培训资金30多亿元，培训农村劳动力3000多万人。2009年，农业部委托全国农广校开展农村富余劳动力转移就业服务，引导性培训300多万人，开展农民职业技能培训200多万人。该工程的实施提高了农村富余劳动力的综合素质和专业就业能力，增加了农民收入。

---

① 全民科学素质纲要实施工作办公室、中国科普研究所：《2010全民科学素质行动计划纲要年报——中国科普报告》，科学普及出版社2010年版，第17页。

(三)农村党员干部现代远程教育工程

该工程目标是让农村干部经常接受教育,使农民群众长期得到实惠。试点工作 2003 年开始,2006 年底结束。经过 4 年的努力,建成了 20 多万个终端站点,整合开发了近 4 万个教材课件,建立了一支由 30 万人组成的骨干队伍,接受教育培训的农村党员干部和群众达 2 亿多人次。从 2007 年开始,中央计划用 3～4 年的时间,在全国基本建成农村党员干部现代远程教育网络体系,完成基础建设任务,在乡、镇、村基本实现站点全覆盖。2008 年,中组部在农村设立了 15 万个农村党员活动室。

(四)教育部农村实用技术培训计划

该计划从 2005 年开始组织实施,主要是发挥高等农业院校和“高校农业科技教育网络联盟计划”的技术带动与辐射作用,利用广播电视大学系统远程教育资源,形成农民实用技术培训网络。主要措施是推动县办职业学校、乡镇和村办成人文化技术学校,等等。2009 年,全国农村实用技术培训达到 4000 多万人次,其中绝大部分是教育部门和集体举办的农村成人文化技术学校培训。

(五)千万农民工援助行动

2009 年初,全国总工会启动该行动,以就业援助为重点,专门从财政专项帮扶基金中划拨 2 亿元,在全国范围内确定了 12 个农民技能培训示范基地和 113 个就业培训基地,带动了全国 2013 家工会培训机构。截至 2009 年 10 月底,全国各级工会共对 1000 多万农民工实施援助,培训农民 500 多万人。

（六）星火科技培训专项行动和绿色证书工程

星火科技培训专项行动由科技部组织实施，对象是农村科技管理干部、骨干农民、优秀青年农民以及乡镇企业。专项行动重点推进了青年星火带头人培训等 5 项具体工程。从 2003 年开始，科技部每年投入 5000 万元，用 3 年的时间，实现全国 60 多万个村“村村有科技带头人”、4 万多个乡(镇)“乡乡有星火课堂”、2000 多个县“县县有星火学校”，每年培训 700 多万人，使 2000 多万农民从中受益。专项行动培养了一大批新型农民，使他们在生产、经营和生活方面的素质和能力有了较为显著的提高。

绿色证书工程是我国农民培训的一项基本制度。1990 年开始试点工作，1994 年全面组织实施，主要是按农业生产岗位规范要求对广大农民开展技术培训。到 2009 年，绿色证书培训已经覆盖全国 31 个省(自治区、直辖市)的 2000 多个县(市)。

农民是我国公民科学素质建设工作的重点人群之一。《全民科学素质行动计划纲要(2006—2010—2020 年)》颁布实施以后，尤其是 2007 年《农民科学素质教育大纲》出台后，农民科学素质工作受到重视，有关部门大联合、大协作，围绕服务社会主义新农村建设，颁布了相关文件，实施了重点工程，面向农民开展各种培训和科普活动，农民科学素质建设取得了一定的成绩。据 2007 年和 2010 年中国科协科普研究所开展的两次调查结果显示，农民科学素养水平有一定提升。2007 年基本具有科学素养的农民比例为 0.97%，2010 年提高到 1.51%。应该看到，这和全国平均数据有一定差距。调查还显示，农民对科学的理解较为有限，这种有限性阻碍了他们在生活生产中对与科技相关的事务做出正确的判断。尽管农民对科技信息有较高的兴趣，但是他们大部分只能通过电视来获取，渠道十分单一。

总体而言，这一时期通过大力加强基础设施建设，包括增加文化设施、科普基础和资源,以及提升办学条件等,为农民教育科学文化素质的提高奠定了良好的基础。同时通过实施一大批重点工程,取得了比较显著的成效。这一时期我国经济社会发展更为迅速,想要农村的教育科学文化建设上一个新台阶,还需要更多有针对性的倾斜措施。

第五章

全面建成小康社会目标下的农村教育科学文化建设(2012—2018 年)

2012 年召开的党的十八大会议上，提出要确保到 2020 年实现全面建成小康社会的宏伟目标。其中的一个目标就是建设社会主义文化强国。全面建成小康社会，实现中华民族伟大复兴，必须推动社会主义文化大发展大繁荣，兴起社会主义文化建设新高潮，提高国家文化软实力。要建设社会主义文化强国，就必须全面提高人民的思想道德素质和科学文化素质。让人民享有健康丰富的精神文化生活，是全面建成小康社会的重要内容。十八大报告中还特别要求，加大对农村和欠发达地区文化建设的帮扶力度，继续推动公共文化服务设施向社会免费开放。其中还提到，要开展“扫黄打非”，抵制低俗现象；普及科学知识，弘扬科学精神，提高全民科学素养；广泛开展全民健身运动，促进群众体育和竞技体育全面发展。

要全面建成小康社会，必须固本强基，始终将解决好“三农”问题作为全党工作的重中之重，深入推动社会主义新农村建设。2012 年 12 月，《中共中央 国务院关于加快发展现代农业进一步增强农村发展活力的若干意见》中提出要改进农村公共服务机制，积极推进城乡公共资源均衡配置。要大力发展农村社会事业，包括完善农村中小学校舍建设改造长效机制，深入实施农村重点文化惠民工程，建立农村文化投入保障机制，等等。

在 2013 年中央农村工作会议上的讲话中，习近平再次强调指出，小康不小康，关键看老乡。他指出，农村是全面建成小康社会的短板。他讲了五个问题，其中最后一个就是加强农村社会管理。总体来看，农村社会管理面临着很多突出的矛盾和问题，其中就包括农村教育、文化、医疗卫生、社会保障等社会事业发展滞后。他特别强调农村教育问题中关于教学点撤并的问题，提出要紧紧扭住教育这个脱贫致富的根本之策，再穷不能穷教育，再穷不能穷孩子，保证贫困家庭孩子受到教育。并且提出，下一步要不断提高农村基本公共服务的标准和水平，逐步推进城乡基本公共服务均等化。

2017 年，党的十九大做出重大决策部署，提出要实施乡村振兴战略。这是决胜全面建成小康社会、全面建设社会主义现代化国家的重大历史任务。

第一节　优先发展农村教育事业

党的十七大报告中提出了“优先发展教育,建设人力资源强国”的战略部署。十八大报告强调坚持教育优先发展,提出要大力促进教育公平,合理配置教育资源,重点向农村、边缘、贫困民族地区倾斜。2013年9月25日,习近平主席在联合国“教育第一”全球倡议行动一周年纪念活动上发表视频贺词时明确指出,中国有2.6亿在校学生和1500万名教师,发展教育任务繁重。中国将坚决实施科教兴国战略,始终把教育摆在优先发展的战略位置,不断扩大投入,努力让每个孩子享有受教育的机会,让13亿人民享有更好更公平的教育,获得发展自身、奉献社会、造福人民的能力。

一、加大经费投入

2012年国务院印发的《国家基本公共服务体系“十二五”规划》中提出,“十二五”时期,政府提供的基本公共教育服务包括:

为适龄儿童、少年提供免费九年义务教育,为农村义务教育阶段寄宿生提供免费住宿,并为家庭经济困难寄宿生提供生活补助;

为贫困地区农村义务教育学生实施营养改善计划;

为农村学生、城镇家庭经济困难学生和涉农专业学生提供免费中等职业教育;

为家庭经济困难学生接受普通高中教育提供资助;

为家庭经济困难儿童、孤儿和残疾儿童接受学前教育提供资助。

国家要实现上述服务，必须要有足够的经费支撑。按照《国家基本公共服务体系"十二五"规划》，"十二五"时期基本公共教育服务国家基本标准如表5-1所示。

表5-1 "十二五"时期基本公共教育服务国家基本标准

服务项目	服务对象	保障标准	支出责任	覆盖水平
九年义务教育				
义务教育免费	适龄儿童、少年	免学费、杂费以及农村寄宿生住宿费，免费向农村学生提供教科书；农村中小学年生均公用经费标准，普通小学不低于500元，普通初中不低于700元	中央与地方财政按比例分担	目标人群覆盖率100%，九年义务教育巩固率达到93%
寄宿生生活补助	农村家庭经济困难寄宿学生	年生均补助小学1000元，初中1250元	地方政府负责，中央财政适当补助	目标人群覆盖率100%
农村义务教育学生营养改善	贫困地区农村义务教育学生	在寄宿生生活补助基础上，集中连片特殊困难地区每生每天营养膳食补助3元（每年在校时间按200天计）	地方政府负责，国家试点地区中央财政承担，其他地区中央财政适当补助	目标人群覆盖率100%

续表

服务项目	服务对象	保障标准	支出责任	覆盖水平
高中阶段教育				
中等职业教育免费	农村学生、城镇家庭经济困难学生和涉农专业学生	免学费	中央与地方财政按比例分担	目标人群覆盖率100%,使高中阶段教育毛入学率达到87%
中等职业教育国家助学金	全日制在校农村学生及城市家庭经济困难学生	资助每生每年不低于1500元,资助两年	中央与地方财政按比例分担	目标人群覆盖率100%
普通高中国家助学金	家庭经济困难学生	平均资助每生每年1500元,地方结合实际在1000～3000元范围内确定	中央与地方财政按比例分担	目标人群覆盖率100%
学前教育				
学前教育资助	家庭经济困难儿童、孤儿和残疾儿童	具体资助方式和标准由地方确定	地方政府负责,中央财政适当补助	目标人群覆盖率100%,学前一年毛入园率达到85%

按照上述标准,据统计,2012—2016年,全国教育经费总投入(包括财政性教育经费和非财政性教育经费)累计接近17亿元,占GDP比例自

2012 年以来连续 5 年保持在 4%以上。其中,2016 年我国财政性教育经费一半以上用于义务教育。[①] 并且在教育经费的投入方面,各项经费指标均有很大幅度的提高。例如,2015 年全国教育经费总投入 3.6 万亿元,比 2011 年增长了 51%,全国普通小学生均公共财政预算教育事业费支出 8848 元,比 2011 年增长了 77%,其中农村为 8576 元,比 2011 年增长了 80%;全国普通小学生均公共财政预算公用经费支出 2434 元,比 2011 年增长了 78%,其中农村为 2245 元,比 2011 年增长了 75%。2015 年全国普通初中生均公共财政预算教育事业经费支出 12105 元,比 2011 年增长了 85%,其中农村为 11348 元,比 2011 年增长了 82%;全国普通初中生均公共财政预算公用经费支出 3361 元,比 2011 年增长了 64%,其中农村为 3093 元,比 2011 年增长了 58%。[②]

除了整体教育经费投入增加之外,还启动了针对薄弱环节的经费投入。《国家中长期教育改革和发展规划纲要(2010—2020 年)》中提出,要进一步加大农村、边远贫困地区、民族地区教育投入。中央财政通过加大转移支付,支持农村欠发达地区和民族地区教育事业发展,加强关键领域和薄弱环节,解决突出问题。2015 年 1 月,财政部和教育部制定的《农村义务教育薄弱学校改造补助资金管理办法》中指出,薄改补助资金支持范围以中西部省份(含新疆生产建设兵团)贫困地区薄弱学校为主,适当兼顾部分东部省份贫困地区的薄弱学校。薄弱学校是指教学、生活设施条件等不能满足基本需求的农村义务教育阶段学校(含县城义务教育阶段学校)。薄改补助资金按一定比例在中西部和东部地区间分别确定资金规模,再按因素法分配到各省份,由各省级财政和教育部门统筹安排、合理使用。

2017 年,教育部发布的《全面改善贫困地区义务教育薄弱学校基本办学条件工作专项督导报告》显示,2014—2016 年,中央财政已累计投入专

---

① 魏后凯、闫坤主编:《中国农村发展报告(2018)——新时代乡村全面振兴之路》,中国社会科学出版社 2018 年版,第 361—362 页。

② 邬志辉、秦玉友等:《中国农村教育发展报告 2016》,北京师范大学出版社 2017 年版,第 6 页。

项资金978亿元,带动地方投入2300多亿元,投入薄改建设(见图5-1)。河南部分县市将教育费附加、4%的农业税费改革转移支付资金、土地出让收益中计提10%的教育资金等经费集中投入薄弱学校改造项目,保障项目资金落实。《全面改善贫困地区义务教育薄弱学校基本办学条件工作专项督导报告》显示,中央财政在收入增速减缓、支出压力较大的情况下,2017年仍安排358亿元专项资金,比2016年增加20亿元,带动地方投入700多亿元,保障薄改工作建设的进行。山东、广东等地积极整合义务教育领域专项资金,超额落实规划建设资金。贵州各级党政机关带头"勒紧腰带",压缩6%的行政经费用于改善办学条件。

为了从制度上保障"不让一个学生因家庭经济困难而失学",国家建立了完善的学生资助政策体系。目前,我国已建立起以政府为主导、学校和社会积极参与的国家学生资助政策体系,实现了"三个全覆盖",即各个学段全覆盖、公办民办学校全覆盖、家庭经济困难学生全覆盖。在高等教育阶段,实现了家庭经济困难学生入学"三不愁",即入学前不用愁、入学时不用愁、入学后不用愁。据统计,2017年,全国累计资助各级各类学生9590.41万人次(不含义务教育免除学杂费和免费教科书、营养膳食补助),累计资助金额1882.14亿元(不含义务教育免除学杂费和免费教科书、营养膳食补助)。其中,资助学前教育幼儿889.77万人次,资助金额93.20亿元;义务教育寄宿生生活补助资助1604.61万人,资助金额179.11亿元;资助中等职业学校学生1509.92万人次,资助金额365.29亿元;资助普通高中学生1310.42万人次,资助金额193.80亿元;资助普通高校学生4275.69万人次,资助金额1050.74亿元。各级财政安排义务教育国家免费教科书资金175.94亿元,营养膳食补助资金285亿元。①

《"十三五"推进基本公共服务均等化规划》明确规定了"十三五"国家基本公共服务清单,其中的基本公共教育部分包括8个服务项目:①免费

① 财政部、教育部:《不让一个学生因家庭经济困难而失学——国家学生资助政策体系简介》,《人民日报》2018年7月31日,第8版。

图 5-1　全面改薄工作进展

资料来源：刘博智，《全面改薄工作时间过半任务过半》，《中国教育报》2017 年 2 月 16 日，第 11 版。

义务教育；②农村义务教育学生营养改善；③寄宿生生活补助；④普惠性学前教育资助；⑤中等职业教育国家助学金；⑥中等职业教育免除学杂费；⑦普通高中国家助学金；⑧免除普通高中建档立卡等家庭经济困难学生学杂费。其中，关于第二项农村义务教育学生营养改善是专门针对贫困地区农村义务教育学生的，中央财政为国家试点地区学生提供每生每年 800 元的营养膳食补助。第三项寄宿生生活补助标准不变，支出方面由中央和地方财政按 5∶5 比例共同分担。对于普惠性学前教育资助，包括减免保育教育费和补助伙食费，由地方政府负责，中央财政予以奖补。

对于中等职业教育则提供两项资助,即国家助学金和免除学杂费。国家助学金针对的是中等职业学校全日制正式学籍一、二年级在校涉农专业学生和非涉农专业家庭经济困难学生,以及六盘山区等11个集中连片特困地区和西藏、四省藏区、新疆南疆四地州中等职业学校农村学生(不含县城)。这类国家助学金的标准为每生每年2000元。在资助比例上,中央财政按区域确定家庭经济困难学生比例,西部地区按在校学生的20%确定,中部地区按在校学生的15%确定,东部地区按在校学生的10%确定。免除学杂费的对象为公办中等职业学校全日制正式学籍一、二、三年级在校生中所有农村学生,城市涉农专业学生和家庭经济困难学生以及符合条件的民办职业学校学生。对于公办中等职业学校,中央财政统一按平均每生每年2000元标准,与地方按比例分担免除学杂费补助资金。西部地区(不分生源地)以及中部、东部地区(生源地为西部的),中央与地方分担比例为8∶2;中部地区(生源地不是西部的)以及东部地区(生源地为中部的),中央与地方分担比例为6∶4;东部地区(生源地不是西部、中部的)分担比例由分省确定。

此外,国家还对普通高中在校生中的家庭经济困难学生提供平均资助标准为每生每年2000元的国家助学金,为公办普通高中建档立卡等家庭经济困难在校学生(含非建档立卡的家庭经济困难残疾学生、农村低保家庭学生、农村特困救助供养学生)以及符合条件的民办普通高中学生免除学杂费等。

二、义务教育均衡化

1986年公布实施的《义务教育法》提出我国实行九年义务教育制度。到2011年,所有省(自治区、直辖市)都通过了国家"普九"验收。这表明我国用25年的努力全面普及了城乡免费义务教育,从根本上解决了适龄儿童少年"有学上"的问题,为提高全体国民素质奠定了坚实基础。但在区域之间、城乡之间、学校之间办学水平和教育质量还存在明显差距。为此,国家提出要实现义务教育均衡发展。2006年6月,新的《义务教育法》颁布实施,指明了义务教育均衡发展的方向。教育均衡发展才能实现教育公平。

《国家中长期教育改革和发展规划纲要(2010—2020年)》指出,均衡发展是义务教育的战略性任务。提出要建立健全义务教育均衡发展保障机制,推进义务教育学校标准化建设,均衡配置教师、设备、图书、校舍等资源。

2012年,国务院《关于深入推进义务教育均衡发展的意见》中提出,推进义务教育均衡发展的基本目标是:每一所学校符合国家办学标准,办学经费得到保障。教育资源满足学校教育教学需要,开齐国家规定课程。教师配置更加合理,提高教师整体素质。学校班额符合国家规定标准,消除“大班额”现象。率先在县域内实现义务教育基本均衡发展,县域内学校之间差距明显缩小。到2015年,全国义务教育巩固率达到93%,实现基本均衡的县(市、区)比例达到65%;到2020年,全国义务教育巩固率达到95%,实现基本均衡的县(市、区)比例达到95%。

从每年的政府工作报告中可以看出我国教育公平发展的目标和计划:2013年,我国教育公平取得明显进步,要进一步促进教育公平;2014年,促进教育事业优先发展、公平发展,努力使每一个孩子有公平的发展机会;2015年,促进教育公平发展和质量提升,让每个人都有机会通过教育改变自身命运;2016年,教育公平和质量明显提升,要发展更高质量更加公平的教育;2017年,办好公平优质教育,要发展人民满意的教育,以教育现代化支撑国家现代化,使更多孩子成就梦想,更多家庭实现希望;2018年,发展公平而有质量的教育,要办好人民满意的教育,让每个人都有平等机会通过教育改变自身命运、成就人生梦想。

2016年7月2日,国务院《关于统筹推进县域内城乡义务教育一体化改革发展的若干意见》提出的目标是,通过同步建设城镇学校、努力办好乡村教育、科学推进学校标准化建设、统筹城乡师资配置等措施,到2020

年,城乡二元结构壁垒基本消除,义务教育与城镇化发展基本协调;城乡学校布局更加合理,“大班额”基本消除,乡村完全小学、初中或九年一贯制学校、寄宿制学校标准化建设取得显著进展,乡村小规模学校(含教学点)达到相应要求;城乡师资配置基本均衡,乡村教师待遇稳步提高、岗位吸引力大幅增强,乡村教育质量明显提升,教育脱贫任务全面完成。义务教育普及水平进一步巩固提高,九年义务教育巩固率达到95%。县域义务教育均衡发展和城乡基本公共教育服务均等化基本实现。

2016年10月,教育部为贯彻落实这一重要文件精神,深入调研了解乡村小规模学校(不足100人的村小学和教学点)和乡镇寄宿制学校的办学及发展情况,以便准确研判面临的形势和困难,进一步提高办学水平。10月9日,教育部专门在北京召开了乡村小规模学校和乡镇寄宿制学校集中调研工作座谈会。与会代表认为,近年来在党中央、国务院的高度重视和重点支持下,国家实施了全国中小学校舍安全工程(校安工程)、初中工程、营养改善计划、全面改薄等重大工程项目,贫困地区办学条件得到了大幅度改善,乡村教育取得了跨越式发展,但与全面建成小康社会要求仍有一定的差距。会议认为,由于城镇化的快速发展和城乡义务教育的不均衡,乡村小规模学校和乡镇寄宿制学校已成为当前乡村教育的主要办学形式,办好乡村小规模学校和乡镇寄宿制学校事关数千万农村少年儿童,事关社会公平正义和全面建成小康社会大局,必须高度重视,完善政策,大力推进,合理布局,特别是要在投入、师资、教学设施等方面予以保障,不断提高教育质量,尽最大努力为农村孩子们创造公平的受教育条件。

这一时期,国家在义务教育均衡化方面的工作可以概括为四个方面。

(一)义务教育经费投入的均衡

2015年,国务院发布《关于进一步完善城乡义务教育经费保障机制的通知》,提出从2016年起统一城乡义务教育学校生均公用经费基准定额,并确定2016年生均公用经费基准定额为:中西部地区普通小学每生每年

600元,普通初中每生每年800元;东部地区普通小学每生每年650元,普通初中每生每年850元。并且,对寄宿制学校按照寄宿生年生均200元标准增加公用经费补助。农村地区不足100人的规模较小学校按100人核定公用经费和北方地区取暖费等政策;特殊教育学校和随班就读残疾学生按每生每年6000元标准补助公用经费。同时,还要求2017年开始统一城乡义务教育学生"两免一补"政策,实现"两免一补"城乡全覆盖。

为了落实这一文件政策,各地方政府根据实际情况,提出了具体的实施方案。有条件的地方政府在中央标准的基础上提高了生均公用经费财政预算。例如,江苏省2016年生均公用经费基准定额为小学每生每年700元,初中每生每年1000元。广东省从2013—2015年连续三年都大幅提高城乡义务教育公用经费补助,2015年的标准已达到小学每生每年1150元,初中每生每年1950年。2016年继续按此标准实施。[①]

《国家中长期教育改革和发展规划纲要(2010—2020年)》中首次提出,要启动民族地区、贫困地区农村小学生营养改善计划。2011年10月26日,国务院总理温家宝主持召开国务院常务会议,决定启动实施农村义务教育学生营养改善计划。这是由中央财政设立专项资金和地方资金用于试点地区农村义务教育学生营养膳食补助的一个计划。

资金投入方面,截至2017年2月,中央财政累计安排资金1591亿元,用于实施营养改善计划。具体的措施包括:2014年11月,中央财政对699个国家试点县农村义务教育学生营养膳食补助标准从每生每天3元提高到4元(全年按在校时间200天计算),寄宿生加上"一补"后达到每天8~9元。同时,中央财政对地方试点给予奖励性补助。从2012年开始,中央财政又专门安排补助资金,重点支持国家试点地区学校食堂建设。到2017年,中央财政已安排300亿元专项资金,完成食堂建设项目6.85万个,新建、改造面积2563万平方米,购置了价值21.97亿元的厨

① 魏后凯、闫坤主编:《中国农村发展报告——新时代乡村全面振兴之路》,中国社会科学出版社2018年版,第363—364页。

房设施设备。[①]

受益学生覆盖面和人数规模方面,截至2017年2月,全国共有29个省份(京、津、鲁单独开展了学生供餐项目)1590个县实施了营养改善计划。其中,699个县开展了国家试点,891个县开展了地方试点,覆盖学校13.4万所,受益学生3600多万人。全国超过1/2的县实施了营养改善计划,超过1/2的义务教育学校提供营养餐,近1/4的义务教育阶段学生享受营养膳食补助。[②] 五年来,农村义务教育学生营养改善计划从最贫困、最偏远的地区做起,为广大试点地区农村义务教育学生带来了看得见、摸得着的实惠,成为继农村寄宿制学校建设工程、中西部农村初中校舍改造工程、"两免一补"政策之后,国家出台的又一项重大民心工程、暖心工程,真正实现了为学生添营养,为民族铸希望。

为解决一些地方对村小学(不含乡镇学校)和教学点不够重视、经费保障政策落实不到位等问题,切实提高村小学和教学点运转水平,2013年12月,教育部发出《关于进一步做好村小学和教学点经费保障工作的通知》,要求各地要按照农村义务教育经费保障机制的要求,加强省级统筹,督促市县落实分担资金。对于特殊困难地区,按照省拿大头的原则,由省级财政按照国家确定的公用经费补助标准承担地方分担部分。公用经费地方分担资金要足额列入地方财政预算。尤其强调,对学生规模不足100人的村小学和教学点按100人核定公用经费,并切实落实。

(二)办学条件的均衡

2013年12月,为统筹城乡义务教育资源均衡配置,加快缩小区域、城乡教育差距,促进基本公共教育服务均等化,教育部、国家发改委、财政部联合印发《关于全面改善贫困地区义务教育薄弱学校基本办学条件的意

① 教育部:《关于农村义务教育学生营养改善计划实施情况的报告》。

② 教育部:《关于农村义务教育学生营养改善计划实施情况的报告》。

见》。实施的范围以中西部农村贫困地区为主，兼顾东部部分困难地区；以集中连片特困地区为主，兼顾其他国家扶贫开发工作重点地区、民族地区、边境地区等贫困地区。目标是经过3～5年的努力，使贫困地区农村义务教育学校教室、桌椅、图书、实验仪器、运动场等教学设施满足基本教学需要；学校宿舍、床位、厕所、食堂(伙房)、饮水等生活设施满足基本生活需要；留守儿童学习和寄宿需要得到基本满足，村小学和教学点能够正常运转；县镇超大班额现象基本消除，逐步做到小学班额不超过45人、初中班额不超过50人；教师配置趋于合理，数量、素质和结构基本适应教育教学需要；小学辍学率努力控制在0.6%以下，初中辍学率努力控制在1.8%以下。

2013年12月，经国务院同意，教育部等部门下发《关于全面改善贫困地区义务教育薄弱学校基本办学条件的意见》，启动实施了全面改善贫困地区义务教育薄弱学校基本办学条件项目，将农村寄宿制学校作为重要对象。2014年，教育部等三部门印发《全面改善贫困地区义务教育薄弱学校基本办学条件底线要求》，提出了20项具体要求：

1. 消除D级危房。新建校舍抗震设防类别不低于重点设防类，满足综合防灾要求。

2. 多层校舍建筑每幢不少于2部楼梯，楼梯坡度不大于30度，护栏坚固。

3. 教室和宿舍内外墙面平整，无明显尖锐突出物体，室内无裸露电线。

4. 教学用房室内采光良好，照明设施完善，光线充足。

5. 学生1人1桌1椅(凳)。

6. 按国家标准配置满足教学需求的黑板。

7. 设置旗台、旗杆，按要求升国旗。

8. 具备适合学生特点的体育活动场地和设施设备，有利于开展具有当地特色的体育活动。

9. 因地制宜设置满足校园安全需要的围墙或围栏。

10. 新增图书为适合学生年龄特点的正版图书,配备复本量应视学校规模和图书使用频率合理确定。

11. 有可供开展多媒体教学的教室。

12. 学生宿舍不设在地下室或半地下室。

13. 寄宿学生每人1个床位,消除"大通铺"现象。

14. 寄宿制学校或供餐学校具备食品制作或加热条件。

15. 配备开水供应设施设备。

16. 有条件的地方,新建校舍一般设置水冲式厕所。厕位够用,按1∶3设置男女蹲位。旱厕应按学校专用无害化卫生厕所设置。

17. 除特别干旱地区外,寄宿制学校应设置淋浴设施。

18. 配置消防和应急照明设备,设置疏散标志。

19. 在校门、宿舍等关键部位安装摄像头和报警装置。宿舍区配备急救箱。

20. 消除66人以上超大班额。

从2014年开始,国务院教育督导委员会办公室决定对农村义务教育学校基本办学条件开展督导。督导范围涵盖全国农村义务教育学校,包括乡镇学校、村小和教学点,重点是贫困地区、边远地区、民族地区、革命老区的义务教育学校。督导的重点是农村义务教育学校基本教学条件和基本生活条件,主要对20条底线要求中的14项内容进行督导:①是否存在D级危房;②是否每名学生都有课桌椅;③寄宿学生是否一人一床位;④是否有安全饮用水;⑤食堂是否满足就餐需要;⑥厕所是否满足师生需要;⑦教室和寝室门窗是否完好;⑧是否具备必要的取暖条件;⑨学生上下学是否存在突出安全隐患;⑩集中连片特困地区学校是否为学生提供营养午餐;⑪集中连片特困地区乡村教师是否享受生活补助;⑫是否配备数字教育资源接收和播放设备;⑬是否按规定拨足公用经费;⑭是否开齐国家规定课程。并且,分县级、省级和国家级三级进行督导。除了全面督导工作外,专项督导工作也是督导的重要内容。2013年11月上旬,国务院教育督导委员会办公室还对中小学校冬季取暖工作进行了专项督导。

这项被誉为我国“义务教育学校建设史上中央财政投资最大的单项工程”的国家工程覆盖全国 2600 多个县近 22 万所义务教育学校。[①] 截至 2017 年 8 月底，中央财政累计投入专项资金 1336 亿元，带动地方投入 2500 多亿元，全国新建、改建校舍面积 1.54 亿平方米，采购学生课桌椅 2579 万套、图书 4.17 亿册、生活设施设备 1390 万台件套，极大改善了包括寄宿制学校在内的农村薄弱学校的基本办学条件，过去学生自带课桌椅、睡“大通铺”、使用 D 级危房等现象基本消除。[②]

随着我国进城务工人员随迁子女逐年增加、农村人口出生率持续降低，农村学龄人口不断下降，各地对农村义务教育学校进行了布局调整和撤并，改善了办学条件，优化了教师队伍配置，提高了办学效益和办学质量。但同时，农村义务教育学校大幅减少，导致部分学生上学路途变远、交通安全隐患增加，学生家庭经济负担加重，并带来农村寄宿制学校不足、一些城镇学校班额过大等问题。有的地方在学校撤并过程中，规划方案不完善，操作程序不规范，保障措施不到位，影响了农村教育的健康发展。2012 年，国务院办公厅发布《关于规范农村义务教育学校布局调整的意见》，对进一步调整农村义务教育学校布局提出规范要求，为的是保障农村义务教育阶段的学生就近上学的需要。学校的撤并和建立农村寄宿学校等措施，是推动义务教育均等化的需要，但是不能以将农村学生都迁至城镇学校为唯一途径。对保留的村小学和教学点，改善办学条件，提高教育质量；对于撤并后学生上学路途远的问题，加强校车服务；对寄宿学校按照国家标准建设，加强管理，等等。

此后，城乡义务教育学校的布局出现明显改观。首先是农村教学点数量持续增加。到 2016 年，全国共有教学点 9.84 万个，较 2012 年增加了 2.86 万个，增长了 40.97%[③]。其中，乡村教学点有 8.68 万所，较 2012

---

① 陈宝生：《在全国教育工作会议上的讲话》，2018 年。

② 《国务院教育督导办通知：要求组织开展 2017 年“全面改薄”专项督导》，《中国教育报》2017 年 9 月 5 日。

③ 邬志辉：《中国农村教育发展报告 2017》，中国教育新闻网。

年增加了 2.43 万所,占教学点总数的 88.21%。其次,乡村小规模学校有所减少,但依然普遍存在。最后,城区和镇区学校的"大班额"[①]现象有所缓解,班级规模得到有效控制。与 2011 年相比,2015 年城区、镇区无论是小学还是初中,平均班级规模都呈下降趋势,尤其是初中班级规模平均下降了 3～5 人。大班额的数量也在不断下降,到 2017 年全国还有大班额 36.8 万个。根据教育部的发展目标,预计 2018 年基本消除 66 人以上的超大班额,2019 年控制"大班额"现象取得突破性进展,到 2020 年基本消除 56 人以上的大班额班级。[②]

(三)教师数量和质量结构的均衡

发展农村义务教育,办好农村学校,关键在教师。只有加快农村义务教育教师队伍建设,建立城乡一体化义务教育发展机制,才能从根本上解决农村教育发展的突出问题,促进教育公平,提高教育质量,实现义务教育的均衡化。为了加强教师队伍建设,重点提高农村教师素质,教育部和财政部于 2011 年起,开始实施中小学教师国家级培训计划(以下简称"国培计划")。"国培计划"包括中小学教师示范性培训项目和中西部农村骨干教师培训项目两项内容。其中,中小学教师示范性培训项目,主要包括中小学骨干教师培训、中小学教师远程培训、班主任教师培训、中小学紧缺薄弱学科教师培训等示范性项目,为全国中小学教师培训培养骨干,做出示范,并开发和提供一批优质培训课程教学资源,为中西部农村骨干教师培训项目和中小学教师专业发展提供支持。中央财政每年划拨专项经费 5000 万元,用于支持中小学教师示范性培训项目。2010—2012 年,中小学教师示范性培训项目采用集中培训的方式培训 3 万名中小学学科骨干教师和骨干班主任教师,采用远程培训的方式培训 90 万人(包括 60 万

① 66 人以上的班级被称作超大班额,56 人以上的班级被称作大班额。这两类在统计上都属于大班额班级。

② 《教育部部长:2018 年要基本消除 66 人以上超大班额》,环球网。

名义务教育学校学科教师和30万名高中新课程学科教师)。

而中西部农村骨干教师培训项目,就是对中西部农村义务教育教师进行有针对性的培训,同时引导地方完善教师培训体系,加大农村教师培训力度,提高农村教师的教学能力和专业水平。培训计划主要包括农村中小学教师置换脱产研修、农村中小学教师短期集中培训、农村中小学教师远程培训。2010年,中央财政安排专项资金5亿元,支持启动实施该项目。

教育部于2014年还启动实施中小学校长国家级培训计划(以下简称"校长国培计划")。该计划包括中小学校长示范性培训项目和中西部农村校长培训项目。中小学校长示范性培训项目,主要包括边远贫困地区农村校长助力工程、特殊教育学校校长能力提升工程、卓越校长领航工程、培训者专业能力提升工程。其中,边远贫困地区农村校长助力工程,就是面向中西部地区国家级贫困县、集中连片特殊困难地区乡镇以下农村中小学校长开展培训,包括农村幼儿园园长培训班、农村小学校长培训班、农村中学校长培训班。主要是为各地培养一批实施素质教育、推进农村教育改革发展的带头人。中西部农村校长培训项目主要是对中西部农村校长开展有针对性的培训,提高中西部农村校长的自身素质。截至2017年,"校长国培计划"共培训中西部乡村校园长近6.5万人次,带动各地加大培训力度,乡村校长、园长办学治校能力不断提升。

2015年,继"国培计划"之后,又一项重要的提高教师质量计划出台。2015年4月,习近平总书记主持召开中央全面深化改革领导小组第十一次会议,审议通过了《乡村教师支持计划(2015—2020年)》。习总书记强调,要加大支持乡村教师队伍建设力度,制定切实可行的政策措施,鼓励有志青年到农村、边远地区为国家教育事业建功立业。特岗计划、"国培计划"要向贫困地区基层倾斜,让贫困家庭的孩子都能接受公平的有质量的教育。李克强总理指出,乡村教师无怨无悔的坚持和付出,使知识的甘露遍泽祖国的每个角落。要切实落实好乡村教师支持计划,使广大乡村教师受尊重、有回报、得发展。

《乡村教师支持计划(2015—2020 年)》是新中国成立以来国务院制定的第一个专门指向乡村教师队伍的制度性文件。国家"十三五"规划和中央关于打赢脱贫攻坚战的决定等政策文件,都将落实这份计划或其中有关政策列为重点任务。

乡村教师队伍建设目前已进入全面提速提质的新阶段,并取得了显著成绩。山东省实施"临时周转编制专户政策",对农村小规模学校按班师比 1∶2.4 核编,共核增 5.6 万名教师编制。湖南省规定每 3 年对各市(州)编制总量调整一次,对学生数在 200 人以下的小规模学校,按照班师比单独核编,并将农村中小学附加编制比例由 3%调高至 5%。贵州省近 3 年共招聘 2.7 万名特岗教师到农村中小学任教,特岗教师接转率达到 90%以上。湖南、广西、海南等省区均实施了乡村教师定向培养计划,为农村学校培养一批"留得下"的本土化新师资。重庆、江西等多地启动实施全科教师和一专多能教师培养计划,推动农村学校开足开齐课程。各地继续实施地方师范生免费教育,到 2017 年,全国有 28 个省份通过在学免费、学费补偿和国家贷款代偿等方式,每年吸引 4.1 万名高校毕业生直接到农村中小学任教。据不完全统计,自 2013 年到 2017 年,31 个省(自治区、直辖市)和新疆生产建设兵团共新补充教师约 172 万人,其中 2013—2016 年新补充教师 129 万人,2017 年新补充 43 万人。全国近 5 年新补充教师中,音、体、美、科学、信息教师 31 万人,占新补充教师总数的 18%。①

乡村教师数量和质量结构提升的原因主要在于以下四个方面。②

一是政策体系日益完善。在顶层设计方面,《乡村教师支持计划(2015—2020 年)》全面规划了 2015—2020 年的目标任务和方向路径,针对乡村教师队伍"下不去""留不住""教不好"三个问题,提出了全面提高乡村教师思想政治素质和师德水平、拓展乡村教师补充渠道、提高乡村教

---

① 教育部:《2017 年全国义务教育均衡发展督导评估工作报告》,教育部网站。

② 刘延东:《在全国乡村教师队伍建设工作推进会上的讲话》(2016 年 9 月 7 日)。

师生活待遇、统一城乡教职工编制标准、职称(职务)评聘向乡村学校倾斜、推动城镇优秀教师向乡村学校流动、全面提升乡村教师能力素质、建立乡村教师荣誉制度等八项举措。全国31个省(自治区、直辖市)和新疆生产建设兵团按照中央要求,纷纷把落实计划摆在重要位置,高质量地制定实施办法,打通政策实施的“最后一公里”,多数省份有不少实招硬招,取得了阶段性成果。

二是来源渠道更加多元。截至2016年,中央财政十年投入290多亿元,累计招聘特岗教师近50万人,覆盖中西部1000多个县、3万多所农村学校。引领地方开展师范生公费教育,27个省份采取在学免费、上岗退费等方式,每年吸引近3.5万名高校毕业生到农村中小学任教。大力推进交流轮岗,通过定期交流、学区一体化管理、乡镇中心校教师走教等方式,引导一大批城镇优秀教师、校长到乡村支教。

三是地位待遇明显改善。专门对乡村教师实行生活补助政策,2013年9月到2016年,中央财政已下达连片特困地区奖补资金73.7亿元,推动各地加大投入力度,惠及100多万人。为边远艰苦地区农村教师建设周转宿舍,“十二五”期间中央财政安排160多亿元,建成28万套,解决了34万名教师的住房困难。建立乡村教师荣誉制度,国家、省、县分别对长期从教的乡村教师颁发荣誉证书,并在荣誉评选中向乡村教师倾斜,有效提升了乡村教师的自豪感和使命感。

四是整体素质大幅提升。中小学幼儿园教师国家级培训计划持续实施,中央财政2010年至2014年投入64亿元,轮训了中西部640万农村教师;2015年当年培训乡村教师200万人次。实施信息技术应用能力提升工程,优先面向乡村教师,已完成500多万名教师的专项培训,到2017年底全国中小学教师将轮训一遍。推进中小学教师职称制度改革,提高乡村教师中高级岗位结构比例,对中小学教师设立正高职称,拓宽乡村教师的职业发展通道。

为确立乡村教师队伍的长效机制,探索建立农村义务教育教师补充新机制,教育部等五部门于2012年发布《关于大力推进农村义务教育教师队伍建设的意见》。意见提出要逐步实行城乡统一的中小学编制标准,对农村边远地区实行倾斜政策,以保证农村学校的师资需求;还提出要扩大实施“农村学校教育硕士师资培养计划”和“服务期满特岗教师免试攻读教育硕士计划”,促进教师的专业发展,切实保障农村教师的待遇,等等。

从2013年开始,教育部等五部门启动了边远贫困地区、边疆民族地区和革命老区(以下简称“三区”)人才支持计划教师专项计划。该计划的内容为:从2013年起至2020年,每年选派3万名优秀幼儿园、中小学(含普通高中,下同)和中等职业学校教师到“三区”支教一年;每年为“三区”培训3000名幼儿园、中小学和中等职业学校的骨干教师和紧缺专业教师。通过选派支教教师和培训当地教师,加快“三区”教师队伍建设,提高教师素质,为推动“三区”普及学前教育、义务教育均衡发展、普及高中阶段教育、大力发展中等职业教育提供人才支持。受援助的县级单位涉及28个省(自治区、直辖市)和新疆生产建设兵团的1272个县、团场。截至2016年,中央财政累计安排专项工作经费10.8亿元,已选派8.3万名教师到1272个“三区”县支教。

(四)教育质量的均衡

2018年2月,教育部发布《2017年全国义务教育均衡发展督导评估工作报告》。报告指出,2017年全国义务教育均衡发展取得新进展,有560个县通过国家督导评估,全国累计数量已达2379个县,占全国总数的81%,其中东部地区819个,中部地区782个,西部地区778个。上海、北京、天津、江苏、浙江、广东、福建、吉林、安徽、山东、湖北等11个省、直辖市整体通过评估认定。这对于全国义务教育来说,意味着已从“解决有学上”到“优质平衡发展”(见图5-2、图5-3)。

2017年是全国义务教育均衡发展督导评估攻坚年。据国务院教育督导委员会办公室主任、教育部教育督导局局长何秀超表示,下一步义务教据各地接受实地检查时所报数据统计，自2013年启动督导评估认定以来：

新建改扩建学校约
（含多次改扩建重复统计）
26 万所

增加学位
2725 万个

补充教师
172 万人

参与交流校长和教师
243 万人次

图 5-2　义务教育均衡实现新突破

资料来源：《2017 全国义务教育均衡发展“成绩单”》，新华网。

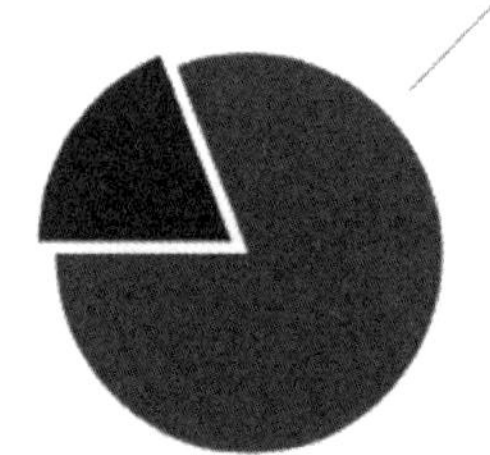

2017年，全国有2379个县义务教育发展实现基本均衡，占全国总县数的81%

上海　北京　天津　江苏　浙江　广东
福建　吉林　安徽　山东　湖北

其中11个省、直辖市整体通过评估认定

图 5-3　全国超八成县（县级市、区）义务教育实现基本均衡

资料来源：《2017 全国义务教育均衡发展“成绩单”》，新华网。

育均衡发展将重点夯实政府责任，解决当前义务教育发展中长期存在的、百姓反映强烈的难点问题。大力推进农村学校标准化建设，加快农村小规模学校和寄宿制学校建设，加强控辍保学，振兴乡村教育。提升教师素养，突破教师管理制度，深化教师队伍改革。拓展优质均衡发展新格局，深入推进教育体制机制改革，推动义务教育内涵发展。[①] 从数量上看，虽

① 王家源：《2017 年全国义务教育均衡发展督导评估工作报告显示：超八成县实现义务教育基本均衡》，《中国教育报》2018 年 3 月 1 日。

然全国超过80%的县通过了评估认定,但剩下的大都是难啃的“硬骨头”,其中有许多县位于边远山区、牧区和高寒高海拔地区,办学面临许多特殊困难,教育脱贫攻坚的任务艰巨。2018年,教育部继续做好义务教育发展基本均衡县的督导评估认定工作,实现全国85%的县达到基本均衡目标。同时,启动义务教育优质均衡发展督导评估认定工作,实现义务教育均衡发展在更高水平上不断推进,努力满足人民群众对公平而有质量的义务教育的需求。

为巩固义务教育均衡发展成果,防止均衡发展水平滑坡,按照《县域义务教育均衡发展督导评估暂行办法》的规定,对2013—2016年通过国家认定的1816个县的义务教育均衡发展情况进行了第四次监测复查,跟踪评估县域内义务教育发展水平和校际均衡状况。监测结果显示,1816个县的义务教育均衡发展水平总体上略有提高。与2015年相比,8项指标值基本呈增长趋势,其中生均教学仪器设备值增幅最大,小学和初中的增幅分别为8.7%和9.1%;校际差距进一步缩小,小学综合差异系数由2015年的0.420下降为0.413,初中综合差异系数由0.335下降为0.329(见图5-4)。

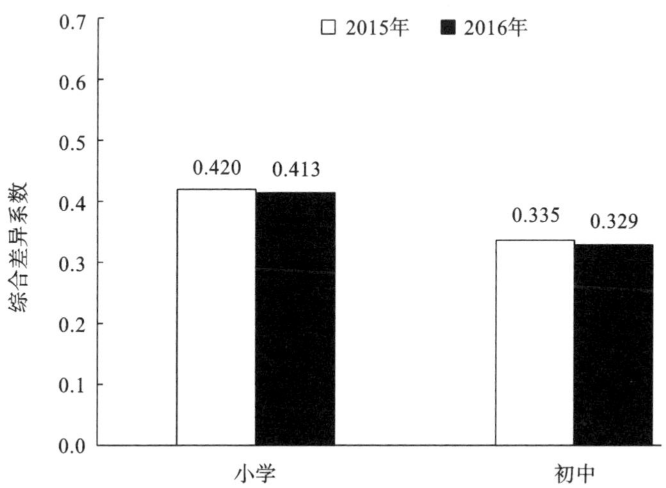

图5-4 2015—2016年1816个县小学、初中综合差异系数

资料来源:教育部《2017年全国义务教育均衡发展督导评估工作报告》。

随着义务教育均衡发展深入推进，各阶段的入学率和九年义务教育巩固率也不断得到提高。据《2017年全国教育事业发展统计公报》显示，全国九年义务教育巩固率已经达到93.8%(见图5-5)。

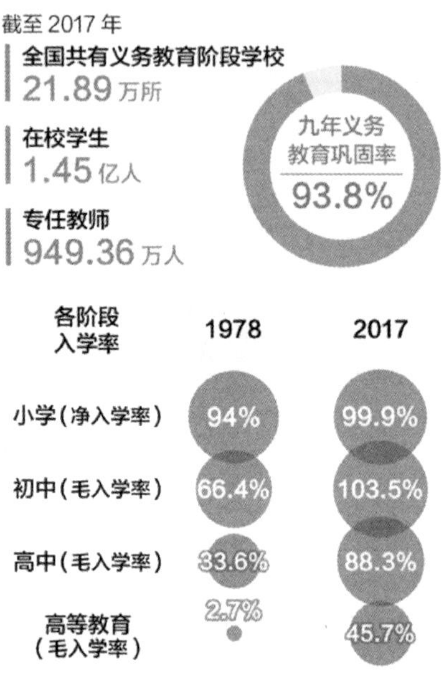

图5-5 2017年入学率和九年义务教育巩固率

资料来源:《学有所教,从"有学上"到"上好学"——国家财政性教育经费支出占GDP比例连续六年保持在4%以上》,《人民日报》2018年8月9日。

注:2017年,我国初中阶段毛入学率为103.5%。教育部发展规划司司长刘昌亚解释说,教育部统计初中学龄人口的年龄范围是12—14岁,但是在现实中,初中阶段在校生的年龄可能并不完全都在这个区间里,由于各种各样的原因,出现低龄或超龄初中学生,因此毛入学率就会出现超过100%的情况。刘昌亚进一步表示,出现低龄或超龄初中学生,说明有劝返的学生回来上学,"在某种程度上反映了我们控辍保学工作取得了一定成效"。

按照《"十三五"推进基本公共服务均等化规划》,到2020年,九年义务教育巩固率、义务教育基本均衡县(市、区)的比例均达到95%。义务教育均衡化建设的重点任务是要建立城乡统一、重在农村的义务教育经费保障机制,加大对中西部和民族、边远、贫困地区的倾斜力度;统筹推进县域内城乡义务教育一体化改革发展,推进建设标准、教师编制标准、生均公用经费基准定额、基本装备配置标准统一和“两免一补”政策城乡全覆盖,基本实现县域校际资源均衡配置,扩大优质教育资源覆盖面,提高乡村学校和教学点办学水平;落实县域内义务教育公办学校校长、教师交流轮岗制度;保障符合条件的进城务工人员随迁子女在公办学校或通过政府购买服务在民办学校就学。

三、大力发展学前教育和职业教育

(一)学前教育

农村的学前教育在这一阶段获得了快速的发展。2010年,国务院《关于当前发展学前教育的若干意见》中明确提出,要努力扩大农村学前教育资源。各地要把发展学前教育作为社会主义新农村建设的重要内容,将幼儿园作为新农村公共服务设施统一规划,优先建设,加快发展。要求各级政府要加大对农村学前教育的投入,从2010年开始,国家实施推进农村学前教育项目,重点支持中西部地区;地方各级政府要安排专门资金,重点建设农村幼儿园。乡镇和大村独立建园,小村设分园或联合办园,人口分散地区举办流动幼儿园、季节班等,配备专职巡回指导教师,逐步完善县、乡、村学前教育网络。改善农村幼儿园保教条件,配备基本的保教设施、玩教具、幼儿读物等。创造更多条件,着力保障留守儿童入园。发展农村学前教育要充分考虑农村人口分布和流动趋势,合理布局,有效使用资源。在经费投入方面,各级政府要将学前教育经费列入财政预算,新增教育经费要向学前教育倾斜。财政性学前教育经费在同级财政性教育经费中要占合理比例,未来三年要有明显提高。中央财政设立专项经费,支持中西部农村地区、少数民族地区和边疆地区发展学前教育和学前双语教育。地方政府要加大投入,重点支持边远贫困地区和少数民族地区发展学前教育。

2012年,教育部等四部门发布《关于加强幼儿园教师队伍建设的意见》,提出要启动实施支持中西部农村边远地区开展学前教育巡回支教试点工作,吸引优秀人才到农村边远贫困地区幼儿园任教。对长期在农村基层和艰苦边远地区工作的幼儿园教师,实行工资和职称(职务)等方面的倾斜政策。此外,还要加大面向农村的幼儿园教师培养培训力度。同时,鼓励地方政府将符合条件的农村幼儿园教师住房纳入保障性安居工程统筹予以解决,改善农村幼儿园教师的工作和生活条件。

为落实这一文件精神,经国务院同意,教育部等单位于2014—2016年实施第二期学前教育三年行动计划。其目标是,到2016年,全国学前三年毛入园率达到75%左右。城镇和经济发达地区的农村全面普及学前三年教育,其他农村地区特别是集中连片特困地区学前三年毛入园率有较大增长。各省(自治区、直辖市)第二期学前教育三年行动计划经省级人民政府批准后报教育部。对于农村来说,要求首先扩大总量,着力扩大农村学前教育资源,重点解决好连片特困地区、少数民族地区、留守儿童集中地区学前教育资源短缺问题。

2015年,财政部、教育部制定了《支持学前教育发展资金管理办法》,提出学前教育发展资金重点支持中西部和东部困难省份,并向农村、边远、贫困和民族地区倾斜。包括:支持在农村和城乡接合部新建、改扩建公办幼儿园、改善办园条件等;支持企业事业单位、城市街道、农村集体举办的幼儿园向社会提供普惠性服务;支持在偏远农村地区实施学前教育巡回支教试点,等等。

通过一系列政策文件的下发和项目的实施,农村学前教育有了较快的发展。

首先,农村学前教育经费投入大幅增长。从2011年以来,我国政府越来越重视学前教育投入。2014年总投入为2048亿元,与2011年的1018亿元相比,增长了1.01倍。学前教育经费占我国教育经费总投入的比例也由2011年的4.27%增加到2014年的6.24%,增加了1.97个百分点。其中,农村(镇区+乡村)则由 2011 年的 342 亿元增长到 2014 年的 902 亿元,增长了 1.64 倍,高出城市 95 个百分点。与 2011 年相比,2014 年的国家财政性学前教育经费投入增加了 1.25 倍,其中农村(镇区+乡村)由 2011 年的 140 亿元增加到 2014 年的 461 亿元,增加了 2.29 倍。[①] 这明显体现出国家在学前教育经费方面对农村的倾斜。

其次,农村学前教育资源增幅显著。2011 年全国仅有幼儿园 16.68 万所,2015 年增至 22.37 万所,增幅达 34.11%。其中,镇区和乡村一共增加了 41459 所。教育部门办的普惠幼儿园中,镇区和乡村增加的幼儿园数量占 88.8%。也就是说,近九成的普惠性幼儿园投放在了镇区及乡村。

再次,乡村幼儿受教育机会大幅度提高。"入园难"是"十二五"指出的社会普遍关注的热点问题。2012 年我国学前三年毛入学率仅为 62.3%,到 2015 年,达到了 75%,超过了《国家中长期教育改革和发展规划纲要(2010—2020 年)》2020 年目标任务 5 个百分点。到 2016 年,我国学前教育毛入学率达到 77.4%,已经高于中高收入国家的平均水平。

最后,乡村幼儿园教师队伍扩大,专任教师学历水平大幅提高。到 2015 年,全国幼儿园专任教师数量由 2011 年的 131 万人增加到 205 万人,新增专任教师中,镇区和乡村共占近 60%。具有大专及以上学历的专任教师比例,与 2011 年相比,也提高了 11 个百分点。到 2017 年,全国幼儿园专任教师和园长中,具有专科以上学历的占 80%以上。与城市相比,镇区和乡村幼儿园的专任教师学历提升幅度更大,尤其是乡村幼儿园,提升幅度最大。

教育部、国务院扶贫办《关于印发〈深度贫困地区教育脱贫攻坚实施方案(2018—2020 年)〉的通知》中提出,省级统筹学前教育资金向"三区三州"倾斜,实施好第三期学前教育行动计划。鼓励在"三区三州"实施"幼有所育"计划,大力发展公办幼儿园,支持每个乡镇至少办好一所公办

---

① 邬志辉、秦玉友等:《中国农村教育发展报告 2016》,北京师范大学出版社 2017 年版,第 2 页。

中心幼儿园,大村独立建园,小村联合办园或设分园,完善农村学前教育服务网络,帮助农村贫困家庭幼儿就近接受学前教育,解放农村劳动力。采取多种方式鼓励普惠性民办幼儿园招收建档立卡贫困学生。落实幼儿园教职工配备标准,配足配齐幼儿园教职工,加大对农村幼儿园教师特别是小学转岗教师的培训力度。

(二)职业教育和成人教育

面向农村的职业教育是服务农业、农村、农民的职业教育,包括办在农村的职业教育、农业职业教育和为农村建设培养人才的职业教育与技能培训,其中“农业”包括农、林、牧、副、渔、水利以及农业社会化服务等涉农产业。农村职业教育要以推动县域经济社会发展为目标。农村成人教育是推动乡村经济社会发展的智力支撑,在提高农民综合素质、培养新型职业农民方面发挥着重要作用。

2011 年,教育部等九部门发布《关于加快发展面向农村的职业教育的意见》,提出以农村实用人才带头人和农村生产经营型人才为重点,每年培养农村实用人才 100 万人,实现 2020 年农村实用人才总量达到 1800 万人的目标。服务现代农业和新一轮“米袋子”“菜篮子”工程建设,优先扶持中等农业职业学校创建国家级中等职业教育改革发展示范学校,办好 1000 个涉农专业点,普遍提升农业职业学校办学水平,使其成为培养农业技能型人才的重要基地;13 个粮食主产省、21 个重点市和 800 个产粮大县、600 个大城市郊区和蔬菜优势产区要重点办好一批农业职业学校和涉农专业。意见还提出,要加强“三教统筹”,推进农科教结合。农村基础教育、职业教育、成人教育要分工协作,形成合力,共同培育“有文化、懂技术、会经营”的新型农民。要求每年开展各类农民和农民工培训 8000 万人次。还提出要加强师资队伍建设,加大经费投入。为贯彻该意见,同年 11 月 7 日,教育部等九部门在西安市联合召开加快发展面向农村的职业教育工作会议。会议提出六个方面的要求:一是尽快将免学费范围扩大到所有农村学生;二是在中等职业教育改革发展示范校、优质特色校和高等职业教育示范校等建设项目中要向农村、农业职业学校和涉农专业倾斜;三是加快现代职业教育体系建设步伐,增强服务农业现代化、工业化、城镇化的能力;四是密切工学结合、校企合作、产教融合;五是积极动员农村职业学校、乡村成人学校、农村中小学开展新型农民和农村富余劳动力培训;六是推进中等和高等农业职业教育协调发展,构建人才成长的立交桥。

2016年3月,教育部联合全国总工会印发《农民工学历与能力提升行动计划——"求学圆梦行动"实施方案》,动员号召各省教育系统、工会系统创新工作机制,整合多方资源,加大经费投入,加强农民工学历继续教育与非学历培训,满足农民工特别是新生代农民工提升学历、增加技能、稳定就业、融入城市、幸福生活等多方面需求,促进教育强民、技能富民、就业安民。该方案明确提出,到2020年,在有学历提升需求且符合入学条件的农民工中,资助150万名农民工接受学历继续教育,使每一位农民工都能得到相应的技术技能培训,能够通过学习免费开放课程提升自身素质与从业能力。

此外,教育部积极推动职业学校、社区学校和乡镇成人文化技术学校参与"阳光工程""雨露计划""农村劳动力技能就业计划"等农民和农民工培训项目的实施,对拟转移农民和农民工分别开展职业技能培训,每年开展农民工职业技能培训约1500万人次,其中承担各部门培训任务约500万人次。

从2013年开始,教育部开展国家级农村职业教育和成人教育示范县创建工作。创建范围以县、市为主,兼顾涉农区及新疆生产建设兵团、黑龙江省农垦总局下辖县级单位。要求5年内创建300个国家级农村职业教育和成人教育示范县。2014年,经评审,有59个县(市、区)入围首批国家级农村职业教育和成人教育示范县创建名单。2016年12月15日,教育部职业教育与成人教育司在京召开农村职业教育和成人教育推进会，总结交流第一批国家级农村职业教育和成人教育示范县创建经验。会上公布了第一批职业教育和成人教育示范县名单，确定北京市房山区等59个县(市、区)为第一批示范县创建合格单位，并开通了国家级农村职业教育和成人教育示范县资源展示与交流平台。

农村职业教育扶贫工作也在进行。自2010年秋季学期起，东中部12个省市44所职业院校每年计划招收西藏学生3000人；自2011年秋季学期起，9省市33所职业院校每年计划招收新疆学生3300人(含兵团300人)。学生学习、生活费用由中央财政负担。到2015年底，西藏中职班和新疆中职班分别累计招生1.8万人和1.65万人。对口扶贫效果明显。自2012年以来，按照教育部统一部署，遴选了10个东部地区职业教育集团，以“一对一”的方式对口帮扶滇西边境山区10州市和职业学校。截至2016年底，共支援资金近1300万元，签订合作协议42份，联合招生1000余人，培训干部约1000人。

2017年印发的《国家教育事业发展“十三五”规划》中提出，要在人口集中和产业发展需要的贫困地区建好一批中等职业学校，重点支持贫困地区建设好符合当地经济社会发展需要的中等职业学校。要求着力建设一批服务现代产业发展和扶贫开发等重点工作领域的高水平职业学校。主要内容是，支持100所左右高等职业学校和1000所左右中等职业学校建设，改善基本办学和实习实训条件，强化国家重点领域产业和区域支柱产业相关专业建设，重点提升学校服务学历教育、社区教育、职工教育培训等能力，建成一批人才培养、科技创新、专业建设与产业融合发展的高水平职业学校。

第二节 农村文化建设新举措

一、大力推进贫困地区文化基础设施建设和帮扶行动

确保到2020年农村贫困人口实现脱贫,是全面建成小康社会最艰巨的任务。2015年11月29日,中共中央、国务院颁布《关于打赢脱贫攻坚战的决定》,提出的总体目标是,到2020年,稳定实现农村贫困人口不愁吃、不愁穿,义务教育、基本医疗和住房安全有保障。为达到这一目标,提出的措施中就包括加强贫困地区乡风文明建设。不仅要培育和践行社会主义核心价值观、大力弘扬中华民族传统美德,还要倡导现代文明理念和生活方式,改变落后风俗习惯,善于发挥乡规民约在扶贫济困中的积极作用,激发贫困群众奋发脱贫的热情。在文化建设方面,提出的具体措施包括:要推动文化投入向贫困地区倾斜,集中实施一批文化惠民扶贫项目,普遍建立村级文化中心;深化贫困地区文明村镇和文明家庭创建;推动贫困地区县级公共文化体育设施达到国家标准;支持贫困地区挖掘保护和开发利用红色、民族、民间文化资源;鼓励文化单位、文艺工作者和其他社会力量为贫困地区提供文化产品和服务,等等。文化部等部门为大力推进贫困地区的文化建设,实施了一批文化项目,开展了一系列帮扶行动。

1. “春雨工程”

2011年4月,文化部、中央文明办发出《关于组织开展“春雨工

程”——全国文化志愿者边疆行工作的通知》。作为“春雨工程”的重要内容,“文化志愿者边疆行”着眼于满足边疆民族地区群众基本文化需求,通过开展各省(自治区、直辖市)对边疆民族地区的文化志愿服务活动,加大对民族地区、边疆地区、贫困地区文化服务网络建设的支持和帮扶力度。“文化志愿者边疆行”通过组织招募相关文化志愿者,分期分批赴边疆民族地区开展“文化志愿者边疆行大舞台”“文化志愿者边疆行大讲堂”“文化志愿者边疆行大展台”系列活动,丰富和活跃边疆人民的精神文化生活,通过内地与边疆各地区、各民族之间的交流,增强边疆各族人民对伟大祖国的认同、对中华民族的认同、对中华文化的认同、对中国特色社会主义道路的认同,努力推动边疆各民族和睦相处、和衷共济、和谐发展。

2012 年《文化部“十二五”时期文化改革发展规划》提出要实施文化建设“春雨工程”:以新疆为试点,在边疆和少数民族地区加快推进以基层为重点的公共文化基础设施建设,着力构建公共文化服务体系运行经费保障机制,加强文化活动和文化内容建设,加大文化艺术人才培养和文化干部队伍建设。

黑龙江省 2011 年“春雨工程”——全国文化志愿者边疆行活动于 8 月 4 日在黑龙江省黑河市启动,选择了黑河市的爱辉区、孙吴县、逊克县,作为此次“春雨工程”的受援地区。除了赠送图书和光盘等之外,志愿者还在这些边疆地区宣传文化建设成果、文化共享工程;对边疆县文化共享工程县级支中心工作人员、乡镇基层服务点工作者进行培训,帮助他们提高技术业务水平,指导开展各类文化服务;帮助相关文化共享工程县级支中心及其乡镇基层服务点解决计算机软硬件问题等。2016 年 7 月在银川市举行了 2016 年“春雨工程”——全国文化志愿者宁夏行启动仪式。这次活动除了天津市河西区文化志愿者团队带来的大型歌舞表演外,还有安徽省文化厅组织的优秀书画摄影作品展。此外,来自文化部公共文化司、非遗司和天津、安徽等地的专家学者,面向宁夏各市县(区)文化馆馆长、图书馆馆长、贫困地区 110 名乡镇文化站站长、示范性农民文化大院文化能人等开展有针对性的主题讲座。

仅2015年,文化部通过"春雨工程"——全国文化志愿者边疆行和"大地情深"——国家艺术院团志愿服务走基层活动,组织5000多名文化志愿者赴50多个少数民族聚居区和贫困县,举办各类文艺演出、辅导讲座、展览展示200多场,共实施170多个项目,服务群众50多万人次,惠及群众上百万人次,在丰富当地群众精神文化生活的同时,有效提高了他们的科学文化素质。

2. 贫困地区百县万村综合文化服务中心示范工程

2015年,文化部等七部委联合印发《"十三五"时期贫困地区公共文化服务体系建设规划纲要》,要求到2020年,贫困地区公共文化服务能力和水平有明显改善;群众基本文化权益得到有效保障;基本公共文化服务主要指标接近全国平均水平,扭转发展差距扩大趋势;公共文化在提高贫困地区群众科学文化素质、促进当地经济社会全面发展方面发挥更大作用。规划纲要实施范围为六盘山区、秦巴山区、武陵山区、乌蒙山区、滇桂黔石漠化区、滇西边境山区、大兴安岭南麓山区、燕山-太行山区、吕梁山区、大别山区、罗霄山区等区域的集中连片特困地区和已经明确实施特殊政策的西藏、四省藏区、新疆南疆四地州,以及连片特困地区以外的国家扶贫开发工作重点县,共计839个县,其中含民族自治地方县426个、革命老区县357个、陆地边境县72个。

2015年,中宣部会同文化部、新闻出版广电总局、体育总局等部门,启动实施了贫困地区百县万村综合文化服务中心示范工程。计划用两年时间,在集中连片特殊困难地区县和国家扶贫开发工作重点县的每个乡镇选取一个行政村,按"七个一"的标准(一个1000平方米以上的文化活动广场、一个90平方米以上的文化活动室、一个简易戏台、一个宣传栏、一套文化器材、一套广播器材和一套体育器材)建设村综合文化服务中心示范点,共10202个村。中央财政通过中央补助地方公共文化服务体系建设专项资金等,支持乡镇和村基层综合文化服务中心维修和设备购置,支持购买村(社区)公共文化服务中心的公益文化岗位等。截至2015年底,体育总局共投入中央集中彩票公益金45亿多元,支持推动各地建设行政村农民体育健身工程57万多个，覆盖了78.3%的行政村，基本都整合在农村文体广场当中。[①] 2016年，中宣部、文化部等部门启动“贫困地区民族自治县、边境县村综合文化服务中心覆盖工程”，计划两年内建设2.2万个村综合文化服务中心，实现国家级贫困县范围内的民族县、边境县村综合文化服务中心全覆盖。

3. 边远贫困地区、边疆民族地区和革命老区(“三区”)人才支持计划

“三区”人才支持计划文化工作者项目于2013年正式启动。计划从2013年到2020年，每年选派1.9万名优秀文化工作者到边远贫困地区、边疆民族地区和革命老区工作和提供服务，每年为“三区”培训1500名急需紧缺的文化工作者。项目重点支持国家扶贫开发工作重点县和连片特困地区。如，四川省有66个县为项目重点支持县，覆盖了四川全省的大部分地区。截至2015年，中央财政拨付四川省“三区计划”文化工作者专项资金4200余万元，选派了1500余人，培养了500余人。[②]

2014年4月，科技部等五部门印发《边远贫困地区、边疆民族地区和革命老区人才支持计划科技人员专项计划实施方案》。按照方案提出的目标，从2014年至2020年，国家每年选派2万名科技人员到“三区”提供科技服务、开展农村科技创新创业，每年为“三区”培养2500名本土科技服务人员和农村科技创新创业人员，积极推动“三区”科技人员队伍建设，围绕“三区”支柱产业大力引导科技成果的转移和转化，为“三区”经济社会发展提供有效的科技人才支持和智力服务。2017年度“三区”科技人员专项计划中，中央财政资金支持中西部22个省份以及新疆生产建设兵团选派人员18135人，培训2305人，共计经费3.2亿元。其中，就甘肃省来说，科技部继续按照西部倾斜政策支持该省60个贫困县的科技人才发展，选派1221人(安排经费2442万元)，培训本土人才138人(安排经费

① 国家体育总局:《对十二届全国人大五次会议第1497号建议的答复》，2017-12-29，http://www.sport.gov.cn/n315/n10701/c841640/content.html。

② 文化部关于政协十二届全国委员会第四次会议第2969号(文化宣传类159号)提案答复的函，文公共函〔2016〕602号。

162万元),共计经费2604万元。[①]

4. "阳光工程"——中西部农村文化志愿服务行动计划

2016年,文化部与中央文明办联合启动这一计划,目的是帮助少数民族地区解决贫困地区特别是村级综合性文化服务中心人才不足的问题。通过将活跃在农村、有文艺专长、热心公益的群众文艺骨干招募为文化志愿者,并给予适当补贴,让他们协助开展农村文化建设。2016年计划在中西部22个省(自治区、直辖市)和新疆生产建设兵团共招募1200名农村文化志愿者,配备到1200个行政村,开展为期一年的文化志愿服务。文化部项目办对每名文化志愿者按照每月500元(每年6000元)的标准发放服务补助,并给予每名文化志愿者每年83元的保险费补助。

通过该计划以及"三区"人才支持计划文化工作者项目的实施,农村文化人才匮乏现象有了一定的改观。

5. 贫困地区设备购置项目

该项目自2016年起由文化部、财政部联合实施。首先是贫困地区村文化活动室设备购置项目,为集中连片特困地区和西藏、四省藏区、新疆南疆四地州以及其余国家扶贫开发工作重点县的村文化活动室购置设备,按照每个文化活动室2万元的标准,分五年为贫困地区839个县已建成的11万多个村文化活动室配置音响、乐器、电脑、桌椅等基本文化设备,以保障文化活动的正常开展。其次是流动文化车项目,分两年为贫困地区839个县的文化馆每馆配送一辆流动文化车。

此外,推进公共数字文化建设项目。继续实施文化共享工程,启动中西部贫困地区公共数字文化服务提档升级项目,提升中西部839个贫困县乡镇文化站的配置。深入开展边疆万里数字文化长廊建设与服务。继续开展"数字图书馆推广工程"。

---

① 《2017年"三区"人才支持计划科技人员专项计划"出炉" 下达甘肃选派人数1221人》,2017-05-24,http://www.chinadevelopment.com.cn/news/zj/2017/05/1144437.shtml。

二、乡村文化建设

2015 年 1 月,中共中央办公厅、国务院办公厅《关于加快构建现代公共文化服务体系的意见》提出要加强农村文化设施建设,拓展重大文化惠民项目服务"三农"内容,加大对农村民间文化艺术的扶持力度。同年 12 月,财政部《中央补助地方公共文化服务体系建设专项资金管理暂行办法》提出专项资金的支出范围包括:用于支持地方提供基本公共文化服务项目,改善基层公共文化体育设施条件,加强基层公共文化服务人才队伍建设等。具体支持范围包括提供基本公共文化服务项目、公共文化体育设施维修和设备购置、基层公共文化服务人才队伍建设以及基本公共文化服务其他项目。基本公共文化服务项目具体支出范围包括读书看报、收听广播、观看电视、观赏电影、送地方戏、设施开放服务以及开展文体活动等。其中专门针对农村的,有观赏电影服务,即为农村群众提供数字电影放映服务,以及送地方戏服务,即为农村乡镇每年送戏曲等文艺演出。

2016 年,国务院印发《全民科学素质行动计划纲要实施方案(2016—2020 年)》,提出实施农民科学素质行动的任务包括:①宣传创新、协调、绿色、开放、共享的发展理念,围绕农业现代化、加快转变农业发展方式、粮食安全等,贯彻党和国家强农惠农富农政策,普及高效安全、资源节约、环境友好、乡村文明等知识和观念;②加强农村科普信息化建设,推动"互联网+农业"的发展,促进农业服务现代化;③着力培养 1000 万名具有科学文化素质、掌握现代农业科技、具备一定经营管理能力的新型职业农民,全面提升农民的生活水平;④进一步加大对革命老区、民族地区、边疆地区、集中连片贫困地区科普工作的支持力度,大力提高农村妇女和农村留守人群的科学素质。在采取的具体措施方面,不仅包括大力开展农业科技教育培训,加强农村科普公共服务建设和农村科普信息化建设,还要求开展形式多样的农村科普活动。特别提到要通过各类科普活动,大力普及绿色发展、安全健康、耕地保护、防灾减灾、绿色殡葬等科技知识和观念,传播科学理念,反对封建迷信,帮助农民养成科学健康文明的生产生活方式,提高农民健康素养,建设美丽乡村和宜居村庄。尤其是提出要加强对薄弱地区的科普精准帮扶。开展的活动和计划有巾帼科技致富工程、巾帼科技特派员、巾帼现代农业科技示范基地建设等工作,组织开展"智爱妈妈"活动,努力提高农村妇女的科学素质。

在落实上述政策文件的基础上,农村文化建设工作取得了重要进展。

第一,基层公共文化设施网络逐步完善。目前,我国已基本实现了县有图书馆、文化馆,乡镇有综合文化站的建设目标,面向农村的公共文化设施网络基本建成。截至2015年底,全国共建成乡镇综合文化站34239个。自2015年,各地认真贯彻落实国办《关于推进基层综合性文化服务中心建设的指导意见》,与新型城镇化和社会主义新农村建设相结合,建成了一批功能完善、各具特色的基层综合性文化服务中心,进一步巩固了农村基层文化阵地。2016年中央财政安排免费开放补助资金11.36亿元,用于组织公益性群众文化活动,辅导村级文化骨干等。

2011年起,文化部与财政部共同开展美术馆、公共图书馆、文化馆(站)免费开放工作,对县级公共图书馆、文化馆每年补助20万元,乡镇综合文化站每年补助5万元。在县一级,大力推进县级图书馆、文化馆总分馆制建设,将县一级的优质公共文化服务资源输送到农村;在乡镇一级,大力开展乡镇综合文化站效能建设,通过评估定级、服务效能抽查等手段,发挥好乡镇综合文化站向上承接和向下输送的功能;在村一级,深入推进基层综合性文化服务中心建设。例如,浙江文化礼堂、甘肃乡村舞台、广西村级公共服务中心、安徽农民文化乐园等试点已普遍建成布局合理、功能配套、供需衔接、各具特色的基层综合文化服务中心。福建省三明市组织开展文化祠堂建设,利用"小祠堂"培育"大文明",建成了一批集学教型、礼仪型、娱乐型为一体的文化祠堂。福建省图书馆还通过在经济欠发达地区县图书馆建立乡镇分馆及村流通点,实现精准帮扶。至 2016 年底,全国共建成县级以上公共图书馆 3139 个、文化馆(含群艺馆)3315 个、乡镇(街道)综合文化站 40976 个,覆盖城乡的公共文化服务设施网络初步形成。

截至 2015 年底,全国已建成农家书屋 60 多万家,覆盖了全国具备基本条件的行政村。工程实施以来共向农村配送图书 10 亿多册,农民人均图书占有量 1.13 册。依托中国知网丰富的知识资源和成熟的数字出版技术优势,在全国 31 个省(自治区、直辖市)2400 多个县级行政区建成网络书屋(数字农家书屋)40 万家。

第二,丰富农村居民精神文化生活。据统计,2017 年全国艺术表演团体共演出 293.77 万场,比上年增长 27.4%,其中赴农村演出 184.44 万场,增长 21.7%,赴农村演出场次占总演出场次的 62.8%;国内观众 12.49亿人次,比上年增长 5.7%,其中农村观众 8.3 亿人次,增长 33.8%。[1] 为了充分发挥优秀传统文化对农村文化的涵养作用,文化部 2015 年在全国评审命名了 442 个县(县级市、区)、乡镇(街道)为 2014—2016 年度"中国民间文化艺术之乡",开展以繁荣民间文化艺术为主题的传播交流、普及推广活动。同时,近年来"中国农民歌会""中国农民艺术节""一乡一品、一村一品"等农村品牌文化活动蓬勃开展,大大丰富了广大农民的精神文化生活。此外,广泛实施地方戏曲振兴工程,开展送戏下乡活动,加强对地方戏曲的保护与传承。实施非物质文化遗产传承人群研修培训计划,提升民间艺人的艺术修养和传承能力。

文化部联合财政部实施的送戏下乡活动,主要是为中西部贫困地区乡镇和行政村配送以地方戏为主的文艺演出。同时,还积极开展具有民族传统和地域特色的剪纸、绘画、陶瓷、泥塑、雕刻、编织等民间工艺项目展览展示,以及戏曲、杂技、花灯、龙舟、舞狮舞龙等民间艺术和民俗表演

① 《文化和旅游部 2017 年文化发展统计公报》。

活动,大力丰富农村居民的精神文化生活,引导广大农民群众崇尚科学,破除迷信,移风易俗,抵制腐朽文化,提高思想道德水平和科学文化素质,形成文明健康的生活方式和社会风尚。

自2014年起,国家新闻出版广电总局会同教育部每年开展"我的书屋,我的梦"农村少年儿童阅读活动,在青少年中传承中华优秀传统文化;组织制定《农家书屋重点出版物推荐目录》,其中优秀传统文化方面的图书占20%。例如,福建省图书馆以正谊书院为阵地,以"文化、传统、经典、创新"为服务宗旨,建立起一套中华优秀传统文化教育体系,并向全省辐射,已有县级图书馆采用书院的国学课本和教学方法。除此以外,积极推动群众文艺创作繁荣发展,为农民群众提供喜闻乐见的优秀文艺作品和演出。在2016年群星奖评奖工作中,各地共举办展演1.43万场,观众达1083万人次。2016年,全国艺术表演团体赴农村演出139.1万场,较2015年增长22%。各地乡镇综合文化站组织文艺活动次数达51.4万次,占到各级群众文化机构开展活动总数的53.6%。

第三,农村文化人才队伍建设。文化部联合有关部门先后组织实施了基层文化队伍培训计划、"三区"人才支持计划和中西部农村文化志愿服务行动计划,使农村文化人才匮乏的现象有了改观。例如,"三区"人才支持计划文化工作者项目2016年中央财政投入3.05亿元,选派16641名优秀文化工作者到"三区"工作,并为"三区"培养约1500名急需紧缺的文化工作者。"十二五"期间,文化部对全国现有24.27万县乡专职文化队伍和366.85万的业余文化队伍(包括业余文艺骨干、村/社区文化活动室工作人员等)进行了系统培训,积极推广在村(社区)建立政府补贴的"文化协管员"制度,不断壮大文化志愿者队伍,初步形成了一支专兼结合的基层文化工作队伍。2016年举办了基层文化队伍示范性培训64期,培训约3700人次;举办公共文化巡讲32期,培训约4700人次;举办"公共文化空中大课堂""网络书香讲坛""数字学习港"等远程培训25期,通过网络、手机等多种终端,累计培训60余万人次。农业部、中组部的农村实用人才带头人和大学生村官示范培训计划，截至2017年底，累计培训8万余名村“两委”成员、大学生村干部、种养大户等农村人才；中组部已培训边疆民族地区和革命老区农村党支部书记11.6万名。

在加强人才队伍建设的同时，文化部以乡镇综合文化站、村文化室为重点，以数字文化和流动文化为补充，统筹实施文化信息资源共享工程、数字图书馆推广工程、公共电子阅览室建设、戏曲进乡村等重点文化惠民项目，丰富基层公共文化产品供给。并组织文化部直属艺术单位艺术家，深入基层一线开展采风创作、结对帮扶、慰问演出等活动。

第四，加强监管，净化农村文化市场环境。农村基层文化市场的监管和引导是一项不容忽视的工作。2015年春节前后，河北、江苏等地连续发生葬礼淫秽表演案，在社会上造成恶劣影响。文化部于2015年4月通报了案件查处情况，以此警示违法经营分子，并于2016年全国文化市场管理工作会议上进行专门部署，要求各地依法加强春节前后农村文化市场特别是演出市场监管，防止“文化垃圾”污染美好乡村，为广大农村地区营造良好的文化市场环境。2015年，文化部印发《关于开展县城乡镇互联网上网服务营业场所专项整治工作的通知》，对县乡基层上网服务场所进行了专项整治，共出动执法人员85.2万余人次，检查上网服务营业场所28.4万家次，停业整顿297家，吊销经营许可证25家。文化部还针对农村地区文化市场存在的问题，采取多种措施进一步加强文化市场管理：一是推动文化娱乐行业转型升级，引导和促进有关经营场所阳光化发展，鼓励企业增加投入、积极参与公共服务。鼓励上网服务场所与基层公共文化服务相结合，弥补农村地区网络基础资源严重不足的问题。二是加大对农村文化市场经营场所、营业性演出活动等的日常巡查和执法检查力度。发挥12318举报电话、举报网站及短信平台的作用，畅通群众投诉建议渠道。三是健全农村文化市场信用监管体系，依法将严重违规的农村文化市场经营主体列入警示名单或黑名单，增强对违规经营行为的震慑力。

三、城乡文化一体化建设

(一)政策文件的下发和要求

2012年制定的《文化部“十二五”时期文化改革发展规划》提出,要加快构建公共文化服务体系,以城乡基层文化设施建设为重点,以流动文化设施和数字文化阵地建设为补充,继续加强公共文化设施建设,努力形成比较完备的国家、省、市、县(区)、乡镇(街道)、村(社区)六级公共文化设施网络。

2013年,《文化部“十二五”时期公共文化服务体系建设实施纲要》提出,行政村文化活动场所设置率要从2010年的34%,达到2015年的90%。而且,行政村文化活动场所,与城乡统筹、小城镇建设、新农村建设等政策相衔接,与村级组织办公场所、村小学、文化信息资源共享工程基层服务点建设相结合,统筹村级文化活动场所规划、修建、管理、运营和维护,体现多功能、综合性。为了保障这一目标的实现,纲要同时提出要深入实施文化援助帮扶计划。加大对革命老区、民族地区、边疆地区、贫困地区公共文化服务体系建设支持和帮扶力度。鼓励城市在基础设施建设、文化队伍培养、文化遗产保护、文化活动开展等领域对农村进行帮扶。把支持农村文化建设作为创建国家公共文化示范区的重要指标。完善中央、省、市级公益性文化单位经常性下乡服务制度,鼓励面向农村开展数字文化服务、流动文化服务和网点服务。采取“城乡共建、对口帮扶”的办法,推动城市与农村“结对子”,开展“一对一”帮扶活动,促进城乡公共文化服务一体化发展。

2015年1月,中共中央办公厅、国务院办公厅印发《关于加快构建现代公共文化服务体系的意见》,提出的目标是:到2020年,基本建成覆盖城乡、便捷高效、保基本、促公平的现代公共文化服务体系。其中，要求把城乡基本公共文化服务均等化纳入国民经济和社会发展总体规划及城乡规划。

意见对于农村公共文化服务体系的建设，提出了以下具体措施：拓展重大文化惠民项目服务“三农”内容；加大对农村民间文化艺术的扶持力度，推进“三农”出版物出版发行、广播电视涉农节目制作和农村题材文艺作品创作；完善农家书屋出版物补充更新工作；统筹推进农村地区广播电视用户接收设备配备工作，鼓励建设农村广播电视维修服务网点；大力开展流动服务和数字服务，打通公共文化服务“最后一公里”；建立公共文化服务城乡联动机制；以县级文化馆、图书馆为中心推进总分馆制建设，加强对农家书屋的统筹管理，实现农村、城市社区公共文化服务资源整合和互联互通，等等。针对老少边穷地区，要求编制公共文化服务体系建设发展规划纲要，集中实施一批文化扶贫项目，深入实施“三区”人才支持计划文化工作者项目，等等。

对于农村群众文化生活方面，意见提出，要实施基层特色文化品牌建设项目，推进民间文化艺术之乡建设，组织开展群众性节日民俗活动，广泛开展形式多样的群众性体育活动，等等。要求以同时印发的《国家基本公共文化服务指导标准（2015—2020 年）》为依据，指导各地制定并实施适合本地实际的实施标准，促进城乡文化发展一体化。通过推进县级文化馆、图书馆总分馆制建设，均衡配置城乡公共文化资源，实现城乡资源整合和互联互通。

2017 年 3 月正式施行的《公共文化服务保障法》提出，国家重点增加农村地区图书、报刊、戏曲、电影、广播电视节目、网络信息内容、节庆活动、体育健身活动等公共文化产品供给，促进城乡公共文化服务均等化。

（二）具体建设内容和成效

第一，加大政府公共财政投入。长期以来，中央财政支出将公共文化建设作为保障重点给予大力支持。自2005年起,中央财政设立农村文化建设专项资金,2014年安排经费44.84亿元,主要对村级公共文化设施设备更新维护和开展农村文体活动予以补助。

2015年,财政部制定了《中央补助地方公共文化服务体系建设专项资金管理暂行办法》,将原中央补助地方文化体育与传媒事业发展等专项资金整合设立中央补助地方公共文化服务体系建设专项资金,统筹用于支持地方公共文化服务体系建设。尽管目前文化支出占财政支出比例已不再作为预算安排依据,但财政部门仍对文化建设予以优先保障,持续加大文化建设投入力度。2010—2016年,全国财政一般公共预算文化体育和传媒支出1.7万亿元,年均增长速度高于全国财政收入年均增长速度。中央财政公共文化服务体系建设相关专项资金总规模由2010年的110亿元增加到2016年的208亿元,年均递增11.17%。国家还出台了一系列税收优惠政策以支持文化事业发展,比如个人将其所得通过中国境内的社会团体、国家机关向非营利的文化等公益事业捐赠,捐赠额不超过纳税人应纳税所得额30%的部分,可以从个人所得税前扣除。[①] 国家发改委积极安排中央财政资金支持公共文化设施建设,近年来先后实施了县级文化馆、图书馆建设,乡镇综合文化站建设,地市级图书馆、文化馆、博物馆建设,广播电视村村通工程,"西新工程",少数民族新闻出版东风工程等。国家还同时推进基本公共文化服务领域中央与地方财政事权和支出责任划分,健全基本公共文化服务财政保障机制。同时,充分发挥财政政策和财政资金引导作用,鼓励社会力量参与公共文化服务体系建设。

第二,加大公共文化服务设施建设力度,推动公共文化服务均等化。针对公共文化建设存在的城乡不均衡、区域不均衡等问题,文化部坚持重心下移、面向基层的工作原则,不断完善城乡基层公共文化设施网络。目前已基本实现"县县有图书馆文化馆、乡乡有综合文化站"的建设目标。截至2016年底,全国共建成县市级文化馆2933个,乡镇(街道)文化站

---

① 《文化部对十二届全国人大五次会议第5045号建议的答复》,文公共函〔2017〕695号。

41175个。全国文化信息共享工程初步建立了覆盖城乡的六级服务网络设施,包括1个国家中心、33个省级分中心、333个地市级支中心、2843个市县支中心、32179个乡镇基层服务点。[①] 各地认真贯彻落实国办《关于推进基层综合性文化服务中心建设的指导意见》,与新型城镇化和社会主义新农村建设相结合,建成了一批集宣传文化、党员教育、科学普及、普法教育、体育健身等多功能于一体的基层综合性文化服务中心,进一步巩固了农村基层文化阵地。文化部还会同中宣部等共同实施贫困地区百县万村综合文化服务中心示范工程,协调财政部设立贫困地区村文化活动室设备购置项目。文化部还以农村基层、贫困地区为重点,做好公共文化设施查漏补缺、填平补齐工作,同时结合城镇化进程,加强均衡配置、完善布局,拓展公共文化设施有效服务半径,使公共文化设施和服务人口规模相匹配。

文化部牵头实施的一批重大文化惠民工程和项目,成为推进现代公共文化服务体系建设的重要抓手。持续推进全国美术馆、公共图书馆、文化馆(站)免费开放,截至2017年,全国46000多所"三馆一站"已全部实现免费开放设施和空间场地、免费提供基本服务,服务能力大幅提升。深入开展国家公共文化服务体系示范区(项目)创建工作,为公共文化服务体系建设探索路径、积累经验、提供示范,同时带动地方政府加大资金投入力度。截至2018年,国家公共文化服务体系示范区(项目)创建资格名单已公布了四批。全国文化信息资源共享工程初步建立了覆盖城乡的六级服务网络设施,与中组部全国党员干部现代远程教育网联建70万个村(社区)基层服务点。数字图书馆推广工程已推动全国40家省级图书馆和483家地市级图书馆开展数字图书馆建设,各地在资源建设、基础设施提升、服务推广及实施保障等方面成效显著。新闻出版广电总局通过实施农家书屋工程、全民阅读工程、少数民族新闻出版东风工程等重点惠民工程,建立健全新闻出版广播影视公共服务长效机制,公共服务能力明显

---

① 《文化部对十二届全国人大五次会议第5045号建议的答复》,文公共函〔2017〕695号。

提高。体育总局狠抓完善群众身边的体育健身组织、建设群众身边的体育健身设施等“六个身边”工程,为全民健身创造良好环境和条件。

大力开展文化扶贫,提高基本公共文化服务均等化水平。文化部制定《“十三五”时期文化扶贫工作实施方案》,对贫困地区的文化帮扶力度明显加大。其中有:2015年底实施的贫困地区百县万村综合性文化服务中心示范工程;2016年实施的贫困地区民族自治县、边境县村综合文化服务中心覆盖工程,文化部联合财政部设立贫困地区村文化活动室设备购置项目、启动贫困地区流动文化车配备项目,等等。中央财政从2016年起设立“送戏下乡”专项资金,通过政府购买服务的方式,为中西部贫困地区乡镇每两个月配送一场地方戏为主的演出。同时,现有项目继续加大为基层服务力度。

第三,提高公共文化服务效能。除了文化部在“十三五”期间规划实施的贫困地区百县万村综合性文化服务中心建设项目外,为加强县域文化资源的统筹利用,2016年底,文化部等五部门印发《关于推进县级文化馆图书馆总分馆制建设的指导意见》,着力推进县域公共文化资源共建共享和服务效能提升。提出要大力推进县级文化馆、图书馆总分馆制建设,发挥县级总馆在县域公共文化建设中的中枢作用,通过分馆把优质公共文化服务延伸到基层农村,增加公共文化产品和服务供给。通过总分馆制建设,努力形成“人员互通、资源共享、服务联动”的格局,逐步实现县域公共文化服务的统筹、规范和均衡发展。

2011年以来,全国文化信息资源共享工程各级分中心和基层服务点通过各种形式,累计培训农民工超过500万人次。依托全国文化信息资源共享工程、数字图书馆推广工程、公共电子阅览室建设计划等公共数字文化惠民工程,生产了一大批适合的数字文化资源,各级数字文化资源总量超过1600 TB。2013年以来,文化部在全国组织开展了“‘文化暖心 点亮生活’关爱特殊群体文化志愿服务活动”“‘精彩生活 幸福使者’文化馆(站)志愿服务活动”等9个主题的基层文化志愿服务活动,组织文化志愿者深入社区、工地等农民工聚集区,为农民工送去免费的文艺演出、艺术培训、文化展览等服务,受到了普遍欢迎。

从2016年开始,文化部启动乡镇综合文化站服务效能抽查工作,每省(自治区、直辖市)随机抽取2个乡镇,督促地方党委政府落实责任,提升基层公共文化服务效能。推动公共文化服务供给侧结构性改革,2017年6月又组织在上海市召开公共文化服务效能建设现场经验交流会,总结了当前基层公共文化服务开展供需对接、提高服务效能的主要经验,现场考察了上海市在推进公共文化服务效能建设方面的做法,推动各地切实加强公共文化服务效能建设。

各级各类公共文化设施基本实现免费向农民工开放,普遍设置了便于农民工参与的服务项目和标准,公共文化设施已经成为广大农民工群体参与文化生活的重要阵地。2008年以来,全国总工会推出了面向基层一线职工特别是农民工的职工书屋建设工程,通过扩大职工书屋覆盖面,提高图书配送针对性,开展相关文化活动等方式,为广大农民工提供了便利的服务。职工书屋建设工程全面开展以来,全国总工会每年投入专项经费2000万元,在全国扶持建设1000家职工书屋示范点,2016年起增加到3000万元,新建示范点数增加到1200家,并陆续为往年已建示范点补充图书,同时推动各地工会相应配套投入,每年建设职工书屋1万家。从2008年工程启动到2018年,十年来,全国总工会累计投入专项经费逾2.2亿元,配送1000余万册、价值3.4亿元图书,扶持建设职工书屋示范点上万家。[①]

2015年5月,文化部等四部委出台了《关于做好政府向社会力量购买公共文化服务工作的意见》,政府将通过PPP(政府社会资本合作)等多种方式引导社会力量提供公共文化服务,推动构建多层次公共文化服务供给体系,20个省(自治区、直辖市)印发了关于政府购买公共文化服务的实施意见。2015年,全国文化行政部门所属艺术表演团体共组织政府采

① 《全国已累计建成职工书屋10万余家服务亿万职工》,中华全国总工会网,2018-04-24,http://www.acftu.org/template/10041/file.jsp?cid=1026&aid=96074。

购公益演出13.87万场,比上年增长27.8%。例如,安徽省统筹开展政府集中采购“送戏进万村”文化惠民活动,有效解决了农民群众看戏难问题。重庆市2015年将政府购买演出服务纳入市委、市政府为民办实事的25件实事之一。江苏省无锡市探索社会力量参与公共文化服务新模式,采用公开招标的办法,遴选专业服务企业负责公共图书馆和文化馆的运营,取得较好的效果。文化志愿者队伍不断壮大,目前已有24个省、275个地级市组建了文化志愿服务机构,各类文化志愿服务团队有6700多支,登记在册的文化志愿者人数突破百万,接近全国基层文化队伍总量的三分之一。

2017年,《国家“十三五”时期文化发展改革规划纲要》中提出了文化发展改革的目标任务,要求国民思想道德素质、科学文化素质和社会文明程度显著提高。社会精神文化生活丰富多彩,现代公共文化服务体系基本建成,实现传统文化创造性转化和创新性发展。在精神文明建设举措方面,不仅提出了公民道德建设工程、精神文明创建工程、精神文明专项行动,还有文化精品创作生产的各项工程,如“五个一”工程等。为了加快现代公共文化服务体系建设,提出一系列公共文化服务重大工程。其中,专门针对老少边贫地区公共文化建设,提出文化基础设施、出版、电视节目覆盖、人才培养等多方面的工程和计划。其中,贫困地区村级综合文化服务中心建设扶持工程是一项基础建设:通过盘活存量、调整置换、集中利用和新建等方式,在贫困地区普遍建成村级综合性文化设施,因地制宜配置保障基本文化需求、群众需要的有关场地和设施器材。其中对于传承民族民间文化,提出要把民族民间文化元素融入新型城镇化和新农村建设,发展有历史记忆、地域特色、民族特点的美丽城镇、美丽乡村,打造一批民间文化艺术之乡。此外还扶持民间文艺社团、业余队伍,培养乡土文化能人、民族民间文化传承人和各类文化活动骨干,等等。

这一庞大的文化发展改革计划为补农村文化建设这一短板提出了详细的计划。其中,有的已经开始实施。

第四,发挥传统文化资源的特色和优势,为美丽乡村建设提供文化支撑。2012 年 4 月,住房城乡建设部、文化部、财政部和国家文物局共同开展了传统村落调查登记工作,在此基础上先后公布了三批中国传统村落名录,涵盖 31 个省(自治区、直辖市)的 2555 个村落。2014 年以来又先后启动了两批共 151 个传统村落整体保护利用项目。加强对优秀乡土文化的挖掘和培育。命名 442 个县(县级市、区)、乡镇(街道)为 2014—2016 年度“中国民间文化艺术之乡”,广泛开展以繁荣民间文化艺术为主题的传播交流、普及推广活动。实施地方戏曲振兴工程,开展送戏下乡活动,加强对地方戏曲的保护与传承。实施非物质文化遗产传承人群研修培训计划,提升民间艺人的艺术修养和传承能力。各地积极探索传统文化与乡村建设的结合点,浙江省开展乡土文化保护工程和乡土故事征集等活动,山东省实施乡村儒学推进计划等,有效推动优秀传统文化融入现代乡村建设。

大力发展乡村旅游,带动农村物质文明和精神文明共同发展。旅游扶贫是物质和精神“双扶贫”,不仅直接带来物质上的财富,更重要的是带来新的思想观念。近几年的实践证明,发展旅游业能有效促进农民增收和农村经济社会全面发展,特别是对乡村基层文化建设和社会治理具有重要作用。2018 年 12 月,文化和旅游部等 17 部门联合印发《关于促进乡村旅游可持续发展的指导意见》,提出的主要目标为:到 2022 年,旅游基础设施和公共服务设施进一步完善,乡村旅游服务质量和水平全面提升,富农惠农作用更加凸显,基本形成布局合理、类型多样、功能完善、特色突出的乡村旅游发展格局。

第五,推动将公共文化服务相关内容纳入政府绩效考核。目前,全国大部分地区都已将公共文化服务纳入政府绩效考核指标。河北省将公共文化服务体系建设纳入县域建设考核指标体系。四川省将公共文化服务体系建设纳入省政府民生工程项目,纳入贫困县党政领导班子扶贫攻坚工作目标考核。云南省在对州市文化行政部门的年度考核中,委托第三方机构进行实地检查考核,并将群众的参与率和满意度作为对基层文化工作的考核指标之一。乡镇综合文化站是基层公共文化服务的重要平台。为进一步推动基层党委、政府对乡镇综合文化站效能建设的重视,2016—2017年,文化部启动了为期一年的乡镇综合文化站服务效能抽查工作,对存在设施闲置浪费、服务效能低下等突出问题的文化站,督促其限期整改,问题严重或整改不力的通过媒体进行曝光。

第三节 乡村振兴战略中的教育科学文化事业

一、乡村振兴战略的提出和要求

2017年,党的十九大做出重大决策部署,提出要实施乡村振兴战略。这是决胜全面建成小康社会、全面建设社会主义现代化国家的重大历史任务。2018年1月,中共中央、国务院发布《关于实施乡村振兴战略的意见》。

意见提出,乡村振兴战略的总要求是产业兴旺、生态宜居、乡风文明、治理有效、生活富裕。目标任务分三个阶段,到2020年的任务比较详细,包括:现行标准下农村贫困人口实现脱贫,贫困县全部摘帽,解决区域性整体贫困;农村基础设施建设深入推进,农村人居环境明显改善,美丽宜居乡村建设扎实推进;城乡基本公共服务均等化水平进一步提高,城乡融合发展体制机制初步建立;农村对人才吸引力逐步增强;农村生态环境明显好转,等等。到2035年的目标是,农业结构得到根本性改善,农民就业质量显著提高,相对贫困进一步缓解,共同富裕迈出坚实步伐;城乡基本公共服务均等化基本实现,城乡融合发展体制机制更加完善;乡风文明达到新高度，乡村治理体系更加完善；农村生态环境根本好转，美丽宜居乡村基本实现。到 2050 年，乡村全面振兴，农业强、农村美、农民富全面实现。

意见提出，乡村振兴战略要坚持乡村的全面振兴，不仅包括经济建设、政治建设、文化建设和社会建设，还有生态文明建设和党的建设。其中强调指出，乡村振兴，乡风文明是保障。必须坚持物质文明和精神文明一起抓，提升农民精神风貌，培育文明乡风、良好家风、淳朴民风，不断提高乡村社会文明程度。在加强农村思想道德建设中，提出要加强农村思想文化阵地建设。此外，还提出传承、发展、提升农村优秀传统文化，健全乡村公共文化服务体系等。值得一提的是，乡村振兴战略中提出要开展移风易俗行动。除了广泛开展文明村镇、星级文明户、文明家庭等长期举办的群众性精神文明创建活动外，还提出要遏制大操大办、厚葬薄养、人情攀比等陈规陋习，深化农村殡葬改革，等等。意见明确提出要在农村加强无神论宣传教育，丰富农民群众精神文化生活，抵制封建迷信活动，加强农村科普工作，提高农民科学文化素养。

这为新时代农村教育科学文化建设提供了新的指南。

2018 年 9 月，中共中央、国务院印发《乡村振兴战略规划（2018—2022 年）》。规划共分为 11 篇 37 章。其中第七篇是专门关于如何繁荣发展乡村文化的，明确提出要坚持以社会主义核心价值观为引领，以传承发展中华优秀传统文化为核心，以乡村公共文化服务体系建设为载体，培育文明乡风、良好家风、淳朴民风，推动乡村文化振兴，建设邻里守望、诚信重礼、勤俭节约的文明乡村。第三十章“增加农村公共服务供给”中提出要优先发展农村教育事业，推进健康乡村建设。第三十二章“强化乡村振兴人才支撑”提出要加强农村人才建设。这些都是农村教育科学文化建设的内容。

关于乡村文化繁荣兴盛，提出了八个重大工程。除了少数已经启动的工程，多数都是新提出实施的文化工程。这些工程的实施，将使乡村文化建设上升到一个新的台阶。

(1) 农耕文化保护传承。按照在发掘中保护、在利用中传承的思路,制定国家重要农业文化遗产保护传承指导意见。开展重要农业文化遗产展览展示,充分挖掘和弘扬中华优秀传统农耕文化,加大农业文化遗产宣传推介力度。

(2) 戏曲进乡村。以县为基本单位,组织各级各类戏曲演出团体深入农村基层,为农民提供戏曲等多种形式的文艺演出,促进戏曲艺术在农村地区的传播普及和传承发展,争取到2020年在全国范围实现戏曲进乡村制度化、常态化、普及化。

(3) 贫困地区村综合文化服务中心建设。在贫困地区百县万村综合文化服务中心示范工程和贫困地区民族自治县、边境县村综合文化服务中心覆盖工程的基础上,加大对贫困地区村级文化设施建设的支持力度,实现贫困地区村级综合文化服务中心全覆盖。

(4) 中国民间文化艺术之乡。深入发掘农村各类优秀民间文化资源,培育特色文化品牌,培养一批扎根农村的乡土文化人才,每3年评审命名一批“中国民间文化艺术之乡”。

(5) 古村落、古民居保护利用。完成全国重点文物保护单位和省级文物保护单位集中成片传统村落整体保护利用项目。吸引社会力量,实施“拯救老屋”行动,开展乡村遗产客栈示范项目,探索古村落、古民居利用新途径,促进古村落的保护和振兴。

(6) 少数民族特色村寨保护与发展。遴选2000个基础条件较好、民族特色鲜明、发展成效突出、示范带动作用强的少数民族特色村寨,打造成为少数民族特色村寨建设典范。深化民族团结进步教育,铸牢中华民族共同体意识,加强各民族交往交流交融。

(7) 乡村传统工艺振兴。实施中国传统工艺振兴计划,从贫困地区试点起步,以非物质文化遗产传统工艺技能培训为抓手,帮助乡村群众掌握一门手艺或技术。支持具备条件的地区搭建平台,整合资源,提高传统工艺产品设计、制作水平,形成具有一定影响力的地方品牌。

(8) 乡村经济社会变迁物证征藏。支持有条件的乡村依托古遗址、历史建筑、古民居等历史文化资源，建设遗址博物馆、生态（社区）博物馆、户外博物馆等，通过对传统村落、街区建筑格局、整体风貌、生产生活等传统文化和生态环境的综合保护与展示，再现乡村文明发展轨迹。

除了上述一系列的文化工程之外，还有两个农村公共服务计划，即乡村教育质量提升计划和健康乡村计划。

乡村教育质量提升计划是指，合理布局农村地区义务教育学校，保留并办好必要的小规模学校，乡村小规模学校和乡镇寄宿制学校全部达到基本办学标准。实施加快中西部教育发展行动计划，逐步实现乡村义务教育公办学校的师资标准化配置和校舍、场地标准化。加大对教育薄弱地区高中阶段教育发展支持力度，努力办好乡镇普通高中。加强乡村普惠性幼儿园建设。推进师范生实训中心和乡村教师发展机构建设，加大对乡村学校校长教师的培训力度。继续实施并扩大特岗计划规模，逐步达到每年招聘10万人，落实好特岗教师待遇。加快实施“三通两平台”建设工程，继续支持农村中小学信息化基础设施建设。

健康乡村计划是指，加强乡镇卫生院、社区卫生服务机构和村卫生室标准化建设，基层医疗卫生机构标准化达标率达到95%以上，公有产权村卫生室比例达到80%以上，部分医疗服务能力强的中心乡镇卫生院医疗服务能力达到或接近二级综合医院水平，乡村两级医疗机构的门急诊人次占总诊疗人次的65%左右。深入实施国家基本公共卫生服务项目。开展健康乡村建设，建成一批整洁有序、健康宜居的示范村镇。

二、乡风文明与教育科学文化建设

要实现乡村振兴战略要求中的乡风文明，必须要加强农村教育科学文化建设。

1. 改变农民的思想状态

很多调查发现，一些地方和一些农民，日常生活基本处于“两打”状况:一是打工,二是打牌,小富即安的思想盛行;还有一些人“等、靠、要”思想较为严重,“靠着墙根晒太阳,等着别人送小康”。这表明,我们需要通过宣传教育,让他们有要发展的主观愿望。按照中央的要求,切实发挥农民在乡村振兴中的主体作用,调动亿万农民的积极性、主动性、创造性,要激发内生动力。农民思想观念的转变需要以学识、素养等文化内涵的提升为基础,因此,要重视乡村振兴中文化对人心的浸润,提升农民思想境界和精气神,提高农民生产生活的价值追求。提升农民精神风貌,倡导科学文明生活,不断提高乡村社会文明程度。

2. 提升农民的科学文化素养

实践证明,乡村经济要发展,乡村产业要兴旺,就必须提升农民的科学文化素养,培养培育知识型、技能型、创新型农民,增强农民的市场竞争能力。所以,乡村振兴必须要有智力支持,要强化人才支撑。一方面要培育新型职业农民,培育、加强农村专业人才队伍建设,如农技推广人才、农业科技和科普人才等。同时,还要鼓励社会人才,包括企业家、党政干部、专家学者、医生、教师、规划师、建筑师、律师、技能人才等,投身乡村建设,从而掀起新时代“上山下乡”的新热潮。这些人才不仅能够参与到农村的经济文化建设中,而且还可以带动农民自身科学文化素养的提升。除了学校教育,还必须要通过各种科学文化建设工作,来逐步提高农民的文化素养。

3. 淳化民风

乡村振兴,乡风文明是保障。实现乡村振兴,全面建成小康社会,不仅需要有农民增收致富的指标,更需要有乡风文明建设的要求。过去一个时期,乡村建设存在重经济发展、轻文化建设的倾向,乡风文明建设没有得到足够的重视,以致出现经济发展而道德滑坡的现象。一些地方村落共同体解体,德孝文化和诚信文化削弱,守望相助传统消失。邻里矛盾突出,干群关系紧张,乡村增加了不和谐的音符,各种矛盾的积累甚至成为社会不稳定的因素。一些地方人情风压头,老百姓不堪其扰。还有的打牌赌博、买码修庙、迷信盛行等。因此,乡风文明不仅是全面小康社会的重要内容,更是乡村振兴战略的重要抓手。通过广泛开展星级文明户、文明家庭等群众性精神文明创建活动,深入开展"扫黄打非"进基层活动。重视发挥社区教育作用,做好家庭教育,传承良好家风家训,培育文明乡风、良好家风、淳朴民风,才能够为发展农村、振兴农村提供保障。

4. 留住乡愁和乡情

一些农村地方由于缺乏健康有益的文化生活,传统农耕文明流传下来的乡情、乡愁也日益寡淡。所以,要加强农村公共文化建设,健全乡村公共文化服务体系;增加优秀乡村文化产品和服务供给,活跃繁荣农村文化市场,广泛开展群众文化活动,为广大农民提供高质量的精神营养,从而丰富乡村文化生活。教育资源的不均衡配置,使得农村教育质量不佳。所以要优先发展农村教育事业,高度重视发展农村义务教育,推动建立以城带乡、整体推进、城乡一体、均衡发展的义务教育发展机制,让农村儿童都能受到良好的教育。此外,还要加强健康乡村建设和农村社会保障体系建设。只有这些问题得到妥善解决,乡村才留得住人,农村"空心化"、老龄化的问题才能得到缓解,乡村振兴才有基础。

第六章

对农村教育科学文化发展的反思和前瞻

四十年来，农村教育科学文化事业经过恢复、挫折和发展，已经取得了有目共睹的成绩，但是仍然存在一些问题。如今站在新时代的起点上，回顾四十年的历程，我们要如何在总结农村教育科学文化建设经验的基础上，实现新时代乡村振兴战略提出的目标和任务？

第一节　农村教育科学文化发展四十年的基本经验

总的来说，我国改革开放以来农村教育科学文化建设方面取得了丰硕的成果。认真总结农村教育科学文化建设四十年所积累的丰富经验，对于未来农村的全面发展、实现乡村振兴具有重要意义。

一、坚持以马克思列宁主义、毛泽东思想和中国特色社会主义理论为指导

我国是人民民主专政的社会主义国家。这一国家性质决定了，我国开展社会主义精神文明建设，必须以马列主义、毛泽东思想、邓小平理论为指导，坚持党的基本路线和基本方针，加强思想道德建设，发展教育科学文化，以科学的理论武装人，以正确的舆论引导人，以高尚的精神塑造人，以优秀的作品鼓舞人，培育有理想、有道德、有文化、有纪律的社会主义公民，提高全民族的思想道德素质和科学文化素质，团结和动员各族人民把我国建设成为富强、民主、文明的社会主义现代化国家。这是精神文明建设总的指导思想，也是精神文明建设总的要求。

社会主义各项事业的发展需要知识和人才，加强农村教育文化建设，

是为了促进社会主义事业的发展，也是为学习和坚持马克思主义世界观提供良好的智力基础。马克思主义作为工人阶级的科学世界观和全人类精神文明的伟大成果，是社会主义事业的理论基础，是社会主义意识形态最重要的组成部分，对整个精神文明建设起着重大的指导作用，因此也就决定着我国农村教育科学文化建设的总体性质和发展方向。我国农村教育事业是社会主义教育事业的重要组成部分，其根本目的是培养社会主义事业的建设人才。我们在农村建设和发展的同样是中国特色社会主义文化，这一文化源自中华民族五千年文明历史所孕育的中华优秀传统文化，熔铸于党领导人民在革命、建设、改革中创造的革命文化和社会主义先进文化。

我国农村教育科学文化建设之所以能够取得巨大成就，在很大程度上满足了农村人口对精神文化生活的需求，大大提升了农民的科学文化素养，最根本的在于坚持了以马列主义、毛泽东思想和中国特色社会主义理论为指导，坚持了社会主义方向。正因为如此，才能在短短数十年间，在中国这样一个人口众多的发展中国家、在广大的农村切实实现九年制义务教育全覆盖，才有国家财政对于农村文化建设不断加大的经费投入，才有广播电视“村村通”工程、农村电影放映工程、乡镇综合文化站建设、文化信息资源共享工程和农家书屋工程等一系列重点工程的实施，才出现“三下乡”活动、文化扶贫行动、特岗教师制度等。否则，这些工程的实施、成就的取得，是不可想象的。

二、及时确定和调整国家关于农村发展的战略目标

为了国家发展战略的需要，我国政府从 1953 年起，开始制定第一个“五年计划”。以五年为时间长度制定的国民经济和社会发展计划纲要，是中国国民经济计划的重要部分，属长期计划。从“十一五”起，“五年计划”改为“五年规划”。

从这个总体规划出发，各个部门又制定了各项事业的五年计划。虽然各项事业的发展都涉及农村，但是党和国家始终将“三农”问题摆在“重中之重”的位置，专门为农业和农村事业发展制定规划、提出目标。多年来，党中央发布以农业、农村和农民为主题的“一号文件”，对农村改革和农业发展做出具体部署。同时，还不断调整关于农村发展的战略目标，从“科教兴农”到建设社会主义新农村再到全面建成小康社会。如今，更是提出了乡村振兴战略，并且制定了《乡村振兴战略规划(2018—2022年)》。

农村的精神文明建设与物质文明建设一样，属于社会主义农村现代化建设的基本方面，涵盖了思想道德、教育科学文化等各个领域，涉及各级政府、社会各级组织和全体公民的广泛参与和协同配合，是一个全方位、多层次的系统，同样也需要在农村发展战略总体规划中进行充分考虑。农村的教育科学文化各项事业的发展是农村事业发展的重要组成部分，这些事业发展的重点方向、目标和力度都无不与农村发展战略目标相关。

乡村振兴战略及其规划的提出，对农村教育科学文化事业的各方面都提出了新的要求和目标。尽管如今不再将教育、科学、文化这三项事业的发展放在一起作为精神文明建设的一个方面来考虑，而是根据农村发展的状况进行了重新规划和调整，但是农村教育科学文化事业的内容不但没有削减，反而变得更加丰富。

三、国家政策的制定和实施符合农村发展要求和趋势

国家在制定和实施有关农村各项政策的时候，需要充分考虑农村的发展状况，并对农村的教育科学文化事业提出专门的要求和标准，并逐步实行。

比如,国家财政对农村义务教育转移支付不断加大。从 2001 年开始,学校在贫困地区农村义务教育阶段推行“一费制”收费办法,从 2004 年秋季新学年开始在全国义务教育阶段学校中推行。“一费制”是指在严格核定杂费、课本费的基础上,一次性统一向学生收取费用,收费项目只包括杂费、课本费和作业本费。2006 年 9 月,修订后的《义务教育法》第一次以法律形式确定义务教育阶段学校全免学杂费,由国家建立义务教育经费保障机制。于是,从 2007 年起,全国农村义务教育阶段家庭经济困难的学生都能享受到“两免一补”,即免杂费和书本费、补助寄宿生活费。这些政策的执行,促使义务教育不断向公平和均衡发展,符合农村发展的要求,也得到了农民的普遍认可。

又如,义务教育管理体制发生改变。2002 年,国务院出台《关于完善农村义务教育管理体制的通知》,明确义务教育体制实行“地方政府负责、分级管理、以县为主”的新模式,取代了之前的“三级办学、两级管理”的体制,将义务教育财政投入责任由乡级政府移交给县级政府。这样一来,之前经常出现的教师工资拖欠问题基本得到解决。尤其是对偏远地区的教师来说,能够按月足额领到工资,基本生活得以保障,生活水平得以提高,更能安心地投入教育教学工作中。而且,这一体制不仅确保了教师工资得以按时足额发放,也确保了农村中小学公用经费以及建设和危房改造所需要的经费。同时,中央财政不断加大转移支付的力度,在很大程度上缓解了农村教育发展资金不足的问题。

再如,从城乡二元到城乡一体化。为了顺应我国农村发展的要求乃至我国社会发展的总趋势,我国政府将教育文化等事业作为社会公共服务的重要部分,不断制定政策和措施,促进城乡一体化的发展。2012 年 11 月,党的十八大报告指出,城乡发展一体化是解决“三农”问题的根本途径。2013 年 11 月,党的十八届三中全会提出,形成以工促农、以城带乡、工农互惠、城乡一体的新型工农城乡关系。党的十九大报告提出实施乡村振兴战略,建立健全城乡融合发展的体制机制和政策体系。2017 年 12 月底召开的中央农村工作会议,进一步明确提出走中国特色社会主义乡村振兴道路,其中包括乡村文化兴盛之路。从 2018 年 1 月 2 日中共中央、国务院发布的《关于实施乡村振兴战略的意见》,到 9 月印发的《乡村振兴战略规划(2018—2022 年)》,根据我国农村发展的趋势和要求,提出了一系列具体的规划措施和主要指标,使我国社会发展越来越趋向于城乡一体化。

第二节 农村教育科学文化建设的问题反思

一、当前农村教育科学文化建设现状

(一)农村教育水平得到大幅提高,但与城市相比仍然有差距

首先是义务教育。一是均衡水平提高,向农村的倾斜力度加大。农村义务教育呈现出乡村小规模学校、乡镇寄宿制学校、县城大规模学校的基本格局。其中,乡村小学有五成以上都是小规模学校,农村学生的寄宿率较高,尤其是西部农村初中生寄宿率高达 67.1%(截至 2015 年底)。随着学龄人口不断向城镇聚集,义务教育的城镇化率不断提高,出现的“大班额”现象已经得到有效控制。农村办学条件大幅改善,但和城市学校相比仍存在一定差距。二是义务教育阶段的随迁子女数量增加,留守儿童数量下降。进城务工人员随迁子女数量增加,有超过八成在公办学校就读。尽管农村留守儿童的数量不断减少,但是仍然占农村学生的 30%左

右。三是乡村教师队伍整体素质提高。通过为乡村教师提供生活补助和改善生活条件等方式,农村教师职业的吸引力大幅提升。同时,国家先后实施的免费师范生政策、农村义务教育阶段教师特岗计划、农村学校教育硕士师资培养计划等,有效地缓解了农村义务教育师资短缺的问题,也提高了教师队伍的学历水平。四是困难家庭学生就学生活得到保障。国家全面实施"两免一补"政策,到 2015 年,国家免费教科书政策覆盖率接近 90%,地方免费教科书政策覆盖率约为 40%,家庭经济困难寄宿生生活费补助政策覆盖率达到 50%以上。从 2011 年开始实施农村义务教育学生营养改善计划,在一定程度上改善了我国农村学生的营养状况。五是教育经费投入不断增长。但是农村的生均公共财政预算教育事业费和公用经费支出增长幅度仍然总体上低于城市。①

其次是学前教育。学前教育近年来获得持续快速发展,包括学前三年毛入园率快速增长,乡村幼儿受教育机会大幅提高;幼儿园的数量不断增加,学前教育资源显著增加;教师队伍不断扩大,专任教师学历水平不断提高。尤其是学前教育经费投入大幅增长,农村的增幅大大超过城市。不过由于农村学前教育起步晚,前期发展速度慢,总的情况与城市相比仍有较大差距,如 2015 年学前三年的毛入学率才达到 75%。

最后是职业教育。面向农村的中等职业教育经费投入不断增加,教育免学费、受资助面不断扩大。总的来看,中等职业教育资助体系在逐步完善。例如,从 2009 年开始,中等职业学校农村家庭经济困难学生和涉农专业学生开始享受免学费政策,后来该政策的范围不断扩大,到 2015 年覆盖率接近 90%。

(二)农民的科学文化素质不断得到提升,但整体上仍然偏低

由于农村教育事业的发展,我国农村人口的科学文化素质总体上不

① 邬志辉、秦玉友等:《中国农村教育发展报告 2016》,北京师范大学出版社 2017 年版,第 2—6 页。

断得到提高。仅就文盲率来说,1988 年,我国文盲率为 20%左右,到 2003 年,我国 15 岁以上的人口中,文盲率下降为 10%,其中农村人口的文盲率是城镇人口的 2～3 倍。[①] 到 2017 年,我国 15 岁以上的人口中,城市人口的文盲率已经下降为 1.68%,乡村人口的文盲率下降为 7.96%。[②]

不过,尽管文盲率下降,我们还应该看到其在地区和城乡间分布的不均衡。如,2017 年,我国仍然有 9 个省份乡村人口的文盲率在 10%以上,尤其是西藏乡村人口的文盲率达 39.9%,其中女性文盲率更高,为 48.72%。[③] 也就是说,西藏的乡村有将近一半的女性不识字或认识很少的字,完全不具备小康社会中所有成员应当具备的科学文化素质。而令人不解和吃惊的是,近年来这个数字呈上升趋势。2011 年的调查显示,15 岁以上的人口中,文盲率还只有 5.21%,除了西藏,只有青海和贵州文盲率在 10%以上。[④] 到 2015 年,也只有青海、贵州、甘肃、西藏等边远地区的文盲率超过 10%。而到 2017 年,像江苏、安徽等地的乡村人口文盲率也超过了 10%。同样是西藏,2011 年的文盲率为 29.54%,2015 年的文盲率却达到了 37.33%。[⑤]

农民的整体素质偏低。截至 2018 年上半年,全国新型职业农民规模已超过 1500 万人,但农民整体人力资源水平偏低的状况并未得到根本改变。2016 年的调查显示,从受教育水平来看,89.6%的农业从业人员仅具有初中及以下文化程度。[⑥] 由于城乡差距的明显存在,随着城镇化的推进,一大批有文化、有知识、懂技术和高素质的农村青壮年劳动力大量涌入城市,2017 年农村外出农民工高达 1.7 亿人。2017 年的调查显示,超过七成的农民工仅具有初中及以下文化程度,接受非农职业技能培训的

① 《中国教育统计年鉴 2005 年》,中国统计出版社 2006 年版,第 667 页。
② 《中国人口和就业统计年鉴 2018》,中国统计出版社 2018 年版,第 105 页、第 107 页。
③ 《中国人口和就业统计年鉴 2018》,中国统计出版社 2018 年版,第 107 页。
④ 《中国教育统计年鉴 2012 年》,中国统计出版社 2013 年版,第 698 页。
⑤ 《中国教育统计年鉴 2016 年》,中国统计出版社 2017 年版,第 697 页。
⑥ 国家统计局:《第三次全国农业普查主要数据公报(第五号)》,第 21 页。

占30.6%，而接受农业技术培训的农民工仅占9.5%。[①] 留守老人、妇女儿童成为农村人口的代表。2016年，全国乡村65岁及以上老龄人口占总人口的12.5%。2015年的抽样调查数据估算，全国农村15岁及以上人口平均受教育年限仅7.7年左右。可见，农村人口无论是年龄构成还是科学文化水平和素质，都无法满足农业农村现代化的需要。

农民的科学文化素质相对较低，这不仅是影响农村精神文明建设的一个重要因素，也制约着农业现代化的进程。2018年9月18日，在首届世界公众科学素质促进大会上，中国科协发布了第十次中国公民科学素质抽样调查结果。结果显示，2018年，具备科学素质的公众比例达到8.47%，尽管这一数据比2015年的6.2%提升了2.27百分点，但是还不到美国20世纪90年代末的水平（美国1998年已经达到10%），和发达国家相比，更是有很长的路要走（2005年瑞典公民具备科学素质的比例已高达35%）。2018年，我国农村居民具备科学素质的比例仅为4.93%。农村科学文化落后的一个主要表现是科学文化观念落后，有的甚至还处于愚昧状态，这给农业生产效率的提高和农民就业造成严重的影响。很多农民不懂得科学，更不知道如何运用科学技术来提高生产效率，有的甚至排斥科学和文化，对于新技术的推广不相信或者不愿意学，只愿依靠祖祖辈辈积累下来的生产经验，很多情况下还存在着靠天吃饭的现象，没办法走上科技致富的道路。这严重阻碍了农业科学技术的推广与更新，也制约了农业生产效率的提高。

（三）农村公共服务增加，但供给仍严重不足

在评价农村农业现代化关于文化现代化的主要指标中，一般都包括农村人口平均受教育程度、农村居民的文教娱乐水平（即消费支出占比）

---

① 国家统计局：《2017年农民工监测调查报告》，2018-04-27，http://www.stats.gov.cn/tjsj/zxfb/201804/t20180427_1596389.html。

和每千人拥有执业医师数等。虽然我国农村居民的文教娱乐水平近年来在不断提升，但总体来看，其消费支出占比依然比较低。农村地区医疗设施和医护人员的配备等仍然薄弱。城乡基本公共服务均等化仍需一个较长的过程。

比如，农村文化设施还比较落后。文化设施是农村精神文明建设的硬件，是检验农村精神文明建设落实与否的标志之一。据统计，到2016年，我国有96.8%的乡镇有图书馆、综合文化站，70.6%的有公园及休闲健身广场，有剧场、影剧院的仅有11.9%，有体育场馆的为16.6%。到村一级，有农民业余文化组织的村只有41.3%。[①] 可见，有不少农村地区没有文化设施，体育馆、科技馆、艺术馆等的建设几乎成为奢望。已有的文化体育设施也存在不少问题。例如，有的乡镇图书馆已经破旧不堪，图书都是很多年前的，既无资源更新，也无人管理；电影院、礼堂等往往荒废不堪，成为危楼，几乎起不到任何作用；而有的农村地区，虽然有新设施，但却无用途，只是一些“形象工程”。还有的地区由于物质生活水平较低，文化设施经费严重不足，因而看不到任何的文化设施，甚至个别地区把政府投入的文化设施修建或改建的资金挪作其他用途。总的来说，农村文化基础设施的状况和精神文明建设的需求不相吻合，与新农村文化建设的要求相差甚远。

农村文化设施利用率较低。2014年发布的《中国农民状况发展报告·社会文化卷》的调查显示，在193个有效样本村庄中，82.71%的村庄建设了公共文化设施，但配备了文化设施管理人员的村庄占比仅为6.18%，在配备文化设施管理人员的村庄中，93.82%的管理人员为兼职管理，这严重降低了文化设施的利用率。2018年5月25日，《成都面对面·党风政风热线》举办“聚焦公服法”特别直播节目，爆出部分乡镇综合文化站存在的问题，包括：有设施，不按时开放；有场所，被挤占他用；服务内容和设备没有及时更新；文化活动开展群众知晓度不高，等等。乡镇综合文

---

① 国家统计局：《第三次全国农业普查主要数据公报(第五号)》，第11页。

化站是国家投入大量资金建好的公共文化服务设施，却大量地沦为摆设，只有开张的时候热热闹闹，到了运营的时候却冷冷清清，最终结果是群众不知不晓，造成了巨大的浪费。

医疗设施和医护人员的配备仍薄弱。据统计，到 2016 年，全国 99.9%的乡镇建立了医疗卫生机构；81.9%的村有卫生室，但是只有 54.9%的村有执业(助理)医师。[①] 不仅农村医院设施和医师的数量和质量配备不够，医疗转诊制度等也不健全，农民看病难的问题还没有得到根本解决。

（四）农村社会风气不正，陈规陋习根深蒂固

农村的陈规陋习是制约农村精神文明建设的一个重要原因，主要表现为封建迷信思想、红白喜事大操大办、重男轻女思想。中国的封建迷信思想由来已久，其在农村影响颇深，在农村地区主要表现为求神问卜、大肆兴建庙宇、焚香磕头，有病不医而相信巫婆神汉，算命先生、风水生意兴隆等。据统计，44.1%的农民相信算命、鬼神，而有过算命经历的人高达 53.9%。[②]

赌博之风盛行。在农村，赌博的形式一般有打扑克、玩麻将等，部分农村常年设有专门的赌博场所，春节期间赌博活动最为猖獗。由于机械化水平的提高，农村剩余劳动力和剩余劳动时间明显增多，农民生活休闲时间增多，但娱乐休闲设施的落后导致文化娱乐活动非常单调，因而一到饭后休闲时间，不难看到一群人围成一桌，悠闲地搓着麻将或玩着扑克，边上还有一圈“观战者”。尤其在农闲时节或节假日，经常能看到这类现象。随着城镇化的发展，休闲娱乐设施有所增多，但是棋牌室、茶馆这类地方里的赌博活动仍然十分盛行，甚至还有专门经营的私人赌博场所。

① 国家统计局：《第三次全国农业普查主要数据公报(第五号)》，第 12 页。
② 《农村科普工作不容乐观》，《农民日报》2013 年 8 月 23 日。

低俗文化仍然存在。低俗文化主要指的是只顾眼前利益而给人民、社会带来不良影响的文化，通常会涉及性或暴力等。在农村，农民的科学文化素质普遍不高，加之市场监管不力，低俗文化拥有一定的市场，严重影响农村的淳朴民风。从20世纪90年代开始，各种凶杀情色录像、色情刊物和低俗表演等充斥着农村市场，一段时期内这些低俗文化非但没有被禁止，反而十分畅销，导致此类“生意”越发火爆和明目张胆，严重污染了健康的文化市场。低俗表演还借助农村的一些陈规陋习公开进行，有的甚至在公开场合大跳脱衣舞，有的婚丧礼仪上出现各种具有色情意味的低俗表演，舞台下面居然喝彩声不断。观众中不乏青少年儿童，这些会严重损害他们的心理健康。在一些城乡接合部，非法网吧、歌舞厅上演低俗内容，很多营业主完全不重视传播的文化内容，只顾着敛财。电视节目、网络和报纸上也出现很多宣扬不道德、色情和物欲的广告。这些对广大农村来说，都是精神污染。

二、农村教育科学文化建设存在的问题

（一）教育方面主要是城乡教育资源不均衡

首先，县域义务教育均衡问题仍未得到彻底解决。目前，农村义务教育呈现的基本格局是乡村小规模学校、乡镇寄宿制学校、县城大规模学校，而这三类学校都面临着不同的难题。新中国成立以来，教育机会的城乡差距持续存在，且越是基础教育，城乡差距越大。在推进县域内城乡义务教育一体化进程中，已经有11个省（自治区、直辖市）整体通过督导评估认定，其中8个分布在东部地区。截至2018年2月，全国已有80%以上的县（县级市、区，下同）通过了义务教育发展实现基本均衡的国家认定，但仍有500多个尚未通过评估认定的县，其义务教育均衡发展水平明

显低于国家标准,中西部地区分别有16.3%和29.1%的县尚未通过认定。[①] 而且,有一些县尽管通过了督导评估认定,但离“高位均衡”尚有一定距离。

同时,在城镇化进程中,县域义务教育的不均衡发展带来大量学龄儿童进入县镇上学和快速的教育城镇化现象。初中和小学农村生源的城镇化速度,远远快于全国人口的城镇化速度。2011年后,我国小学城镇化率每年都比人口城镇化率高出10%左右,而且还在增长。到2015年,小学教育和初中教育的城镇化率分别达到69.4%和84.7%,明显高于2015年中国常住人口城镇化率(56.1%)。义务教育城镇化既是造成城镇学校“大班额”现象的重要原因,也在一定程度上缩减了农村适龄人口接受义务教育的机会和空间。寄宿制已经成为县域教育特别是贫困边远山区县域教育格局的主体。2014年全国义务教育阶段寄宿生的占比达22.2%,西部地区最高,西藏县域内的小学寄宿生占比甚至达到了80%。[②]

此外,流动儿童和留守儿童的受教育质量不高。流动儿童在大城市里受教育机会较低,公立学校的就读率只有80%,尤其是大城市如北京、上海,流动儿童的受教育机会受到明显挤压,从而迫使大量流动儿童返乡成为留守儿童。而大量的留守儿童因为家庭教育缺失影响到学校教育,最终导致这些儿童的受教育质量不高,成年后的科学文化素质水平较低。同时,由于城乡教育资源配置和学生受教育机会方面存在的差距,近年来的很多调查显示,农村义务教育初中辍学率出现上升趋势。

其次,许多针对农村的教育工程并未发挥应有的作用。如农村中小学现代远程教育工程存在使用率不高和使用不当的问题。由于多方面的原因,教师参与少,从而使远程教育资源的使用率低下。有调查发现,有一间学校“班班通”工程已正式投入使用近一年,居然没有一个教师参加远程教育“课堂实录”评比活动。现在农村中小学教师教学任务重,工作

① 魏后凯、闫坤主编:《中国农村发展报告(2018)》,中国社会科学出版社2018年版,第376页。

② 魏后凯、闫坤主编:《中国农村发展报告(2018)》,中国社会科学出版社2018年版,第377页。

时间长,特别是边远农村小学,教师是包班制,教师用于研究和自学的时间非常有限,直接影响了对远程教育资源的使用。部分教师观念仍相对落后,始终认为使用远程教育资源上课只不过是“赶时髦”,因而不用或很少使用,甚至不愿了解远程教育资源。有些教师则是怕麻烦,由于懒惰而不去用。此外,多数学校只建有一个简陋的远程教育活动室或多媒体教室,而且是一室多用,经常遇到被占用的情况。设备专用且数量少,导致教师查找远程教育资源不太方便。即使使用也主要是使用其中的多媒体课件,其他很少使用,从而使许多远程教育资源被闲置。

在远程教育资源使用过程中,还常常出现使用不当的情况。比如,相当一部分教师在使用远程教育资源时,仅仅是将接收的课程资源中的多媒体课件拿来之后全盘照搬,不结合自己的教学实际情况,不加思索地拿到投影教室播放完事。又如不重视资源的灵活运用。有些教师因为太注重媒体的花样形式而偏离了教材的教学目标,一整节课不着边际地播放一些视频、动画。结果课堂气氛是活跃了,但一些次要的东西却冲淡了教学内容,学生根本无暇进行相应的思维活动,教学效果不佳,甚至有害于课堂教学。

可见,原本希望通过远程教育工程来弥补农村中小学与城镇学校之间差距的愿望,在很大程度上并没有实现。因此,农村中小学在教学和教育资源上的劣势没有得到根本改变。

(二)农村公共文化供给与需求不符,文化活动结构失衡

农村公共文化的供给与需求存在差距,未能实现有效供给。国家目前对农村文化的供给主要体现在三个方面。一是“硬件”支撑,主要是建设一些农村文化基础设施,例如雕塑公园、文化广场等,意在为农村文化活动的开展提供文化场所和活动空间,塑造良好的文化基础。在贫困地区普遍建设的是多功能的综合性文化服务中心。二是“软件”补充。主要是各种形式的文化下乡活动,如送书下乡、送电影下乡等。因为多数农民

自身文化素质不高,对书籍与电影等带有城市色彩的文化供给缺乏兴趣,对当地特色的民俗表演需求更大,而政府在当地喜闻乐见的活动供给上十分薄弱。三是保护特色。主要是通过保护当地的民族文化遗产和旅游开发民族特色文化,保护农村文化的生态环境。但是包装成商品的农村文化必然成为文化消费的对象,面临着商业化的运作,一方面破坏了当地居民的日常生活,另一方面冲击着乡村文化的价值观,难以实现真正的农民文化需求的供给。

我国农村文化事业发展相对滞后的局面没有根本改观。当前农村文化建设亟待完善,还有很大的发展潜力和进步空间,包括:农村文化设施建设投入不足,文化基础设施落后,且现有资源尚未得到有效利用;农村文化阵地建设滞后,农村文化生活单调乏味,精神生活贫瘠(比如,很多村尽管有农家书屋,书屋里的书籍数量也较多,但是基本没有发挥作用)。有了农村文化基础设施,还得有农村文化娱乐活动,要通过调动农民的参与热情来提高农村文化基础设施的利用效率。此外,还存在重视程度不足、缺乏整体规划、投资效益较低、优秀民间文化艺术发掘保护力度不够、文化生活内容和形式落后、封建迷信盛行、科学精神欠缺、农民本身缺乏参加文化生活的积极性和主动性等突出问题。

尤其是在一些欠发达农村地区,农村文化建设处于“无阵地、无队伍、无作品”的“三无”境地,一些原有的农村文化设施遭到破坏,农村原有的文艺宣传队、剧团等民间文艺组织纷纷解散,描写农村风情风貌的作品越来越少,每年的文化下乡活动只能短时间进行,难以持续满足农民对文化的需求。同时,由于增收困难,农民的业余时间除了看电视,最主要的娱乐活动就是打牌(打麻将),除此之外几乎就没有别的文化生活。农村文化生活单调乏味,所以有不少人被各式邪教所吸引。

文化活动结构失衡,娱乐文化畸形发展。当前的群众文化被娱乐文化主宰着,远远不能适应广大农民多层次的文化需要。有些娱乐场所因缺乏正确的引导和管理,而成为社会丑恶现象的滋生地;广大农民群众精神文化生活较为贫乏,科学精神在农村的普及和弘扬受到一定程度的抑制。在现代多元文化和先进传媒技术的冲击下，传统农村文化娱乐活动形式已逐渐消失，新的适应现代农村经济社会发展、满足农民群众审美需求的文化娱乐活动尚不成熟。同时，农村文化阵地明显萎缩，文化活动平台普遍缺位，农民自发的文化活动缺乏完备的政策保障和有效的组织引导。尽管农村群众文化呈现出多姿多彩的特点，但是群众文化内容结构失衡，娱乐文化畸形发展，文化的审美教育功能不断削弱，而娱乐消遣功能在不断膨胀。

（三）不良社会风气蔓延，有神论思想和组织渗透

部分农民的思想状况极其混乱。一是对社会主义失去信心，“什么社会主义、资本主义，有了钱就是好主义”成为不少农民的口头禅。二是集体主义、爱国主义观念淡化。不少农民摆不正国家、集体、个人利益的关系，片面强调个人利益，甚至不惜假公济私、损公肥私。有的农民认为分田到户，土地是农民的，农民个人收入是自己的，国家、集体的事与个人无关，不履行个人义务。三是传统道德观念下滑。其主要标志是一些人的同情心和助人为乐等传统美德受到金钱、利益的冲击，很少考虑个人对他人、对社会应当负有的责任和义务。四是信奉金钱万能，有钱什么事都可以办，只要能挣来钱就算有本事。原本农民善良朴实的形象受到较为严重的影响。

改革开放以后，许多封建迷信死灰复燃，不良风气抬头。农民生活单调，文化活动贫乏，迷信、“黄赌毒”等社会公害蔓延。随着改革开放的深入，农村的经济有了很大的发展，但农民的精神生活却没有得到很大改善。农民用于农作的时间少了，休闲的时间多了，空虚的精神世界无法得到充实，加之封建残渣泛起，农民的精神世界难免会受到封建迷信活动的冲击。封建迷信活动在农村的蔓延，对农民的生活、农村的生产发展产生了不利影响。比如，随着科技产品如智能手机、平板电脑等在农村地区的普及，它们在给农民的社会生活带来极大便利的同时，也给封建迷信活动

提供了传播的途径。许多封建迷信思想通过微信、微博、QQ等自媒体平台广泛传播,诱骗了大量文化知识水平较低、辨别能力较差的农民。随着农民的收入增加,农村的物质生活水平得到了极大的改善。于是,铺张浪费、互相攀比之风开始盛行,婚丧嫁娶大操大办现象十分普遍。"黄赌毒"在不少农村地区出现,不劳而获、坑蒙拐骗的思想在一些地区普遍存在。这些不良社会风气在农村蔓延,严重影响了农民科学文化素质的提高。

一些地方的农村文化市场管理失控,加剧了不良风气的传播。在部分农村地区,地方文化管理机构不健全或力量不强,有其名而无其实,导致农村文化市场在一定程度上的失控,直接影响农村文化的建设,使广大农民很难看到党的惠农、富农政策和一些科技致富书籍,而一些文化糟粕却沉渣泛起,严重影响了农村社会风气。特别是在市场经济浪潮的冲击下,一些农村居民价值迷失、心理失衡和文化困惑,对发家致富的痴迷追求,可能引起农民思想意识畸形发展、道德失范,致使社会道德滑坡,诱发一些犯罪案件和不安定因素。

丑陋现象沉渣泛起,社会风气令人担忧。农村人口众多,居住分散,社会控制相对薄弱,相当一部分农村地区的社会风气令人担忧。一是封建迷信风从暗处向明处蔓延。例如,以丧事活动为主的封建迷信活动中,做道场已较为普遍。砌房建房时看地、相风水成为时尚;遇灾患病,请巫婆神汉、菩萨治病消灾也不少见。二是大操大办势头迅猛。三是赌博风气呈弥漫之势。过去,农村的赌博局限在少数群众和冬闲季节。而到了现在,由于农民闲暇和自由支配的时间增多,农民尤其是中老年农民中赌博风气呈蔓延和难以控制之势,参赌者除绝大多数人带有消遣娱乐色彩以外,少数赌者带有职业聚赌特征。一些非法的宗教组织和邪教组织更是趁机在广大的农村疯狂渗透,一些地区的宗族势力也呈现扩张趋势。

于是,在我国农村就产生了这样一种局面:一面是如火如荼的现代化经济建设,一面是如痴如醉的封建迷信回潮蔓延,两者极不协调地掺和在一起,封建迷信恶魔般无情地吞噬着农民辛辛苦苦劳动取得的成果,极大地阻碍了农村脱贫致富奔小康的步伐。

改革开放四十余年给我国农村带来巨大发展的同时，也深刻改变了农村的社会结构，不少地方的人们的价值观出现了混乱和失落。因此，农村的未来发展，还需要在调整农村社会结构的基础上，用社会主义核心价值观来引领农民的价值观念的变化，推动农村的文化发展。

三、农村教育科学文化建设存在问题的原因探析

（一）农村相关政策制定方面有所欠缺

首先是重视程度不够，领导者相关意识缺乏。我国文化建设普遍存在"重城市""轻农村"的现象，多年来，我国在文化事业方面的投入大部分都在城市，直到近年来才开始有意识地向农村倾斜。在推进社会主义新农村建设中，各地大力发展农业生产、改变农村风貌，对农村文化建设却重视不够。贫瘠的文化不会孕育出高速增长的经济，没有文化的现代化，就不可能实现真正意义上的现代化。实现文化大发展、大繁荣的重点和难点都在农村。推进农村文化建设，扩大农村公共文化服务体系覆盖面，让文化更好地服务农村发展已经成为亟待解决的重要问题。一个时期以来，农村的文化事业虽然有了长足发展，但由于一些地方政府对文化建设的重视程度和投入力度不够，文化基础设施薄弱的状况还依然存在，许多基层文化活动站设施陈旧、无人问津。公共文化资源总量少、质量低，文化人才匮乏、队伍严重老化的现象，决定了闲暇之余农民很少能够受到文化的熏陶，新形势下农民丰富精神文化生活的需求得不到有效满足。

农村基层组织没有发挥应有的作用。群众没有真正成为精神文明建设的主体，一些地方出现形式主义的做法。农民的科学文化素质不够，缺乏参与精神文明建设的主动性，不少人视为麻烦和负担。总的来说，农村各级领导还没有真正形成精神文明建设的共识和合力，对城镇改造、道路整治、绿化、公益事业投入较多，对社会风气、综合治理、文明行为、思想道

德教育的投入较少。

江泽民同志曾指出:“要把物质文明建设和精神文明建设作为统一的奋斗目标,始终不渝地坚持两手抓,两手都要硬。任何情况下,都不能以牺牲精神文明为代价去换取经济的一时发展。”然而,现实是基层政府以经济增长和财政收入作为重要的政绩考核指标,片面强调经济发展的重要性,轻视或漠视农村社会风气等文化建设工作。重物质文明建设而轻精神文明建设,导致农村文化建设长期投入不足,文化阵地“空壳”问题严重。尽管后来文化建设开始有了一定的投入,但为了追求政绩,往往只重视“硬”投入,而忽视了文化建设的“软件”投入和长期培育,尤其对乡村内在的民风民俗、村规民约等很少涉及,导致农村文化建设成为“盲区”。文化建设的缺失,使得乡村治理缺乏内在的文化纽带,农村和农民普遍缺乏“精神食粮”。

其次是政府的供给政策模式存在不足。广义上来说,农村文化是适合农民生产生活方式,能够为农村提供秩序规范,体现终极关怀的一整套娱乐方式、道德规范;是一种既包含价值观、文化认知等内在文化元素,又包含交往和生产、生活方式等外在文化元素的乡村文化形态。农村文化,是农村文化设施、农村文化组织、农村文化人才、农村文化体制以及农村文化活动等方面的集合。农村公共文化服务提供的是公共文化产品或服务,属于公共物品的范畴,具有非竞争性和非排他性,无法通过市场手段实现资源的有效配置,因此需要政府来主导,政府就成为农村公共文化服务体系的核心。也就是说,政府在农村公共文化服务体系建设中,既是制度体系的供给者,也是农村公共文化产品的供给者。但现有的农村公共文化服务体系难以完全满足农民群众日益增长且差异化的需求。

在文化设施建设方面,以政府为主导的自上而下的供给决策模式,往往会忽略农民的参与意识和现实文化诉求,在实际建设中大多数项目成为短期见效的政绩工程。由于供给决策过程中农户参与很少,农户的不同文化喜好也就不会对公共文化供给产生很大影响。在文化需求层面,政府组织的“三下乡”活动,往往在下乡过程中忽略农村活动主体的需求和农村的需求层次,尤其是“空心化”日益严重的留守村庄。所以,尽管政府投入力度逐年加大，但是仍有不少农民依然感觉无聊和空虚。

另外，我国目前仍然是“穷国办教育”，并不能满足社会发展的全部需求，公共事业经费仍然十分短缺。尤其是贫困地区的农村学校，仅依靠政府的补贴和转移支付维持学校的日常运营，没有多余的资金用于提高办学水平。而且国家义务教育经费占国内生产总值的比例依然较低，也就是国家教育经费的投入总量不足，同时还往往出现资源分配不均衡的现象，因此有的农村地区还出现了辍学率升高的现象。

最后是基本上放弃了科学无神论的宣传教育工作。封建迷信沉渣泛起的一个重要原因是，这些年来我们放松、淡化甚至放弃了科学普及和宣传工作，致使我们的民众缺乏科学知识和科学精神的哺育。广大农民中科盲本来就多，再加上我们缺乏对农民进行科技教育，使得农村基本上成了科学的盲区，已经开展的科普工作对提升农民的科学文化素养的效果十分有限。农民在生产生活中遇到的很多现象原本可以通过科普活动来解决，但是我们现有的科普工作没做到位。多年来我们开展的科普活动基本上还是以技术推广活动为主，比如蔬菜大棚技术等。这种科普活动基本上只有技术层面的东西，而没有精神层面的东西，因此对农村思想观念的改变影响不大。对科学知识和技能的培训在一定程度上能够提高农民从事生产的效能，但是对农民掌握科学方法以及用于解决生活问题和参与社会公共管理的能力提升就十分有限，尤其是对农民的精神文化生活的影响很弱。比如，农民在生活中经常碰到的生老病死、祸福吉凶等问题，无法通过现有的科普活动得到解决。这就需要依靠科学无神论的宣传教育活动，才能够得到根本的解决。

当前某些地区的农村优秀传统文化的传承和发展活动开展得如火如荼，但是其中很少体现出科学无神论的思想。农村的不少文化建设活动是围绕传统文化来开展的，比如《弟子规》进校园、《二十四孝故事》上围墙、地方文化进礼堂等。不过要想传承和提升传统文化，还需要对这些内容进行创造性转化和创新性发展，以更好地适应现代中国的发展。另外，我国描写农村的文艺作品很少，且思想性普遍不太高。许多关于农村或者在农村广泛传播的文艺作品里面，相当一部分内容中有神论的色彩还较为浓厚。

此外,目前的道德建设和群众性文化体育活动相对单一,缺乏时代性。而且,部分活动还比较分散,没有针对性。靠这样的文化活动来实现农村文化素质的提升,基本上不大可能。要解决这些问题,需要系统性地加强科学无神论的宣传教育工作,必须有一系列的政策规划和实施。乡村振兴战略中虽然已经提出要加强农村的无神论宣传教育工作,但是还有待政策的制定和落实。

(二)政策执行出现偏差,管理不到位

党和政府制定了农村各种好的政策,但是农民似乎并不买账。这是因为不仅在政策制定的时候考虑不够,执行也往往出现变样。比如,一些地方以恢复封建迷信的方法搞所谓的招商引资、开发旅游。还有一些地方,特别是东南沿海的农村,党的改革开放政策使他们先富了起来,但他们中的一些人却把致富之源归于神灵和祖先的荫功,因而大搞封建迷信,直接污染了人们的思想,败坏了社会风气,破坏了农村精神文明建设。同时,还因为多年来思想政治教育工作相对滞后,加上农民科学文化素质整体不高,不能深刻全面地理解国家政策,也缺乏参与社会公共决策和进行判断的能力。

农村文化市场管理不力。虽然我国农村经济取得了巨大成就,农民生活水平明显提高,但农村文化消费还是较为落后,农村文化消费基数低、消费结构和消费模式较为单一、消费需求层次偏低,需要通过提高农民整体收入水平、革新农民文化消费观念、优化农村经济结构和教育结构、挖掘农民文化消费潜力、加大农村文化建设投入力度、增强农村文化市场监管手段来推进农村文化消费。我国农村文化市场具有分散性、季节性和复杂性的特点。在农村文化市场管理工作中,基层党委、政府重视不够,管理部门多且权力分散,乡镇综合文化站监管缺位,管理力度亟待加强。比如,在文化市场的发展中存在着诸如无证经营销售文化产品,或者生产和销售各种"黄赌毒"或封建迷信、低级趣味的文化产品,这些都是

由于缺乏对文化市场的正确引导和管理。

农村基层组织的凝聚力不够，工作效果欠佳。在我国，大多数的宗教组织和信教群众在农村。在有的农村地区，宗教已经形成一股强大的势力，对当地的政治、经济、文化生活产生着影响甚至已经影响和干扰农村基层组织建设和农村社会生活的管理。农村基层组织由于自身建设不够、社会生活管理能力不足，无法起到引领宗教组织的作用。市场化改革导致村庄社区发生了很大变化，其中包括村庄文化的变化。在市场化改革之前，农村村庄的熟人社会具有很强的社会整合功能。但是，市场化凸显了人们自利的一面，导致村庄成员的“原子化”，村庄的社会整合功能大大下降，成员的组织归属感弱化了许多。所以，需要重新树立基层政权的“为公”形象，提高党和政府在群众中的威望，增强党和政府的凝聚力和号召力，使党和政府真正成为农民的知心人和领路人。同时，农村公共文化供给也具有加强村民间交流、提高其组织归属感的功能。农民的公共文化生活可以积极培育农民的新集体主义意识和互助合作精神，增强农村社区的内聚力。

第三节　农村教育科学文化建设的未来思考

一、加强党对农村教育科学文化建设的领导

中国共产党是我国社会主义现代化事业的领导核心。作为社会主义精神文明建设的重要组成部分，如同社会主义物质文明建设一样，能否取得成效以及取得成效的大小，最终取决于能不能切实加强党对这项工作

的领导。重视和做好精神文明建设是中国共产党的一大传统、一大优势。在我国改革开放和社会主义现代化建设的新时期,精神文明建设包括教育科学文化建设应当被放到更加突出的地位。进入21世纪,尤其是进入中国特色社会主义建设新时代以后,我国农村教育科学文化建设一方面基础薄弱,另一方面面临的新情况、新问题和新挑战层出不穷。例如,科学技术迅猛发展对农村文化建设带来的挑战,发展社会主义市场经济对农村文化建设产生的消极影响,实现小康水平后的农民对教育科学文化事业的新需求,等等。

文化建设的核心就是满足人的精神需求。满足人民过上美好生活的新期待,必须提供丰富的精神食粮。中华民族的伟大复兴不仅是物质的复兴,更是精神的复兴。各级党委必须始终坚持"两于抓、两手都要硬"的方针,把两个文明作为统一的奋斗目标,一起部署,一起落实,一起检查。领导干部要加强学习,不断学习新的知识,提高思想政治理论和专业水平,不断加强党对精神文明建设的领导。改革开放四十年来,我国农村在经济建设、社会保障和教育科学文化建设等方面都取得了突破性的发展,但也出现了许多新情况、新问题,需要我们去探索、去解决。尤其是乡村振兴战略提出后,如何总结农村教育科学文化建设的经验和教训,学习新知识,探索新方法,创造性地开展工作,这些都是同加强和改善党对农村教育科学文化建设的领导有关系的重大课题。

同时,要搞好农村教育科学文化建设,还必须加强农村党组织自身建设,必须坚持从严治党,端正党风。农村基层组织的党风直接决定着农村社会风气和教育科学文化建设状况,推进党风廉政建设是其必然要求。因此,我们要教育和引导广大党员尤其是党员干部发挥先锋模范作用,要加强党组织对党员特别是领导干部的严格要求、严格管理和严格监督,坚持抓好反腐败斗争,坚决查处大案要案,维护党纪国法的严肃性,维护好党的良好形象,促进党风和社会风气的好转,促进精神文明的建设。

二、坚持农村的全面振兴和统筹发展

第一,发展农村产业。不能长期依靠政府补贴或中央财政转移支付来推动农村教育科学文化事业的发展。发展农村文化产业,不仅能够在农村传播先进文化,提升乡村文化软实力,而且对于提高非农产业在农村经济中的比重、促进农村产业转型升级、增加农民收入、缩小城乡差距也具有积极意义,同时还能够更好地保护农村文化生态,促进农村文化交流。

第二,促进城乡教育均衡发展,破解城乡二元结构,推进城乡教育平等。在义务教育阶段,提升教师整体素质,保障基层教师生活,鼓励优秀大学生到偏远农村开展支教工作、扎根基层教育。全国政协委员刘昌俊提出,控辍保学对扶贫意义重大。如今,尽管贫困地区在义务教育普及、学校基础设施建设、贫困学生资助体系、教师队伍建设、民族教育发展、职业教育提升等方面取得了显著成效,但仍有一些盲点、薄弱点,其中就包括控辍保学。脱贫攻坚是当前我国的一项重要任务,现在更多的是经济方面可以量化的硬指标,因此在脱贫专项资金的大力支持下,很多乡镇都在开展基础设施改善以及异地搬迁项目。这些措施"短平快",可以在有限的时间内实现"数字化"脱贫。但是针对个人,要防止下一代再次返贫,还是要靠教育,实现教育扶贫。要积极开展农村成人教育,提升农村科技、文化和技能水平。对于以农业经营为主的村落来说,农民的科学技术水平、适应自然与市场变化的能力也亟待提高。从根上达到精准扶贫目标,提高农业人口科学素养、科学技术水平、自我教育能力、掌握市场信息能力等势在必行。这一切,都要以控辍保学为基础。

第三,农村乡风文明建设的重要载体是要有配套的农村公共文化基础设施,切实加大对农村公共文化事业的投入,提高农村公共文化服务能力。进一步丰富和活跃农民精神文化生活,开展形式多样、健康有益的群众文化活动,激发新的乡风文明,营造良好的社会氛围。这就需要提供更多更好的农村公共文化产品和服务。比如,深入挖掘丰富的民俗文化资源,以满足农民的文化需求为目标,推进乡村文化产业发展。整合农村现有的演出团队资源,改变目前许多小型演出团队水平和素质都比较低下的状况。不能让已经被抛弃了的庸俗落后的东西重新出现,如低俗闹婚、大办丧事。对待民俗文化,需要剔除其中迷信落后的成分,鼓励村民推陈出新,在保护中继承,在传承中创新。同时,开展乡风评议活动,发挥村民议事会、道德评议会等群众自治组织的作用,促进移风易俗,树立新乡风。

第四,改变思想观念和社会风气。移风易俗的基本内容是转变旧观念,革除旧习俗,树立新风尚。农民科学文化素质偏低,导致其思想观念落后,接受新鲜事物的能力较弱。乡风文明建设的核心在于提高农民的科学文化素质和思想道德水平。这就要求加大对广大农民进行科学知识的普及力度,帮助农民建立科学文明健康的生活方式,提高广大农民的科学文化素质,从根本上铲除封建迷信等不良习俗赖以产生和存在的基础。一个具备科学素养的公民,不仅应该掌握足够的科学知识、科学方法,更需要强调科学的思维、科学的精神,理性认识科技应用到社会中可能产生的影响,进而具备学习、理解、表达、参与和决策科学事务的能力。今天,科学精神作为具有显著时代特征的先进文化,更具有广泛的社会文化价值。崇尚理性成为广泛认同的文化理念,追求创新成为公认的价值取向,追求人与自然和谐相处和社会和谐发展成为人类共同的发展目标。在当代中国,科学精神不断丰富和发展着社会主义先进文化,讲科学、爱科学、学科学、用科学已渐成社会风尚,富含科学精神的党的思想路线已经成为全国人民不断改革创新、开拓进取的强大思想武器。

同时,还要坚持不懈地对农民进行无神论的宣传和教育。我们党十分重视对农民进行无神论的宣传和教育工作。20世纪60年代,我国曾在农村进行过大规模的“破四旧”运动,取得了显著成效,较长一段时期内神汉巫婆销声匿迹了。但这一时期的扫除封建迷信活动存在着形式上过于简单的弊病,基本上是采取疾风暴雨式的阶级斗争方式,即简单地压服,企图人为地消灭宗教,没能很好地对农民进行深入细致的马克思主义无神论教育。对广大农民来说,抛弃封建迷信意识还不是内在的信念,而是一种外在的强制,未能从思想上根本解决问题,所以,一有机会封建迷信就能死灰复燃。在宣传无神论、破除迷信的过程中要正确处理两个关系。一是破与立的关系。破是立的前提,不破不立;立是破的目的,立要经常化。世界观的形成和转变不是一蹴而就的,也不是一劳永逸的。因此,我们要把对农民进行无神论的宣传教育作为一项重要任务长期不懈地坚持下去。二是正确处理无神论宣传教育与维护正常的宗教活动的关系。中国共产党是主张无神论的,向广大农民宣传无神论,是党和政府义不容辞的责任。2018 年中央一号文件里面特别提到,要加强无神论宣传教育,丰富农民群众精神文化生活,抵制封建迷信的活动。

第五,要发挥农民的主体作用。乡村首先是农民的家乡,因此,在乡村发展思路和相关项目的设计中,应当以农民自身的需求为出发点,以农民现有的条件为基础,这样才能最大限度地调动他们的积极性,从而将农村建设成为农民的美好家园。农民参与社会发展和决策能力的提升需要依靠其科学文化素养等的提升,如果不具备一定的科学文化素质,农民既不能产生强烈的积极性,也无法获得参与农村发展的能力。因此,农村教育科学文化事业的发展对未来乡村发展目标的实现具有基础性作用。

三、建立农村教育科学文化发展的长效发展机制

(一)系统规划,提升理念

乡村振兴战略是党的十九大提出来的一个战略决策,是我国在中国特色社会主义进入新时代后关于农村发展的一个最重要的全面发展战略,它的实施周期与我国的国家发展战略一致。也就是说,乡村振兴战略

是要持续到 2050 年,其目标和任务才能全部得以实现。继 2018 年 1 月中央发出《关于实施乡村振兴战略的意见》后,2018 年 9 月,中共中央、国务院提出《乡村振兴战略规划(2018－2022 年)》。意见中提出的目标任务分三步走,其中第一步的近期目标比较详细,需要通过制定更加详细和具体的规划来落实。因此,规划的出台让乡村振兴战略更加落到实处。

当下,农村的各项事业尤其是教育科学文化事业出现了部分不到位的情况。各种规划的提出和实施,既要考虑到近期的目标以及任务的分解,同时也要考虑长远的布局。教育科学文化事业尤其不能以短期内的效果作为制定政策和规划的依据,一定要考虑基础性和长远性。规划制定后,要有一定的延续性,不要出现一阵风的情况。很多工程强调时效和周期,但是农村的教育科学文化建设很难短时间内见效,需要长时间坚持才能出现比较明显的效果。这些事业的建设应当以长期的发展规划为主,每年进行跟进和调整。比如教育,必须制定教育扶贫的长远规划,拓宽教育扶贫范畴。除基础教育外,还要加强农业职业教育、成人教育、老年教育事业发展,将农村受教育人口拓宽到各个阶层,全面提升农业人口科学素质。

农村教育科学文化事业的发展首先要确保农民的主体地位和长远利益。政策的制定和执行需要以农民自身的利益和特点作为出发点和落脚点。目前对于农村产业的发展,有不少人提出了各种发展策略,但是其中一个很重要的问题是:农村产业是以服务城里人为主还是满足农民生产生活为主?显然,乡村振兴首先还是要以提升当地农民的生活质量和科学文化素质为目标,不能将国家给农村和农民的一系列政策变成某些投资者的牟利手段,也不能将农村变成城里人以价格优势获取资源的方式。比如,有的地方将农民的土地征用后盖成楼房,卖给城里人,让他们去休闲或养老。这种将农村变成城里"有钱人的后花园"的思路和方式可能暂时让农民获得了一定的收益,但是因为长期的城乡二元分立带来的收入差距,这种收益会很快在农民失去生产资料后变得微不足道。所以,我们不仅要考虑农民当下发展的意愿,还要考虑其长远需求。

还有一个问题是,农民的物质和精神文化生活需求一定是低层次的吗?应当承认,农民的精神文化生活需求和城市居民是不一样的,这跟农民的生产生活条件和方式有关。所以,农民的住房不一定必须得是楼房,农民的文化生活不见得一定要依靠广场舞和书屋。农村不是低配版的城市,农民的文化生活需求同样也不应该是低俗或落后的。农村教育科学文化建设应当有先进的思想理念,结合朴素的农耕文化思想来开展。一些来自西方的思想看似时髦流行实则没落,尤其是在中国城市都已经被抛弃的思想,不应该再成为农村思想文化的主流。也就是说,我国农村不应该成为那些落后思想文化的最后收容处,我们应该吸收更为先进的发展理念来发展农村的教育科学文化事业。

此外,农村文化产品的供给与农民的需求有没有很好地对接?政府用于农村文化方面的投入所取得的成效有没有让农民有满足感,满足到什么程度?回答这些问题需要研究农村文化建设的体制机制问题,研究建立农村文化建设的绩效评估机制,为政府将农村文化建设纳入政绩考核指标体系提供决策参考。

其次,要通过各种途径发挥农民自身的积极性,做好宣传工作。不能再出现城市居民或投资者积极、各级各部门的干部轮番上门,而当地农民却完全处于被动状态的情况。在政策的宣传和落实过程中,需要有大量的时间和精力投入到宣传工作中,这种宣传不一定是文字材料的,可以更多的是口头的,是依靠各级干部和办事人员与农民交心谈心而实现的。有的农民对各种惠民措施形成依赖,“等、靠、要”的思想严重。我国出台了大量对农村发展和农民有益的政策,各级政府也下大力气落实中央有关政策,但是为什么现在不少农民对党的政策和国家的大力扶植不能积极响应呢?很大一部分原因是农民自身的积极性没有被调动起来,相反他们觉得这是自己应得的。

最后,农村教育科学文化建设要突出实效,杜绝形式主义。在实施过程中,应当以坚持做实事为主。目前我国有不少政策执行到农民身上,农民自身的积极性没有调动起来,反而认为这是一种负担。这既有前期工作中宣传不到位的情况,也有执行中大量存在形式主义的问题。比如有些地方的扶贫工作,需要不停地填表等,有的农户不堪其扰,表示不愿意再接受扶贫帮助。农村教育科学文化建设的活动不需要很多的形式,而是需要突出“实”和“精”,要在潜移默化中让现代文明走进千家万户,融化在农民的日常行为中。比如全国文明村镇的评比活动,讲求的不是开展多少活动、建了多少设施,而是当地人民的精神面貌、社会氛围和文明素质。乡村振兴规划中许许多多工程的实施,也应当多以软指标,如当地的社会风气的变化、人口素质的提升和人民幸福感等作为主要考察的对象,而不是以硬指标如场馆建设等为主。

(二)统筹融合,全面规划

将教育科学文化建设各方面融合起来,统筹规划发展。四十年来,农村的教育科学文化建设事业作为我国教育科学文化事业的一个部分,总体上来说是按照条块来进行的。也就是说,农村这几项事业是依靠各部门的工作不断延伸和拓展来进行的。所以通常来说,乡村的教育不如小城镇的,小城镇的不如大城市的,教育科学文化事业更是如此。如今乡村振兴战略的提出,应该要打破这种条块的分割。

农村教育科学文化事业应当作为一个整体,形成合力。农耕文化或者乡村文化的特色在于农业和农村的自然环境。农业的发展需要城市的反哺和支持,但是农村不能成为低配版的城市,从而失去了乡村文明的根。农村应当引入现代化的观念和设计,将乡村文化融入乡村规划和建设当中。许多城市居民理想中渴望的田园生活,不会是另一种城市生活,也不会是过去的穷农村,而是现代化的生态农村。

农民的需求是全方位的,农村的发展必须是全面的。据瞭望杂志社课题组在江西的调查[①]显示,常住乡村耕作的农民不到三成。对于来来是

① 瞭望杂志社课题组:《农村乡村振兴意愿调查》,《改革内参》2018年第23期。

否选择留在乡村，超过七成的农民表示如果条件允许，未来还是希望留在农村。未来可能导致他们离开乡村的因素中，排在首位的是教育、医疗等公共服务落后。调查还显示，有超过七成的农民的未成年子女目前在县城而不是本乡和本村就读中小学。另外，对于乡村振兴战略中经费往哪儿投，除了“村容村貌建设”外，农民还希望加强对幼儿园建设、医疗卫生机构建设的投入。也就是说，农民想要留在农村的意愿是很强的，但是他们的需求是多方面的，所以农村教育科学文化事业的发展也应当是全面的。

文化振兴是乡村振兴的精神基础。如果乡村文化衰败，不文明乱象滋生，就难以获得持续长久的繁荣。乡村文化振兴的标志，核心是实现乡风文明。这就必须要倡导科学文明健康的生活方式，传承、发展、提升农村优秀传统文化，促进农耕文明与现代文明有机结合。乡风是农村长期以来逐渐形成并保留下来的文化形态，具有相对稳定性，能够在一定程度上约束农民的行为规范，是维系农村社会稳定的精神纽带和道德风尚。

中国农村文化是中华文明的重要组成部分。几千年的乡村文化蕴藏着优秀的中华传统文明。千百年来，作为国家政治、经济、文化和道德根基的乡村文化，除了是我们的精神家园和灵魂寄托以外，更是我们通过族群认同达至国家认同的基础，在维系乡村社会和谐稳定方面发挥了不可或缺的作用。

乡风文明建设要在坚持原有乡村文化体系的基础上传承优秀传统文化，吸纳现代文明，不断完善乡村文明，从而满足新时代农村建设的需要。乡村是传统文化的源头，而传统文化、农耕文明浸透着乡村生活的规则、意义和价值，塑造出社会治理的理念和方式。乡风文明，不仅仅是吃得饱、穿得暖等物质富裕和生活充盈，更要生存环境优良、生活环境舒适、业余文化生活丰富等精神上的满足。同时，复兴乡村文化要与宣扬国家主流意识结合起来，巩固和扩大“红色阵地”，用现代先进文化来革除农村不良陋习，革除那些不适合当代农村发展要求的陈腐观念。政府应当成为以先进文化引领农村文化建设的主要责任人。没有文化发展，便没有国家民族的兴盛。中国农村文化是中国文化之根,同时又要与时俱进,注入新鲜的血液,不要让祖宗哭泣,不要让中国农村文化哭泣。①

当前农村文化建设中遇到的一个重大和突出的阻力,就是宗教在农村的泛滥。宗教在农村的无序和迅猛发展,既是多年来农村文化建设问题的表现,也是阻碍农村文化建设和发展的强大力量。目前已经开展或打算开展的各项文化建设活动难以在遏制农村宗教泛滥方面取得突破性进展,难以从根本上扭转农村文化建设的局面。加强无神论宣传教育工作,能够在提升农民科学文化素质、遏制宗教渗透蔓延、培育和践行社会主义核心价值观方面发挥基础性作用。

无神论宣传教育工程可以作为当前农村文化建设的一个重要突破口,也能够起到补齐农村文化建设短板的作用。2018 年中央一号文件中提出的在农村加强无神论宣传教育的要求,如果没有一个大的工程来推动,这项工作就没有抓手,就很难得到落实。要想把无神论的内容加到原有的活动里面去不是不可能,但是非常困难。如果实施一个农村无神论宣传教育工程,不仅宗教渗透的问题能够有一个根本的治理方案,而且也能大大提升当前农村精神文明建设的效果。

针对农村的实际状况,在农村实施无神论宣传教育工程,满足农民的精神文化生活需求,主要内容应该包括以下几点。首先,对优秀传统文化进行马克思主义化和科学化的改造。中华传统文化的创造性转化和创新性发展,必须要实现马克思主义化和科学化,这就要求剔除传统文化里各种有神论的思想内容。改造后的传统文化由于剔除了有神论,不仅能满足当代农村精神文化生活的需要,还能抵御各种宗教有神论的思想渗透。其次,开展以无神论基本知识和科学方法为主要内容的科普活动。这些活动既要与农村的生活息息相关,又要针对性地普及关于宗教的历史和无神论的知识,包括疾病的由来和预防、心理健康的重要性、人的命运与

---

① 顾士刚:《当代中国农村文化之殇》,昆仑策网,http://www.kunlunce.com/ssjj/guojipinglun/2017-07-14/117461.html。

自然的关系等。同时,能使农民掌握一定的科学方法,从而对生产生活中出现的各种状况进行合理的分析和判断。再次,开展以无神论思想宣传为内容的文化艺术活动。摈弃巫术迷信等思想,倡导具有科学文化色彩的现代文化艺术形式和内容。最后,开展社会主义道德建设活动。社会主义道德和宗教道德的一个重要差别就在于,社会主义道德是无神论的。宗教宣传中一个重要的内容就是宣扬宗教道德的高尚和优越,而社会主义道德比宗教道德更科学、更高尚。这是一项系统工程,需要精心谋划,做全盘考虑。

(三)实现融合发展

农村的教育科学文化建设要与农村的经济发展相融合,文化建设与经济发展这两条腿一定要走在一个频率上。不能一条腿粗一条腿细,也不能一条腿快一条腿慢,必须要配合起来。农村的产业发展,为农村教育科学文化事业提供基础,反过来,农村教育科学文化事业也能为农村产业发展提供保障。

人才振兴是乡村振兴的关键因素。要加强农村人才培养,提高农民素质和科学文化水平,建立一支符合乡村振兴需要的干部和专业人才队伍。鼓励城市企业家、居民、大学生和各类其他人才下乡创新创业,支持农民工回乡创业。农村职业教育尤其是涉农专业的目标是培养能够真正懂农业的人才。农村学生一般来说对农业和农村的生活有体会和感受,要发掘他们对农村农业方面的知识,通过现代化的教育,使他们能够成为与父辈们不同的、崭新的社会主义新一代农民。

在投入资金的同时,寻找高效合适的农村文化发展道路。将有限的资金重点投到发展农村文化基础设施建设上,着力改变目前农村文化活动场所不足的状况,为农民文化活动提供平台;在文化资源挖掘方面,强调充分利用农村蕴藏的丰富的历史文化资源,走市场化道路,大力发展经营性农村文化产业;在科技与文化的融合方面,强调提高农村文化产品的科技含量,为农村文化产业注入科技动力。

科学文化是农村文化建设的重点和基础。要在农村破除封建迷信和陈规陋习,必须依靠社会主义思想教育和科学文化普及。科学既要兴农业,又要兴农村,既要把科学用于农业生产,又要把科学用于农村精神生活。治贫、治病、治愚,是农村科学文明大厦的基础工程。

精神文化需求的引领和满足是农村文化发展的难点。目前我国农村的发展仍然是中国现代化发展的短板,与城市相比,农村经济社会发展不均衡不充分问题仍然最为突出。不仅表现在农村经济发展水平落后于城市,还表现在农村的治理水平不足以及农村落后的思想观念与传统文化、道德伦理的式微。农村精神文化困境就属于这类问题。传统文化资源的流失与农民精神文化需求的极度短缺,以及全社会对乡村文化价值认识的偏差,导致乡村文化的“空心化”、虚无感,缺少与现代文化的对接能力。

实现融合发展不是把乡村建设成城市。把乡村建设成城市的观念忽略了当前乡村的客观现实,忽略了广大农民的根本诉求,也忽略了民族自身的历史文化。这种做法非但没有带动广大乡村,相反给农村带来了破坏,在造成经济社会发展不均衡不充分的同时,也造成了农村传统文化与道德伦理的衰落,农民在精神观念上进退失据。所以,我们要把乡村看成独立的社会、文化单元,在一个更高更长远的层次上,实现当前乡村的品质发展、融合发展、全面发展,使乡村融入全面现代化中。

给乡村温度,促进城乡文化互动融合。当前的乡村文化建设,应当是一种城乡互动视域下的文化,既区别于城市,也区别于传统乡村。虽然目前我国城镇化的大趋势仍然是农村人口向城镇转移,但在实践中,我们越来越体会到,城乡一体化不是城乡一样化,城乡可以有差别,但是不应有差距。不是城乡二元、城乡对立,而应该是城乡融合发展、均衡发展和共同发展。城乡文化交融,应该是互相促进、互相学习、互相补充。因此,促进城乡进一步互动,实现城乡优质文化良性互动、相互融合、共建双赢才是正途。在我国城镇化的进程中，一些农村村落的消失可能是不可避免的，但总体上看，乡村不会全部消失，乡村的文化价值也不会消失。新农村建设不是要把乡村变成城市，而是把我们的根留住，把乡村建设得更像我们理想中的乡村。

参考文献

[1] 三中全会以来重要文献选编(上、下)[M].北京:人民出版社,1982.

[2] 十二大以来重要文献选编(上、中、下)[M].北京:中央文献出版社,2011.

[3] 十三大以来重要文献选编(上、中、下)[M].北京:中央文献出版社,2011.

[4] 十四大以来重要文献选编(上、中、下)[M].北京:中央文献出版社,2011.

[5] 十五大以来重要文献选编(上、中、下)[M].北京:人民出版社,2011.

[6] 十六大以来重要文献选编(上、中、下)[M].北京:中央文献出版社,2011.

[7] 十七大以来重要文献选编(上、中、下)[M].北京:中央文献出版社,2013.

[8] 十八大以来重要文献选编(上、中、下)[M].北京:中央文献出版社,2018.

[9] 邓小平文选(第2卷)[M].北京:人民出版社,1994.

[10] 邓小平文选(第3卷)[M].北京:人民出版社,1993.

[11] 习近平谈治国理政[M].北京:外文出版社,2014.

[12] 习近平谈治国理政(第2卷)[M].北京:外文出版社,2017.

[13] 习近平关于社会主义文化建设论述摘编[M].北京:中央文献出版社,2017.

[14] 何东昌.中华人民共和国重要教育文献(1949—1975)[M].海口:海南出版社,1998.

[15] 何东昌.中华人民共和国重要教育文献(1976—1990)[M].海口:海南出版社,1998.

[16] 何东昌.中华人民共和国重要教育文献(1991—1997)[M].海口:海南出版社,1998.

[17] 何东昌.中华人民共和国重要教育文献(2003—2008)[M].北京:新世界出版社,2010.

[18] 何东昌.当代中国教育(上、下)[M].北京:当代中国出版社,1996.

[19] 何东昌.中华人民共和国教育史(上下卷)[M].海口:海南出版社,2007.

[20]《中国科学技术协会》编委会.中国科学技术协会[M].北京:当代中国出版社,1994.

[21]《当代中国》丛书编辑部.当代中国体育[M].北京:中国社会科学出版社,1984.

[22]《当代中国》丛书编辑部.当代中国的卫生事业(上、下)[M].北京:中国社会科学出版社,1986.

[23]《当代中国》丛书编辑部.当代中国的广播电视(上、下)[M].北京:中国社会科学出版社,1987.

[24] 中共北京市委研究室.北京农村文化建设集锦[M].北京:北京出版社,1985.

[25] 陈冬云.中国农村科普研究[M].北京:科学普及出版社,2011.

[26] 李资源,等.中国共产党少数民族文化建设研究[M].北京:人民出版社,2011.

[27] 佘博,谢国东.中国扫盲教育[M].哈尔滨:东北林业大学出版社,1998.

[28] 张乐天,等.新中国成立以来农村教育政策的回顾与反思[M].北京:北京师范大学出版社,2016.

[29] 陈波.我国农村公共文化服务体系的财政保障机制研究[M].北京:中国社会科学出版社,2014.

[30] 李明泉.田野的风——社会主义新农村文化建设研究[M].北京:光明日报出版社,2016.

[31] 李勇,等.城乡一体化进程中的图书馆发展模式研究——以成都地区图书馆为例[M].北京:科学出版社,2013.

[32] 戴言.制度建设与浙江公共文化服务[M].杭州:浙江大学出版社,2013.

[33] 周晔.农村教育综合改革政策的理路转向——由农村"三教统筹"到城乡教育统筹[M].北京:中国社会科学出版社,2017.

[34] 韩永进.中国图书馆事业发展报告:农村图书馆卷[M].北京:国家图书馆出版社,2016.

[35] 邢秀兰.1978年以来中国农村扫盲教育研究[M].北京:中共中央党校出版社,2007.

[36] 魏后凯,闫坤.中国农村发展报告——新时代乡村全面振兴之路[M].北京:中国社会科学出版社,2018.

[37] 刘秀峰.农村文化礼堂:从公共空间到社区营造[M].杭州:浙江工商大学出版社,2016.

[38] 赵兴良.习近平系列讲话对精神文明建设理论的新发展[J].求实,2015(10).

[39] 谢重.中国农村教育改革发展的政策创新和未来走向[J].中国农村教育,2017(10).

[40] 财政部教科文司,华中师范大学全国农村文化联合调研课题组.中国农村文化建设的现状分析与战略思考[J].华中师范大学学报(人文社会科学版),2007(4).

[41] 陈波.二十年来中国农村文化变迁:表征、影响与思考——来自全国25省(市、区)118村的调查[J].中国软科学,2015(8).

[42] 黄涌.现代化进程中的农村文化建设[J].科学社会主义,2003(5).

[43] 葛彬.文化在当代中国农村现代化进程中的基本定位——关于农村文化建设的调查与思考[J].求实,1998(4).

后记

改革开放前夕，我出生在湘南的一个小山村。长大后，逐步走到城里，上了大学，毕业后留在城市工作。但每年我至少回老家一次，走亲戚，看老人。可以说，四十年来我是伴随着中国农村的发展变化而成长的。

儿时的记忆中，农村的文化活动还是有一些的。每年总会有几次跟着父母去看露天电影，尽管很多次我没看完就睡着了，但那种兴奋和快乐的记忆却很难忘记。村里有篮球场，父亲年轻的时候热爱打篮球，就连去后山砍柴都要和那个队的小伙子们先打一场球。母亲曾抱怨过，给他做的新鞋一星期就穿坏了。1985年左右村里通电后，开始有了电视机，那时候很多人经常坐在一起看电视。大人们也经常会在我家隔壁的礼堂开会，来讨论村里的大事小情，尤其是年底时候要开会，讨论重新分田地的事情。

小时候，邻里关系和睦，社会风气尚好。谁家有婚丧嫁娶，邻里之间都会互相帮忙。没有幼儿园，学龄前的孩子们通常满村里撒着脚丫子跑，也不用担心人贩子。我常常能吃到邻居的奶奶或伯伯家的好东西。那个时候都比较穷，村里基本上没有偷鸡摸狗的现象，也很少有不孝敬老人的情况，因为那样做的话可能要承受巨大的舆论压力。有媒婆说亲的，首先会问男方家里的口碑如何。我曾经问过村里的老人，三年困难时期家乡有没有饿死过人。回答是没听说过饿死人，但的确绝大部分人因为挨饿吃过野菜和葛根等充饥。他们唯一听说过的是，这期间有一个人因为偷吃粮食后被抓住而自杀了。可见，那时候人们的道德感甚至超过了对饥饿的恐惧。

那时候的文化生活是朴素的，但并不低俗。农村的风俗很多都表现在日常生活尤其是婚礼或丧仪中。婚礼自然是热闹而喜庆的,村里的孩子们会一起追着去看新娘子。新人的着装以及婚礼的整个过程都是朴素而又讲究礼节的。家乡重丧仪,去世的老人通常要在家中停放一星期左右才能出门。我记得,有一年,隔壁的爷爷去世,每天晚上都有附近的村民来吊唁,饭后围着火炉聊天。其间会有人吟唱一些诗词,还有唱和,都是表达对死者的哀悼。婚礼上的祝酒词和葬礼上的祭文,都颇具文采,年少的我自然听不懂里面的很多内容,多年后我读了一些关于婚礼和丧仪的人类学著作,才明白其中大有学问。婚礼和葬礼作为农村重要的文化活动,也是青少年儿童受到文化洗礼的重要场域。

教育和教师是受人尊重的。我小学一二年级是在家门口念的,学校离我家就隔着一个池塘,校舍是村里人一起出钱出力盖的。学校只有一位姓李的老教师,备受人们尊敬。我的父亲也是一名小学教师,他通常在另外一个村里教书。经常有学生交不起学费,他就拿自己的工资去抵,甚至多年后还会有家长来还学费。全国人口普查时他还担任普查员,常常放学后挨家挨户去查询,所以大家也都认识他。我和弟弟从小就被教育,一定要好好读书,只要能考上中学、大学,家里砸锅卖铁也会供。我的六个姑姑都上过中学。那时候升学率低,但是尽力让孩子上学是大家的共识。

那时候的城乡差距的确也很大。我就读的是镇上的初中,当年全班只有两个同学考到市里的高中,因为农村学生的录取分数比城里考生要高100分。高中期间,农村户口身份也曾令年少的我感到十分烦忧。因为家里离市区有40多公里,我坐车晕车,背不动住校需要的大米,只有父亲趁着到市里开会或者学习的时候帮我背去。而城镇户口的同学只需要带上粮本就行。村里人开始出去打工,和我同龄的没考上高中的同学陆续都去了广东等地打工。后来,没有考上高中的孩子几乎都出去打工,甚至有的初中都没毕业也去了。再后来,连50岁以下的村民都出去打工了。村里的常住人口锐减,文化活动就只剩下了看电视。

如今家乡人们的生活变得越来越富裕了。我家门前是村里的公共大坪,曾是晾晒稻谷、开大会的地方,也是放电影的地方。爷爷常年义务清扫和拔草,直到80多岁。村里的三眼井,曾是大家用水的地方,也是互相交流的地方,更是夏天乘凉的好地方。以前每年村里都会定期组织年轻人清理井里的淤泥。现在,家家户户都用上了自来水,建起了楼房,也用上了热水器、洗衣机和冲水厕所等现代化设施。于是,大坪上长满了野草,井里的淤泥越积越深,塑料垃圾遍地。礼堂早就因年久失修而倒塌。因为不再住人,老式的建筑已经破败,大门上的锁扣也变得锈迹斑斑,只剩下屋檐上雕刻或绘画的图案还依稀可见。村里常年只有留守的老人和儿童,池塘也几乎快被淤泥和垃圾填满。只有在春节前后,村里才开始热闹起来。村里平时最热闹的地方往往都是打牌或者赌钱的地方。曾经因为赌博成风,当地政府下大力气抓了一批,现在大规模的赌场虽然没有了,但是这种不定期的赌博活动仍然盛行。而且,婚礼上竟然出现了许多不知从哪儿来的习俗,里面多了许多低俗的内容。

这是多次在我梦中出现的故乡吗?如何满足农村人口的精神文化生活需求?乡村文化的振兴道路又在哪里?浙江的农村比较富裕,重建了一座座文化礼堂,这些文化礼堂逐渐成为集思想道德建设、文明礼仪活动、文化娱乐和知识普及于一体的农村文化综合体。新疆开设的职业教育培训中心,也成为一个个特殊的农村教育科学文化基地。要实现乡村的文化生活、社会秩序和意义秩序的重建,我们可能还需要长久的努力。

十多年前,爷爷曾口述让我记下他的遗嘱。我记得遗嘱中提到,希望他的子孙们将来能够帮助村里建立一间老年文化娱乐活动室。当时村里的老人,80岁以上的就有十来个。如今,这些老人几乎已经全部过世,村里还是没有建起这样一间活动室。不是因为没房子,主要是没人管理,没有人组织开展活动。行政村中心建立了村委会,有专门的办公用房,但还没有村级活动中心。即便有,由于自然村(组)之间相隔并不近,日常的文化活动估计也很难开展起来。

三年前的冬天,爷爷尚在世,只是脑子开始有些糊涂。我回家看他,他说,每天晚上一躺下,就看见那些已经去世的村民,在我家门前的大坪上开会。他开心地说起他们当年一起劳动的场景，仿佛那一个个鲜活的生命就在眼前。他最后感叹道，这些人都没过上好日子。家里人都觉得他中邪招鬼了，可他坚定地跟我说，他是共产党员，不信迷信。他要求我一定要告诫家人，千万不要因此去搞什么迷信活动。我想，这是一名老共产党员的情怀，他对乡村文化建设的认识和期待，值得我们去思索。

对于我家乡的村民来说，他们对美好生活的向往，不再是每顿饭吃好，住楼房，用上洗衣机、热水器，他们还有更多的、更高的文化和精神的需求。去年，堂弟问我能否给他推荐一些书读一读。他初中毕业后出去打工多年，突然跟我说他以前读书少，现在年纪大了想要读书了。期待有一天，多数农村的村容村貌能像《向往的生活》节目里的那样，有漂亮宽敞的学校，有能读书下棋的文化礼堂，还有能唱歌跳舞的广场，教师受人尊重，老人安享晚年，儿童可以在屋外放心地玩耍……那也是我梦想中的故乡。

作　者

2018 年冬于北京建国门

图书在版编目(CIP)数据

中国农村教育科学文化发展研究/黄艳红著. —武汉:华中科技大学出版社，2021.6
(中国农村改革四十年研究丛书)
ISBN 978-7-5680-4707-4

Ⅰ. ①中…　Ⅱ. ①黄…　Ⅲ. ①农民-科学-素质教育-中国　②农民-文化素质教育-中国　Ⅳ. ①D422.6

中国版本图书馆 CIP 数据核字(2021)第 089032 号

中国农村教育科学文化发展研究　　黄艳红　著
Zhongguo Nongcun Jiaoyu Kexue Wenhua Fazhan Yanjiu

策划编辑:周晓方　杨　玲
责任编辑:殷　茵
封面设计:廖亚萍
责任校对:曾　婷
责任监印:周治超
出版发行:华中科技大学出版社(中国·武汉)　　电话:(027)81321913
武汉市东湖新技术开发区华工科技园　　邮编:430223
录　　排:华中科技大学惠友文印中心
印　　刷:武汉市金港彩印有限公司
开　　本:710mm×1000mm　1/16
印　　张:17.25　插页:2
字　　数:254 千字
版　　次:2021 年 6 月第 1 版第 1 次印刷
定　　价:148.00 元